KB071501

프로젝트기반학습으로
수업할까?

장경원 저

Project **B**ased **L**earning

학지사

이 도서는 2021학년도 경기대학교 연구년 수혜로 연구되었음

머리말

　'프로젝트'는 우리 삶 속에서 빈번하게 등장하는 단어 중 하나이다. 진학, 취업, 결혼, 자녀 양육처럼 생애 주기별로 직면하는 프로젝트, 직업인으로서 직급과 직무에 따라 책임이 주어지는 프로젝트, 그리고 소소한 모임이나 여행 등을 계획하고 실천하는 프로젝트 등 어쩌면 삶이란 매일 새로운 프로젝트를 만나고 해결하는 것이란 생각이 든다. 프로젝트기반학습은 학생들이 수업이라는 특수한 시간에 프로젝트를 수행하면서 학습하는 것이라 할 수 있다.

　프로젝트기반학습(Project Based Learning)은 용어 그대로 '프로젝트를 기반으로 학습'이 이루어지는 것인데, 프로젝트 수업, 프로젝트학습, PBL, PjBL 등으로 부르기도 한다. 몇 년 전 어느 학자는 대부분의 연구자가 문제기반학습(Problem Based Learning)을 연구하여 상대적으로 프로젝트기반학습이 발전하지 못했다고 주장하였다. 이러한 주장은 어느 정도는 일리가 있을 것이다. 저자를 포함하여 많은 학자가 문제기반학습에 대해 집중적으로 연구하고 실천하였다. 저자 역시 박사학위논문을 문제기반학습에 대해 쓴 이후, 주로 문제기반학습에 대해 연구하였다. 그러나 연구를 하고 교육 현장에서 많은 학생과 교수자를 만나 이야기하면서 오히려 프로젝트기반학습이 더 많이 활성화되고 실천되고 있다는 것을 알게 되었다. 프로젝트기반학습은 다양한 이름으로 실천되고 있다.

John Larmer는 프로젝트기반학습에 대해 설명하면서 XBL이라는 용어를 사용하였다. XBL(X Based Learning)은 문제기반학습(Problem Based Learning), 지역사회기반학습(Community Based Learning)처럼 '~ Based Learning'의 이름을 가진 교수·학습 방법들을 모두 모아 미지수 X를 이용하여 표현한 용어이다. 이때 프로젝트는 미지수 X를 대신할 수 있다. 프로젝트기반학습은 다양한 용어와 이름으로 교육 현장에서 실천되었는데, 마치 언어가 달라 바벨탑을 완성하지 못한 것처럼 교수자들은 각기 다른 방법의 수업이라 생각한 것이다. 다시 강조하지만 이미 교육 현장에서 다양한 모습으로 프로젝트기반학습이 실천되고 있다. 단지 여러 이름의 교수·학습 방법으로 소개되어 우리가 프로젝트기반학습을 쉽게 이해하고 수용하지 못한 것뿐이다. 저자는 이러한 어려움을 해결하고 교수자들이 프로젝트기반학습으로 수업할 수 있도록 안내하고 권유하고 싶다.

이 책은 총 3부 10개의 장으로 구성되어 있다. 각 장은 저자가 평소 여러 교수자와 학생에게 자주 들었던 프로젝트기반학습에 대한 주요 질문들에 대한 답변이라 할 수 있다. 먼저 제1부는 '프로젝트기반학습 이해하기'로 프로젝트기반학습의 전반적인 특성을 이해하는 데 필요한 내용으로 구성하였다. 제1장 프로젝트기반학습에 대한 이해는 '프로젝트기반학습은 어떤 특성을 갖고 있는가?'에 대한 답변이다. 프로젝트기반학습의 개념, 특성, 절차, 효과, 교수자와 학습자의 역할 등 프로젝트기반학습의 주요 특성을 간략하게 정리하였다. 제2장 다양한 프로젝트기반학습은 '프로젝트기반학습은 왜 다양한 이름으로 소개되는가?'에 대한 답변이다. 앞서 언급한 것처럼 프로젝트기반학습은 다양한 이름의 교수·학습 방법과 모형을 포함하는데, 그 특성을 4개의 유형으로 분류하여 체계적으로 안내하였다. 또한 우리가 일반적으로 PBL이라고 부르는 문제기반학습과 프로젝트기반학습을 비교하여 설명하였다. 제3장 프로젝트에 대한 이해는 '프로젝트는 어떤 특성을 갖고 있는가?'에 대한 답변이다. 프로젝트의 주요 특성, 그리고 수업에서 다룰 수 있는 다양한 프로젝트를 10가지의 유형으로 분류하여 안내하였다.

제2부는 '프로젝트기반학습 설계하기'로 프로젝트기반학습으로 수업하기 위해 사전에 고려하고 준비하는 내용으로 구성하였다. 제4장 프로젝트기반학습 수업 설계는 '프로젝트기반학습을 위한 수업 설계는 어떻게 이루어지는가?'에 대한 답변으로 프로젝트기반학습 수업 설계 과정을 전체적으로 안내하고 수업 설계 단계별로 교수자가 수행해야 하는 주요 활동을 소개하였다. 제5장 프로젝트 설계는 '프로젝트 설계는 어떻게 이루어지는가?'에 대한 내용이다. 프로젝트기반학습의 핵심인 프로젝트를 설계하는 기본 절차, 그리고 설계 시 활용할 수 있는 양식과 다양한 사례를 소개하였다. 제6장 프로젝트기반학습 프로토콜 설계와 개발은 '프로젝트기반학습을 돕는 프로토콜은 어떻게 설계하고 개발하는가?'에 대한 답변이다. 프로젝트기반학습에서는 교수자가 다양한 활동지(양식)를 활용하는데, 이를 프로토콜이라 칭하였다. 이 장에서는 프로젝트기반학습 운영에 필요한 다양한 프로토콜을 소개하였다. 제7장 프로젝트기반학습 평가 전략과 평가 도구는 '프로젝트기반학습에서 이루어지는 평가는 어떠한 특성을 갖고 있는가?'에 대한 답변이다. 프로젝트기반학습으로 수업하는 교수자들이 가장 많이 궁금해하는 것 중 하나는 평가 전략이다. 이 장에서는 프로젝트기반학습에서 이루어지는 평가의 특성과 학습자 평가 시 활용하는 다양한 평가 도구(루브릭)를 제시하였다. 또한 프로젝트기반학습으로 운영하는 수업을 진단하고 평가하는 데 활용할

수 있는 프로젝트기반학습 수업 평가 도구도 소개하였다.

제3부는 '프로젝트기반학습 운영하기'로 프로젝트기반학습 운영과 관련된 내용으로 구성하였다. 제8장 프로젝트기반학습 운영은 '프로젝트기반학습을 어떻게 운영하는가?'에 대한 내용이다. 프로젝트기반학습의 시작부터 끝까지 교수자가 수업을 어떻게 운영해야 하는지 구체적인 운영 전략을 상세하게 안내하였다. 제9장 온라인 프로젝트기반학습은 '온라인 프로젝트기반학습은 어떠한 특성을 갖고 있는가?'에 대한 답변이다. 코로나19 시기에 많은 교수자가 온라인 공간에서 프로젝트기반학습을 운영하였다. 이 장에서는 온라인 학습 환경의 특성과 온라인 프로젝트기반학습의 특성, 그리고 여러 교수자의 경험을 토대로 도출한 온라인 프로젝트기반학습 설계와 운영 전략을 소개하였다. 제10장 프로젝트기반학습을 돕는 교수 · 학습 활동들은 '프로젝트기반학습에서 활용할 수 있는 교수 · 학습 활동들은 무엇인가?'에 대한 답변이다. 앞서 언급한 것처럼 프로젝트기반학습은 매우 다양한 모습을 갖고 있으며, 학습자들이 다루는 프로젝트 역시 다양하다. 따라서 프로젝트기반학습이 원활하게 이루어지기 위해서는 다양한 활동이 필요하다. 이 장에서는 프로젝트기반학습에서 활용하면 좋은 팀학습 방법들, 질문생성전략, 그리고 주요 토의 방법을 안내하였다.

이 책은 다양한 문제해결형 교수 · 학습 모형과 프로젝트기반학습에 대한 저자의 연구와 수업 경험, 그리고 저자의 연구과정에서 기꺼이 자신의 수업 사례를 들려준 여러 초 · 중 · 고등학교와 대학교의 선생님들과 교수님들의 경험을 바탕으로 작성되었다. 자료를 모아 정리한 것은 저자이지만 많은 분의 경험과 아이디어가 모인 집단지성의 결과물이라 할 수 있다. 물론 향후에도 더 많은 분의 경험과 연구를 통해 부족한 내용을 지속적으로 보완할 계획이다. 아무쪼록 이 책이 초 · 중 · 고등학교와 대학교에서 프로젝트기반학습으로 수업하고 연구하기 원하는 분들에게 프로젝트기반학습을 안내하는 좋은 친구가 되길 희망한다.

　이 책을 집필할 수 있도록 도움을 주신 여러분께 감사 인사드립니다. 프로젝트기반학습 운영 사례 요청에 적극적으로 자신의 경험을 제공해 주신 열정적인 선생님들과 교수님들, 함께 연구하고 공부하는 즐거움과 보람을 선물하신 경기대학교 대학원 박사과정 졸업생과 재학 중인 선생님들, 프로젝트기반학습으로 운영되는 수업에서 늘 열심히 프로젝트를 수행하면서 저자에게 용기와 확신을 준 경기대학교 학부 졸업생과 재학생들, 그리고 늘 도전할 수 있도록 지지하고 용기를 주고 저자의 연구 주제와 활동에 대해 질문하고 다양한 아이디어를 준 가족들과 선후배님들 모두 감사합니다. 마지막으로 이 책을 출판할 수 있는 기회를 주고 꼼꼼한 편집 작업을 진행해 주신 학지사 관계자 분들께도 감사의 말을 전합니다.

2023년 9월
저자 장경원 드림

차례

제1부

프로젝트기반학습 이해하기

제10장

프로젝트기반학습을 돕는 교수 · 학습 활동들 ······ 229

제1부

프로젝트기반학습 이해하기

제1장

프로젝트기반학습에 대한 이해

John Dewey가 강조한 '실천에 의한 학습(learning by doing)'은 학습자들의 주도적인 행동과 경험을 통해 학습이 이루어지는 것을 잘 드러내는 문구이자, 프로젝트기반학습의 대표적인 특성이다. 프로젝트기반학습은 학습자들이 주도적으로 과제를 수행하는 과정과 결과를 통해 학습이 이루어지는 교수 · 학습 방법이다. 이 장에서는 프로젝트기반학습의 개념, 절차, 효과 등 기본적인 특성을 안내한다.

1. 프로젝트기반학습의 개념 및 특성

1) 프로젝트기반학습의 개념

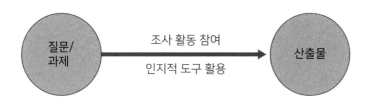

✎ 그림 1-1 프로젝트기반학습의 개념

Dewey의 제자인 Kilpatrick은 1918년에 「프로젝트 방법(The project method)」이라는 논문을 발표하였다. 이 논문에서 강조한 프로젝트기반학습 (Project Based Learning)은 학습자들이 복잡하고 실제적인 문제나 질문에 대한 탐구과정을 통해 지식과 기술을 학습하는 교수 · 학습 방법이다. 프로젝트기반학습의 핵심은 질문과 산출물이다(Blumenfeld et al., 1991). 교수자에 의해 제공되는 질문 또는 과제는 학습자들이 어떠한 활동을 하도록 하는 것이고, 산출물은 제시된 질문에 대해 학습자들이 산출한 결과물이다. Krajcik 등(1994)은 여기에 학습자들이 조사 활동에 참여하고 인지적 도구를 활용하는 것이 중요하다고 덧붙였고, Thomas(2000)는 중심성, 추진 질문, 인지적 탐구, 자율성, 그리고 실제성이 프로젝트의 핵심 요소라고 강조하였다. 즉, 프로젝트기반학습은 학습자들이 제시된 과제를 수행하기 위해 자료를 수집 · 분석하고, 해야 할 일을 조직화하고 수행하며, 동료들과 협력하고 공유하는 과정에서 학습이 이루어지는 체계화된 교수 · 학습 방법이다.

2) 프로젝트기반학습의 주요 특성

프로젝트기반학습의 대표 특성은 '실천에 의한 학습(learning by doing)'이다. 프로젝트기반학습에서 학습자들의 실천, 즉 다양한 학습 활동을 통해 학습이 이루어지기 위해서는 실제적이고 간학문성을 지닌 과제, 협업과 팀 활동, 그리고 변화된 교수자의 역할이 필요하다. 프로젝트기반학습의 주요 특성을 정리하면 다음과 같다.

첫째, 다양한 활동 과정에서 학습이 이루어진다. 학습자들은 프로젝트를 수행하기 위해서 질문하기, 논쟁하기, 예측하기, 설계하고 계획하기, 자료를 수집하고 분석하기, 결론 도출하기, 다른 사람들과 의사소통하기, 학습 내용 공유하기, 결과물 만들기 등의 활동을 한다. 학습자들은 이러한 활동을 수행하는 과정과 결과를 통해 프로젝트와 관련된 지식과 기술을 습득하고 태도 측면에서 긍정적으로 변화하고 성장한다. 종종 프로젝트기반학습에서의 활동을 '만들기'나 '단순한 움직임'으로 축소하여 이해하는 경우가 있는데, 프로젝트기반학습은 학습자의 인지적 활동, 신체적 활동, 그리고 정의적 활동을 모두 포함한다. 학습자들은 프로젝트 수행을 하는 데 필요한 다양한 활동을 통해 학습하는 것이다.

둘째, 실제적이고 간학문성을 지닌 과제를 다룬다. 프로젝트기반학습에서 교수자가 학습자들에게 제공하는 질문과 과제는 복잡하고 실제적이다. 실제적인 과제란 현실에서 실제로 이루어지는 것, 현재 중요하게 다루어지는 이슈, 향후 학습자들이 실제로 경험하게 될 과제 등을 모두 포함한다. 예를 들어, 현실에서 실제로 이루어지는 과제는 건축설계, 지역의 문제해결, 공모전 참여 등이고, 현재 중요하게 다루어지는 이슈는 코로나19 현황 분석, 경제발전이 중요한가 환경보전이 중요한가와 같은 과제이다. 그리고 향후 학습자들이 실제로 경험하게 될 과제는 의사의 입장에서 진단하고 처방해야 하는 환자 문제, 외교관으로서 해결해야 하는 외교 문제, 과학자로서 설명해야 하는 자연 현상에 대한 문제 등이 해당된다. 이러한 과제들은 대부분 여러 주제, 개념, 원리, 절차들을 포함하고 있으며, 다양한 학문과 관점에서 접근할 수 있기 때문에 간학문성을 지닌다고 할 수 있다.

셋째, 프로젝트 수행 과정에서 협동과 협업이 이루어진다. 프로젝트는 실제적이고 다양한 접근이 필요하기 때문에 1명의 학습자가 혼자 수행할 수도 있지만 여러 명의 학습자가 참여하여 협업하는 것이 일반적이다. 학습자들은 동료들과 함께 논의하면서 과제를 이해하고 역할을 분담하여 조사와 학습을 하고 자신들이 조사·학습한 내용을 공유하고 종합하여 프로젝트 결과물을 도출한다. 이 과정에서 자연스럽게 앞서 강조한 질문하기, 논쟁하기, 예측하기, 설계하고 계획하기, 자료수집하고 분석하기, 결론 도출하기, 다른 사람들과 의사소통하기, 학습 내용 공유하기, 결과물 만들기 등의 활동이 이루어진다.

넷째, 프로젝트기반학습에서 교수자는 조력자의 역할을 수행한다. 프로젝트기반학습에서는 학습자들이 주도적·협력적으로 과제를 수행해야 하는데, 이는 쉬운 일이 아니다. 따라서 교수자는 학습자들이 프로젝트 수행을 위해 거쳐야 하는 과정을 안내하고, 각 과정에서 필요한 학습 여부를 확인하고, 필요한 경우 도움과 피드백을 제공하는 역할을 해야 한다. 즉, 교수자가 매우 적극적으로 조력자의 역할을 수행하는 것이 필요하다. 학습자들은 교수자의 도움을 받아 프로젝트를 수행하면서 자연스럽게 해당 과제와 관련된 지식을 습득하고 학습 방법, 프로젝트 수행 방법 등을 익히고, 자신감과 성취감을 갖게 된다.

2. 프로젝트기반학습의 절차

1) 프로젝트기반학습의 기본 절차

프로젝트기반학습의 절차는 학습자들이 프로젝트를 수행하는 과정으로

1가지 방식으로 정의되어 있지 않고 다양하다. 여러 연구자가 프로젝트기반 학습의 절차를 제안했는데, 이를 프로젝트 선정 및 계획 수립, 관련 자원 탐색 및 분석, 과제해결의 단계로 정리할 수 있다.

첫째, '프로젝트 선정 및 계획 수립 단계'이다. 프로젝트는 다양한 방식으로 제시된다. 어떤 교수자는 큰 주제를 제시하여 학습자들이 자신들의 흥미와 관심사에 따라 특정 소주제를 프로젝트로 선정하도록 한다. 어떤 교수자는 하나의 과제(문제) 시나리오를 제시하여 학습자들이 과제가 무엇인지 스스로 파악하도록 한다. 따라서 프로젝트 선정이란 학습자들이 어떤 과제를 수행할 것인지 이해하는 것과 선택하는 것을 모두 포함한다. 어떤 프로젝트는 학습자들이 프로젝트를 선정하기 위해 많은 자료를 검토하고 학습해야

표 1-1   프로젝트기반학습 진행 절차

단계 \ 출처	Liu & Hsiao (2001)	Moursund (2003)	임정훈 외 (2004)	김혜경 (2011)	장경원, 고수일 (2014)
프로젝트 선정 및 계획 수립	수업 준비	준비	프로젝트 수행준비	준비	팀 빌딩
	가이드라인 소개하기	초기 팀 활동계획		주제 선정	과제 명확화
	주제 설계	프로젝트 계획		프로젝트 계획	
	프로젝트 계획				
관련 자원 탐색 및 분석	집단 프로젝트 실행	프로젝트 실행	관련 자원 탐색 및 공유	정보 탐색	과제해결을 위한 자료수집 및 분석
			협동 학습과 과제해결	과제해결	해결안 모색 및 타당성 검증
				결과물 개발	
과제해결	발표 및 평가	결과물 완성 및 발표	결과물 작성 및 프레젠테이션	발표	실행
	교정, 공유, 평가	평가	성찰 평가	평가	평가

출처: 장선영, 이명규(2012) 수정 보완.

하는 경우도 있다. 예를 들어, 교수자가 '난민은 어떤 사람들인가?'라는 프로젝트 주제를 제시한 경우 학습자들은 난민에 대한 기본 정보를 학습한 후에 '난민의 이동 경로' '왜 그들은 난민을 선택했는가?'와 같이 자신들이 더 관심을 갖고 있는 소주제를 프로젝트로 선정한다. 프로젝트를 이해 또는 선정한 후에는 프로젝트에 대한 답을 제시하기 위해 필요한 자료수집 및 학습 계획을 수립한다. 학습자들이 수집할 자료는 논문, 기사, 책 등의 문헌 자료, 관련된 사람들의 행동과 의견, 실험, 경험 등 매우 다양하다. 학습자들은 자신들에게 필요한 자료가 무엇인지 결정하고 이를 어떻게 수집할 것인지 계획한다. 또한 향후 수행할 연구 및 조사 활동에 관한 일정을 계획하고 역할을 분담한다.

둘째, '관련 자원 탐색 및 분석 단계'이다. 학습자들은 프로젝트기반학습이 이루어지는 과정 중 지속적으로 과제와 관련된 자료를 수집하고 읽고 이해하고 분석한다. 또한 필요한 경우 사람을 만나고, 특정 장소를 방문하고, 실험하고, 어떤 처치를 가한 후 결과를 살피는 등 다양한 활동을 하며, 과제 해결을 위한 구체적인 아이디어를 창출하기 위한 노력을 기울인다. '난민의 이동 경로 조사' 프로젝트를 수행한 학습자들은 난민과 관련된 뉴스와 동영상 자료를 찾아보았고, 인권변호사와 난민 관련 NGO 단체에서 일하는 전문가의 강의를 들었으며, 직접 난민을 만나 인터뷰하고, 난민의 입장이 되어 보기 위해 역할극을 하기도 하였다. 프로젝트기반학습이 '활동에 의한 학습'인 것은 학습자들이 프로젝트 수행에 필요한 자료를 수집하고 분석하기 위해 이처럼 다양한 활동을 하고 그 과정에서 학습이 이루어지기 때문이다.

셋째, '과제해결 단계'이다. 학습자들은 다양한 자료를 탐색하고 분석하고 종합하면서 과제에 대한 최종 산출물을 만들어 간다. 이 단계에서 학습자들은 최종 산출물을 위한 초안을 작성하거나 프로토타입을 제작한다. 그리고 그 산출물이 적절하고 타당한 것인지 확인하기 위해 테스트하고 수정하고 보완하는 활동을 수행한다. 마지막으로 최종 산출물을 완성하여 발표하거나 실행하고 성찰한다. '난민의 이동 경로 조사' 프로젝트를 수행한 학습자들은 자신들이 조사하고 경험한 내용을 지도, 자료, 그리고 사진들로 구성하여 발표하고 다른 학습자들의 질문에 답변하였다. 학습자들은 최종 산출물을 완성한 후 이를 발표하고 질문에 답변하고 프로젝트 수행 과정에 대해 성찰하면서 추가적인 학습을 하게 된다.

프로젝트기반학습 절차 예시

- 헬러룹 학교: 6~15세 650명의 학생이 재학 중인 공립학교
- 사회 이슈 프로젝트: 7~9학년(13~15세) 3개 학년이 1주일간 함께 참여하는 교과목으로 이 영상에서는 '난민 프로젝트'를 진행
- 프로젝트 선정 배경 및 교육목표: 덴마크 정부가 공식적으로 난민 입국 거부 의사를 밝혀 난민에 대한 많은 논의가 있기 때문에 학생들이 난민에 대해 잘 알도록 하는 것이 목표
- 특이점: 3명의 교사가 함께 수업을 설계하고 운영(팀티칭)

EBS 다큐멘터리 '세계의 PBL(Project Based Learning)'에서 소개한 덴마크 헬러룹 학교의 프로젝트기반학습에서는 학생들이 '난민'에 대해 팀별로 주제를 선정한 후 인터넷 이용 자료 검색, 난

민 전문가 특강, 난민과의 인터뷰 등의 다양한 방법으로 학습 및 자료수집을 하고 이를 적용하여 팀별 결과물을 개발하였다. 이 과정에서 학생들은 난민에 대한 정보와 지식을 습득하였고, 자료탐색, 토의, 문제해결과 관련된 역량 개발 및 난민의 입장에서 생각해 보는 공감 능력 등 인지적·정의적 영역에서 성장한 모습을 보였다. 수업 중 교사와 학생들의 활동을 프로젝트기반학습 절차별로 정리하면 다음과 같다.

프로젝트기반학습 단계	교사 활동	학생 활동
프로젝트 선정 및 계획 수립	• 덴마크의 난민 정책에 대한 대략적인 설명(동기부여)　⟶	• (1차 자료수집, 분석 후) 난민과 관련하고 팀에서 다루고 싶은 주제 선택
관련 자원 탐색 및 분석	• 학생 활동 관찰 및 질문 • 난민 정책 전문가 초청 특강 기회 제공 • 난민 초청 학생들과의 인터뷰 기회 제공 • 질문 및 피드백 제공	• 인터넷 검색 등을 통해 자료 찾기 및 학습 • 난민 정책 전문가의 특강 참여 • 난민에 대한 심화학습 • 난민들과의 대화(인터뷰) • 학습 내용을 토대로 팀별 최종 결과물 정리
과제해결 및 발표	• 팀별 결과물 평가 • PBL 수업에 대한 평가	• 팀별 결과물 발표, 공유, 논의

'난민 프로젝트' 프로젝트기반학습 사례를 통해 프로젝트기반학습은 정해진 도구나 특별한 절차를 따르기보다는 자연스럽게 학습자들이 프로젝트기반학습의 단계를 거치는 것이 중요하며, 교수자는 이를 지원하는 역할을 수행해야 한다는 것을 알 수 있다.

출처: 한국교육방송공사(2016).

　세 단계로 정리한 프로젝트기반학습 절차는 학습자의 프로젝트 수행 과정에 초점이 맞추어져 있다. 그러나 이러한 절차로 프로젝트기반학습이 진행되기 위해서는 교수자가 늘 학습자 곁에 있어야 한다. 교수자는 학습자들이 프로젝트 선정부터 최종 산출물을 완성하는 전 과정을 성공적으로 수행하고 의미 있는 학습이 이루어질 수 있도록 안내하고 격려하고 질문하고 학습 여부를 확인하고 평가하는 역할을 수행해야 한다. 프로젝트기반학습의 주인공은 학습자이다. 교수자는 기획자이자 감독으로 학습자를 지원해야 한다.

2) 학습자를 위한 프로젝트기반학습

종종 프로젝트기반학습의 기획자이자 감독인 교수자가 프로젝트 수행 과정을 지나치게 많이 계획하고 개입하는 경우가 있다. 논문이나 문헌에 소개된 프로젝트기반학습 사례 중 상당수는 교수자에 의해 해야 하는 활동들이 구조화된 '패키지 프로젝트'를 다루고 있어서(Thomas, 2000), 학습자들이 프로젝트기반학습을 하는 것은 아니라는 비판을 받는다. 구조화된 패키지 프로젝트란 과제 수행을 위해 필요한 자료와 자료수집 과정, 자료정리, 학습 등을 교수자가 계획하여 학습자들에게 안내하고 학습자들은 안내에 따라 프로젝트에 참여하는 것(doing project)이다. 예를 들어, 한 초등학교 교사가 '마을 지도 만들기' 프로젝트를 계획한 후, 학습자들이 이 프로젝트를 잘 수

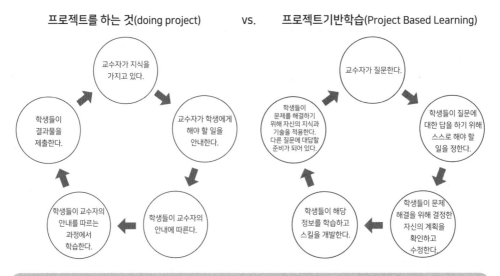

🖋 그림 1-2 프로젝트를 하는 것과 프로젝트기반학습 비교

출처: 정효숙, 전우천(2002).

행하여 성공적으로 최종 결과물을 개발할 수 있도록 차시별로 해야 할 일을 결정하고 학생들은 교사의 지시와 안내에 따라 해당 차시에 해야 하는 일을 하는 경우이다. "여러분! 오늘은 선생님이 나눠 준 마을 지도에 세울 건물들을 만들 거예요. 가위를 사용하여 각자 맡은 건물을 자르고 풀로 붙여 주세요." "여러분! 각자 완성한 건물을 모두 앞으로 제출해 주세요. 다음 시간에 다시 나눠 줄게요." "여러분! 이번 시간에는 지난 시간에 만든 건물을 마을 지도에 붙일 거예요. 팀별로 작업해 주세요." 이러한 교사의 안내에 따라 활동한 학습자들은 몇 차시 후 멋진 마을 지도를 완성하게 된다. 그러나 이 과정에서 학생들이 학습해야 할 마을의 특성과 지도의 특성에 대해 충분히 학습하였는지는 의문이다.

프로젝트기반학습은 앞서 안내한 것처럼 '프로젝트 선정 및 계획 수립, 관련 자원 탐색 및 분석, 그리고 과제해결'의 절차로 진행된다. 그런데 학습자가 주도적으로 참여하는 것이 아니라 각 절차가 원활히 진행되도록 교수자가 사전에 해야 할 일을 계획하여 안내한다면 진정한 의미의 프로젝트기반학습이라 할 수 없다. 이렇게 운영된 수업은 그저 교수자가 자신의 프로젝트를 수행하는 것(doing project)이 된다. 프로젝트기반학습이 되기 위해서는 학습자들이 교수자가 제공한 질문이나 과제에 대한 결과물을 도출하기 위해 스스로 과제를 이해하고 과제 수행을 위해 필요한 자료수집 계획을 세우고, 자료의 수집 · 이해 · 분석 · 적용하는 활동이 이루어져야 한다. 물론 이 과정에서 학습자들이 어려움을 겪거나 충분한 학습이 이루어지지 않는다면 교수자의 질문, 안내, 설명 등의 지원과 도움이 제공되어야 한다. 프로젝트기반학습이 학습자의 주도적인 참여와 활동으로 진행될 때 프로젝트기반학습을 하는 의미와 가치, 그리고 효과를 기대할 수 있다.

3. 프로젝트기반학습에서 교수자와 학습자의 역할

프로젝트기반학습의 핵심은 학습자들의 학습 활동이다. 학습자들이 적극적으로 학습 활동에 참여하고 그 활동을 통해 의미 있는 학습이 이루어지기 위해서는 프로젝트기반학습을 준비하고 운영하는 교수자의 역할과 주인의식을 갖고 수업에 참여하는 학습자의 역할이 중요하다. 교수자와 학습자가 어떠한 역할을 해야 하는지 구체적으로 살펴보면 다음과 같다.

1) 교수자의 역할

프로젝트기반학습에서 교수자는 프로젝트기반학습을 어떻게 운영할 것인지 계획하는 수업 설계자, 학습자들의 학습 활동을 지원하여 학습이 이루어질 수 있도록 하는 학습 촉진자, 그리고 학습 과정과 결과에 대한 평가자의 역할을 수행한다.

첫째, 프로젝트기반학습에서 교수자는 수업 설계자의 역할을 한다. 수업 설계는 모든 수업에서 중요하지만 전통적 수업과 달리 학습자의 참여와 과제해결 활동을 통해 학습이 이루어지는 프로젝트기반학습에서는 중요성이 더욱 강조된다. 프로젝트기반학습을 운영하기 위해 교수자는 자신에게 많은 질문을 해야 한다. 교과목 전체에서 다루는 내용 중 어떤 내용들을 프로젝트기반학습으로 운영할 것인가? 다른 교과목이나 교과 이외의 지식, 기술, 태도를 포함할 것인가? 학습자들에게 어떤 프로젝트를 제공할 것인가? 학습자들에게 어떤 방식과 수준의 도움을 제공하는 것이 적절한 것인가? 학습 활동과 결과를 어떤 기준으로 어떻게 평가할까? 수업 설계는 바로 이러한 질문에 대해 답을 하는 것이다.

프로젝트기반학습을 설계하기 위해서 교수자는 해당 교과목에 대한 지식과 기술을 갖추고 있어야 한다. 이때 지식은 교과목에 대한 이론뿐만 아니라 실제적인 것도 포함한다. 수업에서 다루어야 할 이론이 실제 맥락에서 어떻게 활용되고 논의되고 있는지 잘 알고 있어야 한다. 교수자가 자유롭게 이론과 실제를 연결할 수 있어야 학습자들에게 좋은 프로젝트 과제를 제시할 수 있다. 또한 프로젝트기반학습에 대해서도 충분히 이해해야 한다. 교수자의 허락을 받지 못한 교육개혁이나 새로운 교수·학습 방법은 교실의 문턱을 넘을 수 없기 때문이다. 교수자는 프로젝트기반학습의 특성, 교과목의 주요 내용, 학습자, 그리고 학습 환경의 특성을 충분히 분석하고 그 결과를 토대로 학습자들에게 제시할 프로젝트, 수업 운영 전략, 평가 전략 등을 설계하고 필요한 자료를 준비한 후 프로젝트기반학습을 운영하게 된다.

둘째, 프로젝트기반학습에서 교수자는 학습 촉진자의 역할을 한다. 프로젝트기반학습에서 학습자들은 과제를 해결하기 위해 생각하고 자료를 탐색하고 읽고 분석하고 논의하고 적용하는 다양한 학습 활동을 하며, 이러한 활동들이 모여 프로젝트의 최종 결과물이 완성된다. 이때 '학습'을 간과해서는 안 된다. 어떤 교수자는 '프로젝트'가 성공적으로 마무리되는 것에 강조점을 두고 학습자들의 학습 여부를 확인하기보다는 프로젝트 진행 여부에 더 신경을 쓴다. 예를 들면, '마을 지도 만들기 프로젝트'를 할 때 학부모들에게 전시할 수 있는 마을 지도를 완성하기 위해 학습자들이 충분히 고민하고 생각하는 데 필요한 시간이나 학습 여부를 확인하지 않고, 마을 지도 완성을 위한 단계를 강조하는 경우이다. '마을 지도 만들기 프로젝트'가 의미 있는 프로젝트가 되기 위해서는 학습자들이 이 프로젝트를 통해 지도와 관련된 주요 개념, 기호, 지역사회의 기능과 역할 등을 학습하여 이에 대해 설명할 수 있고 지도를 작성할 수 있어야 한다. 이를 위해 교수자는 프로젝트가 진행되는 동안 학습자들이 지도, 지역사회 등의 개념을 잘 이해하고 있는지 확인해야 한다. 학습자의 학습 여부에 대한 확인 결과, 학습자들이 충분히 이해하지 못했다면 추가 과제나 참고 자료를 제시하고 내용 이해에 필요한 개념들을 설명하는 등의 도움을 제공해야 한다. 교수자가 학습 촉진자의 역할을 해야 한다는 것은 학습자들의 학습 여부를 확인하고, 심화학습이 이루어질 수 있도록 질문하고, 학습한 내용을 적용하여 프로젝트 결과물로 도출할 수 있도록 지원하는 모든 활동을 의미한다.

셋째, 프로젝트기반학습에서 교수자는 학습 과정과 결과에 대한 평가자의 역할을 한다. 프로젝트기반학습은 학습자들이 과제를 수행하는 과정과 결과를 통해 학습이 이루어지는 것이므로 프로젝트 결과물뿐만 아니라 과정에 대한 평가도 함께 이루어져야 한다. 학습 과정에 대한 평가는 수업 중 이루어지는 팀 활동에 대한 관찰과 질문, 프로젝트 수행 과정을 기록한 회의록이나 활동 보고서, 성찰일지와 개별 학습보고서 등을 이용하여 진행한다. 학습 결과에 대한 평가는 프로젝트 최종 결과물을 중심으로 진행한다. 학습 과정과 결과에 대한 평가 모두 교수자뿐만 아니라 학습자도 함께 참여하는 것이 바람직하므로 설계 단계에서 평가 준거와 도구를 준비하여 수업 중 활용해야 한다.

2) 학습자의 역할

프로젝트기반학습에서 학습자는 주도적으로 과제를 해결하고 학습하는 과제해결자, 협력학습자, 자기주도학습자, 그리고 자신 및 다른 학습자들에 대한 평가를 수행하는 평가자의 역할을 수행한다.

첫째, 프로젝트기반학습에서 학습자는 과제해결자/문제해결자의 역할을 한다. 프로젝트기반학습에서 학습자는 프로젝트 실행의 주체이다. 수업에 따라 제시되는 프로젝트의 유형이나 난이도는 다르지만 공통적으로 학습자는 주인의식을 갖고 제시된 과제를 이해하고 선정하고 학습하고 논의하고 선택하고 적용해야 한다. 학습자가 과제해결자/문제해결자의 역할을 한다는 것은 과제해결을 위해 학습자가 선택하고 의사결정하며 자신들의 결과물에 책임을 진다는 의미이다.

둘째, 프로젝트기반학습에서 학습자는 협력학습자의 역할을 한다. 프로젝트기반학습에서는 지식을 적용하고 활용하는 복잡하고 어려운 과제를 다루기 때문에 대부분 여러 학습자가 협력하는 팀 활동으로 진행된다. 학습자들은 팀 구성원들과 함께 과제를 분석하고 논의하고 학습 계획을 수립한다. 그리고 학습 계획에 따라 각자 조사·학습·연구한 내용을 다시 공유하고 분석하고 적용하여 최종 결과물을 개발한다. 팀 단위로 이루어지는 이러한 활동은 단순히 역할 분담만을 의미하는 것은 아니다. 학습자들은 팀 구성원들과 함께 논의하면서 내용을 이해하고 새로운 아이디어를 생성한다. 또한 자신이 학습하거나 조사한 내용을 팀 구성원이 이해할 수 있도록 설명하고, 서로 이견이 있을 때는 이를 조정한다. 따라서 협력학습자가 되어야 한다는 것은 효율성의 측면에서 과제의 1/N을 수행한다는 의미가 아니라 공동체의식을 갖고 배려하고 조정하고, 나누어 학습한 것을 종합할 수 있어야 한다는 것을 의미한다.

셋째, 프로젝트기반학습에서 학습자는 자기주도적 학습자의 역할을 한다. 프로젝트기반학습에서는 팀원들이 함께 과제를 해결하지만 처음부터 끝까지 팀원들이 같은 자료를 보고 같은 내용을 학습하는 것은 아니다. 필요에 따라 모든 것을 동일하게 학습하는 경우도 있지만 대부분 역할을 나누어 자료를 수집하고 학습한 후 학습 내용을 팀원들과 공유한다. 따라서 학습자는 자신이 맡은 부분에 대해서만큼은 자기주도적으로 학습 자료를 검색하고 필요한 자원을 선택·적용하며, 학습 결과물을 스스로 산출해야 한다. 프로젝트기반학습에서 학습자는 협력학습자의 역할뿐만 아니라 자기주도적 학습자의 역할을 함께 수행해야 한다.

넷째, 프로젝트기반학습에서 학습자는 평가자의 역할을 한다. 프로젝트기반학습은 프로젝트를 수행하는 과정과 결과를 모두 평가하는데, 이때 학습자도 팀 활동과 결과물, 개인의 학습 과정과 결과에 대해 평가한다. 학습자는 자신과 다른 동료들의 학습 활동을 평가하면서 자신의 역량에 대해 성찰하고, 여러 팀의 최종 결과물을 비교·분석하는 과정에서 심화학습 및 비판적 사고력을 키우게 된다.

4. 프로젝트기반학습의 효과

프로젝트기반학습의 효과에 대해 논할 때 가장 먼저 떠올리는 것은 학습자의 문제해결능력 개발이다. 프로젝트기반학습에서는 학습자들이 과제를 수행하는 과정과 결과를 통해 학습이 이루어지기 때문에 당연한 결과라고 할 수 있다. 그러나 수업에서 프로젝트기반학습을 하는 이유는 문제해결능

표 1-2 프로젝트기반학습의 효과

구분			프로젝트기반학습의 효과
학습자	지식	① 학업 성취	• 내용 지식과 전문 지식 습득 • 지식의 적용능력 증가 • 내용에 대한 기억, 이해 정도 증가
	역량	② 문제해결능력	• 비판적 사고력, 과제해결능력 향상 • 자료수집, 조직, 분석 및 해석 능력 개발 • 프로젝트 관리 능력 개발
		③ 프로젝트(과제)와 관련된 특수 능력	• 수학교과목의 경우: 수학적 추론능력 개발 • 지리학 관련 교과목의 경우: 지도해독능력 등의 개발
		④ 협업능력	• 팀워크 능력 개발 • 집단 과제해결능력 개발 • 작업습관 습득 • 대인관계 기술 향상
	태도	⑤ 개인 학습능력과 태도	• 의사소통 기술(말하기와 쓰기)과 대인관계 기술 향상 • 자기효능감, 시간관리 능력 개발 • 호기심, 흥미, 도전정신 증가
교수자	지식	① 교과 내용에 대한 이해 및 지식 수준 증가 ② 프로젝트기반학습에 대한 이해 ③ 학습자의 특성에 대한 이해	
	역량	④ 프로젝트기반학습 설계 및 운영 역량 개발	
	태도	⑤ 자기효능감 증가	

력 개발만을 위한 것은 아니다. 많은 교수자가 수업의 첫 번째 목적은 해당 교과목의 지식 습득이라고 생각하는데, 프로젝트기반학습 역시 첫 번째 목적은 해당 교과목의 지식 습득이고 다양한 연구를 통해 그 효과가 입증되었다. 선행연구들이 제시한 프로젝트기반학습의 효과는 학습자들의 지식 습득, 역량 개발, 태도 변화 등 다양한 측면에서 확인할 수 있으며(Barron et al., 1998; Grant, 2011; Krajcik et al., 1994) 이와 함께 프로젝트기반학습을 운영한 교수자들의 변화와 성장도 확인할 수 있다. 학습자 측면의 효과와 교수자 측면의 효과에 대한 구체적인 내용은 다음과 같다.

1) 학습자들에게 나타난 효과

여러 연구가 제시한 프로젝트기반학습의 효과를 정리하면 크게 학업 성취 수준 증가, 문제해결능력 개발, 프로젝트(과제)와 관련된 특수 능력 개발, 협업능력 개발, 그리고 개인 학습능력과 태도 개발이다(장경원 외, 2017; Harmer & Stokes, 2014). 학습자들에게 나타난 프로젝트기반학습의 효과를 지식, 역량(기술), 태도로 구분하여 살펴보면 다음과 같다.

(1) 지식 측면의 효과

학교 교육에서 프로젝트기반학습을 실행한 결과, 학습자들이 새로운 지식을 습득, 이해, 개념 형성, 파지 및 새로운 상황에 학습한 내용을 적용하는 전이 등에 효과가 있는 것으로 확인되었다. 프로젝트기반학습에 참여한 학습자들은 주요 개념을 효과적으로 학습하였고, 교과목에 대한 내용 지식을 증가·심화하였다(Finkelstein et al., 2010; Maxwell, Mergendoller, & Bellisimo, 2005; Wirkala & Kuhn, 2011). 또한 프로젝트기반학습에 참여한 학습자들은 지식을 오래 기억하였다. 한 연구에서는 프로젝트기반학습과 전통적인 강의식 수업에 참여한 학습자들의 학습 내용에 대한 기억 정도를 1년 후에 검사한 결과, 전통적 수업 집단의 학생들은 15%만 지식과 기술을 떠올린 반

면, 프로젝트기반학습에 참여한 학생들은 학습 내용의 70%를 기억하였다
(Crockett, Jukes, & Churches, 2011). Mioduser와 Betzer(2007)의 연구는 프로
젝트기반학습이 전통적인 시험 상황에서도 도움이 되었다고 보고하였다. 프
로젝트기반학습에 참여한 학습자들과 다른 방식의 수업에 참여한 학습자들
을 비교한 결과, 프로젝트기반학습에 참여한 학습자들이 다른 그룹의 학습
자들에 비해 사전 점수 대비 사후 점수에서 84%의 증가율을 보였다. 요약하
면, 학습자들이 프로젝트기반학습에 참여하면서 주도적으로 형성하고 발견
한 지식은 내용에 대한 이해를 심화하고, 학습자 개인에게 의미 있는 지식으
로 오래 지속되는 경향이 있는 것이다(Baumgartner & Zabin, 2008).

(2) 역량 측면의 효과

프로젝트기반학습은 학습자들의 과제해결, 비판적 사고, 초인지, 창의성
등의 고차원적 사고능력을 개발하는 데 도움이 되었다. 프로젝트기반학습
에 참여한 학습자들은 과제에 대한 해결 방안을 찾는 과정에서 질문하고 계
획한다. 그 결과, 과제 수행 과정에서 호기심과 흥미를 갖게 되고, 과제해결
능력 개발과 비판적 사고력 향상이 이루어졌다(Baumgartner & Zabin, 2008;
Beringer, 2007; Moylan, 2008; Wurdinger, Haar, Hugg, & Bezon, 2007). 프로젝
트기반학습에 참여한 학습자들은 과제해결 전략과 기법, 다양한 지식 및 기
술을 습득하였고, 이를 개별학습과 팀학습 과정에서 활용하였다(Beringer,
2007). Moylan(2008)은 프로젝트기반학습에 참여한 학습자들은 Bloom이 제
시한 교육목표분류 중 상위 수준의 인지 영역인 적용, 분석, 평가, 창작 활동
을 보다 잘 수행할 수 있다고 보고하였다. 요약하면, 프로젝트기반학습에서
학습자들은 프로젝트를 수행하기 위한 다양한 활동을 하는 과정에서 고등사
고능력과 지적 발달이 이루어진다고 할 수 있다(Baumgartner & Zabin, 2008).

(3) 태도 측면의 효과

프로젝트기반학습은 학습자의 학습 동기(motivation)를 향상시키는 것으로 알려져 있으며, 학습 동기의 향상은 학생의 적극적 수업 참여를 이끌고, 프로젝트 및 과제를 해결하고자 하는 의지가 향상되는 등의 학업 행동으로 나타나게 된다(Baumgartner & Zabin, 2008; Bell, 2010; Cook, 2009; Hernandez-Ramos & De la Paz, 2009; Mioduser & Betzer, 2007; Moylan, 2008). Ravitz(2010)는 프로젝트기반학습이 학습자들의 수업 참여나 동기 유발에 효과적이고, 새로운 개념을 기억하고 성공적으로 학업을 수행하는 데 도움을 준다고 보고하였다. Hernandez-Ramos, De la Paz(2009)와 Ravitz(2010)의 연구는 프로젝트기반학습이 학생들의 태도, 동기, 참여를 향상시키고, 내적 동기를 이끌어 낸다고 보고하였다. 특히 프로젝트기반학습에서 의미 있고 실제적인 과제를 다루는 경우 학생들의 학습 동기가 오래 지속될 수 있다고 강조하였다. Bell(2010)은 프로젝트기반학습을 운영할 때 학생들이 학교 수업에 빠지지 않고 적극적으로 출석한다고 보고하였다. Weller와 Finkelstein(2011)은 초등학교에서 프로젝트기반학습을 진행할 때 학업 수행을 어려워하는 학생들이 팀원들과 아이디어를 공유하고, 보다 열정적으로 참여하면서 자신감과 독립성을 갖게 되었다고 보고하고 있다. 특히 학생이 프로젝트를 완성하기 위해 노력하고, 학습 내용 및 과제와 관련된 지식을 익히고자 하는 의지를 강하게 나타냈다고 강조하였다. Hernandez-Ramos와 De la Paz(2009)는 역사와 사회 교과목에서 프로젝트기반학습을 통해 학생들이 전통적 수업 방식에 비해 해당 과목에 대해 긍정적 태도를 갖게 되었다고 하였다. 또한 Hung과 Holen(2011), Hung, Mehl과 Holen(2013)의 연구는 프로젝트기반학습에서 다룬 실제적 과제가 학생들의 정의적 특성, 즉 과제에 대한 주인의식, 관련성, 참여, 동기에 긍정적인 영향을 미친다고 보고하였다.

2) 교수자들에게 나타난 효과

프로젝트기반학습은 교수자들에게 많은 준비와 새로운 도전을 요구한다. 따라서 프로젝트기반학습을 운영한 교수자들 역시 긍정적인 변화와 성장을 경험하였다. 선행연구들이 제시한 교수자들에게 나타난 효과는 교과 내용, 프로젝트기반학습, 학습자에 대한 이해 및 지식 수준의 증가, 프로젝트기반학습과 관련된 역량 개발, 그리고 자기효능감 증가이다.

(1) 지식 측면의 효과

프로젝트기반학습을 운영한 교수자들의 교과 내용에 대한 이해 및 지식 수준이 증가하였다. 고등학생을 대상으로 경제 수업에서 프로젝트기반학습을 운영한 결과, 학생들뿐만 아니라 교사들 역시 경제학에 대한 내용 지식이 증가하였다(Finkelstein et al., 2010). 다른 연구에서도 교수자들은 프로젝트기반학습을 위한 과제를 개발하는 과정에서 해당 교과의 내용 지식을 심화하고, 교육과정, 수업, 평가, 학생들의 학습과 관련한 의사결정에 도움을 받았으며(Goodnough & Hung, 2009), 프로젝트기반학습 및 학습자들에 대한 지식과 이해 수준이 높아졌다고 하였다(장경원 외, 2017).

(2) 프로젝트기반학습 설계 및 운영 역량 개발

프로젝트기반학습을 운영한 교수자들의 프로젝트기반학습 설계 및 운영 역량이 증가하였다. 프로젝트기반학습 경험이 많은 교수자일수록 과제해결 과정에서 파악한 학생들의 요구와 특성을 다른 과제를 개발하는 데 적극적으로 활용하였고, 자신의 지식과 경험을 과제나 과제를 개발하는 아이디어로 적극 활용하였다(장경원, 2013). 또한 교수자들은 과제 개발 경험을 통해 학습자들의 학습 과정을 이해하고 학습자들의 학습 과정 지원 전략에 대해 알게 되었다고 하였다(Tawfik, Trueman, & Lorz, 2013). 프로젝트기반학습 운영 경험은 프로젝트기반학습을 위한 교수자들의 수업 설계 및 튜터링 기술을 향상시켰다(장경원 외, 2017).

(3) 자기효능감 증가

교수자의 효능감은 프로젝트기반학습의 성공을 위한 핵심 요소이다 (Tschannen-Moran, Woolfolk-Hoy, & Hoy, 1998). 프로젝트기반학습을 처음 운영하는 교수자들은 대체로 어려움을 호소하지만 운영 경험이 누적되면서 자신감을 갖게 되었다고 하였다(장경원 외, 2017).

프로젝트기반학습은 학습자와 교수자 모두를 긍정적으로 변화하고 성장 하게 한다. 그러나 프로젝트기반학습을 한 번 경험하는 것으로 변화와 성 장을 기대하는 것은 욕심일 것이다. 학습자들이 여러 학교급과 학년, 그리 고 다양한 교과목에서 프로젝트를 수행하면서 반복적으로 과제 수행 과 정을 경험할 때 그 과정을 통해 성장하고 여러 역량을 함양하게 될 것이다 (Wurdinger, 2016; [그림 1-3] 참조). 이는 교수자들에게도 동일하게 적용될 것 이다.

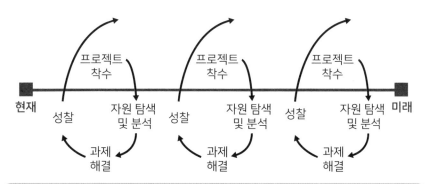

✎ 그림 1-3 PBL 과정과 학습 결과

출처: Wurdinger (2016).

제2장

다양한 프로젝트기반학습

프로젝트기반학습은 학습자들에게 질문과 문제를 제시하여 이에 대한 결과물을 개발하는 과정과 결과를 통해 학습이 이루어지는 교수 · 학습 방법이다. 그런데 다른 이름의 교수 · 학습 방법들인 문제기반학습, 액션러닝, 디자인씽킹 등도 동일한 특성과 강조점을 갖고 있기 때문에 프로젝트기반학습이라 할 수 있다. 이 장에서는 다른 이름과 얼굴을 갖고 있지만 프로젝트기반학습으로 이해하고 활용할 수 있는 다양한 프로젝트기반학습에 대해 안내한다.

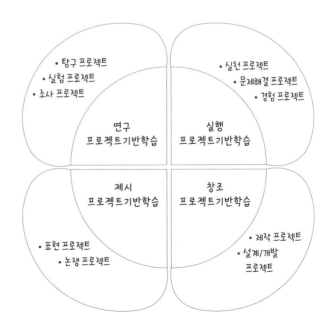

1. XBL(X Based Learning, X=Project)

1) 다양한 이름과 얼굴의 프로젝트기반학습

프로젝트기반학습을 포함하여 많은 교수·학습 방법과 모형들의 이름은 '○○기반학습 또는 ○○중심학습(○○ based learning)'이다. Larmer(2013)는 사례기반학습, 도전기반학습, 지역사회기반학습, 탐구기반학습, 지역사회기반학습, 봉사(기반)학습 등 '~중심/기반학습(based learning)'으로 불리는 교수·학습 방법들을 나열하고, 이들을 'X Based Learning(XBL)'이라고 칭하였다. 그리고 X를 '프로젝트'가 대신할 수 있다고 강조하였다.

XBL에 포함할 수 있는 교수·학습 방법들은 각각의 독특성과 함께 학습자들에게 과제나 질문을 제시하여 학습자들이 주도적으로 학습할 수 있는 기회를 제공하고, 과제해결 과정을 거치도록 한다는 공통점을 갖고 있다. 또한 디자인씽킹(Design Thinking), 액션러닝(Action Learning), 캡스톤 디자인(Capstone Design) 등은 명칭이 '~중심/기반학습'은 아니지만 XBL에 포함된 교수·학습 방법들과 유사한 특성을 갖고 있기 때문에 이들을 포함하여 모두 프로젝트기반학습이라 할 수 있다. 〈표 2-1〉은 프로젝트기반학습이라 칭할 수 있는 여러 교수·학습 방법을 간략하게 소개한 것이다.

표 2-1 다양한 이름과 얼굴의 프로젝트기반학습들

구분	내용
사례기반학습 (Case Based Learning)	일화나 시나리오 등의 사례를 중심으로 그 속에서 문제를 파악하고 이를 해결하기 위한 지식과 기술을 명료화하여 학습하는 교수·학습 방법
도전기반학습 (Challenge Based Learning)	Apple에서 제안한 것으로 학습자들이 도전과제를 수행하는 탐구기반학습으로 참여(engage), 탐구(investigate), 행동(act)의 세 단계가 상호 연결된 단계로 구성되어 있는 교수·학습 방법

지역사회기반학습 (Community Based Learning)	상호 학습 및 성찰에 중점을 두고 학습 경험을 풍부하게 하기 위해 지역사회의 문제를 다루거나 지역사회 참여를 통해 학습이 이루어지는 교수 · 학습 방법
탐구기반학습 (Inquiry Based Learning)	지식의 구조를 이루는 기본 개념과 그 관계를 이해하고 미지의 세계를 탐구하며 과제를 해결하기 위한 지적인 활동으로써 타당한 지식을 찾아내기 위하여 과학적으로 수행하는 논리적인 사고 과정이자 교수 · 학습 방법
지역기반학습 (Land Based Learning)	지역과 원주민의 특성에 대해 알고 이해하기 위해 세대의 연결, 커뮤니티와 커뮤니티의 연결을 강조하고 지역이 직면한 어려움을 함께 해결하는 교수 · 학습 방법
장소기반학습 (Place Based Learning)	지역의 유산, 문화, 풍경, 기회 및 경험에 대해 탐구하는 것으로 학생들이 교과과정 전반에 걸쳐 지역의 자료를 언어, 예술, 수학, 사회, 과학 및 기타 과목 연구의 기초로 사용하는 교수 · 학습 방법
현상기반학습 (Phenomenon Based Learning)	주제 기반 접근 방식 대신 전체론적 접근 방식으로 주제 또는 개념을 연구하는 다학문적/구성주의적 교수 · 학습 방법
문제기반학습 (Problem Based Learning)	학습자들에게 실제적인 과제를 제시하여 제시된 과제를 해결하기 위해 학습자들 상호 간에 공동으로 과제해결 방안을 강구하고, 개별 학습과 협동 학습을 통해 공통의 해결안을 마련하는 일련의 과정에서 학습이 이루어지는 교수 · 학습 방법
봉사(기반)학습 (Service Based Learning)	학습자들이 학습한 내용을 봉사활동에 조직적 · 체계적으로 적용할 수 있도록 학습 내용, 봉사활동, 활동에 대한 성찰이 이루어지는 교수 · 학습 방법
팀기반학습 (Team Based Learning)	팀에 기반하여 과제 속에서 개인의 선행학습과 팀 구성원 간 상호작용을 통해 개인과 팀의 성과를 극대화하기 위해 사전학습, 사전학습 확인, 팀 프로젝트학습, 평가가 구조화된 교수 · 학습 방법
디자인씽킹 (Design Thinking)	공감을 바탕으로 과제를 정의하고 아이디어 생성 및 프로토타입 제작과 평가과정을 반복하며 서비스, 제품, 프로그램 등을 개발하는 팀기반의 과제해결 방법이자 교수 · 학습 방법
프로젝트기반학습 (Project Based Learning)	과제를 해결하기 위하여 학습자 스스로 계획을 세우고 구체적인 실천을 통하여 결과(물)을 구체적으로 표현하도록 지원하는 교수 · 학습 방법
액션러닝 (Action Learning)	교육 참가자들이 학습팀을 구성하여 실존하는 과제를 해결하며 그 과정에서 학습이 이루어지도록 지원하는 교수 · 학습 방법
캡스톤 디자인 (Capstone Design)	창의적 종합설계라고도 부르며, 주로 대학에서 현장에서 직면할 수 있는 문제해결능력을 키우기 위해 졸업 논문 대신 기획부터 제작까지 일련의 과정을 학습자들이 직접 수행하는 프로그램이자 교수 · 학습 방법

2) PBL을 아시나요

프로젝트기반학습의 다양한 모습은 학교 현장에서 이루어지고 있는 프로젝트기반학습의 실제 사례에서도 발견할 수 있다. 2016년 2월 한국교육방송공사(EBS)에서 방영한 다큐멘터리 〈PBL을 아시나요〉 역시 매우 다양한 수준과 모습으로 실행되고 있는 프로젝트기반학습을 소개하였다(EBS, 2016). 이 다큐멘터리에서는 'X Based Learning'으로 설명한 교수·학습 방법뿐만 아니라 발견학습, 상황학습, 교육연극 등도 프로젝트기반학습으로 소개하였다. 〈표 2-2〉는 다큐멘터리에서 소개한 프로젝트기반학습 사례의 주요 내용을 정리한 것이다. 여러 나라의 초·중등학교에서 다룬 프로젝트는 좋아하는 인물에 대해 조사하여 발표하는 '스피치 프로젝트'부터 유럽의 난민 문제를 다루는 '난민 프로젝트'에 이르기까지 매우 다양하다. '스피치 프로젝트'는 개별 주제를 탐구하여 발표하는 탐구기반학습이며, '난민 프로젝트'는 학생들이 당면한 실제 과제로부터 연구 주제를 도출하여 자료를 수집, 해결안을 찾는 '액션러닝' 또는 '탐구기반학습'이다. 이 외에도 17개의 프로젝트기반학습 사례에는 '탐구기반학습' '상황학습' '교육연극' '문제기반학습'에 해당하는 사례들이 포함되어 있다.

표 2-2 EBS 다큐멘터리에서 소개한 PBL 사례들

번호	국가/학교명	해당 교과목	학년	프로젝트명	주요 내용 및 특성	비고
1	뉴질랜드/와나카 초등학교	말하기, 소통	초등 4학년 11세반	스피치 프로젝트	• 타인에게 자신의 생각을 논리적으로 말하는 것을 목표로 자신이 소개하고 싶은 인물에 대해 조사하여 발표	탐구기반학습
2	뉴질랜드/와나카 초등학교	수학	초등 4학년 11세반	친환경 놀이터 프로젝트	• 친환경 놀이터를 디자인하는 프로젝트로, 도형과 치수 측정에 관한 수학 내용을 학습하고 적용하여 놀이터에 설치할 구조물을 설계하고 발표	디자인 씽킹

					• 학생들의 주요 활동: 각 기구 및 기구의 부피 재는 법을 알아보고, 어떤 기구가 가장 큰 부피를 가졌는지 파악함, 운동장에서 여러 식물의 사진을 찍고, 선택한 식물의 모습을 이용하여 놀이기구를 디자인, 각자 선택한 식물을 선택해 운동장을 꾸밈	
3	미국/ 모건힐 차터 학교	수학 (메인), 사회	초등 4학년 10세반	텍스맨 프로젝트	• 자신이 직접 만든 물건 판매, 물건 수리 등을 통해 돈을 벌고 이를 은행에 저금하는 프로젝트로, 학생들은 판매원, 수리원, 은행원 등의 역할을 수행함 • 학생들은 본인 수입의 10%를 세금으로 납부함	상황학습
4	미국/ 모건힐 차터 학교	과학	초등 2학년 8세반	씨앗모형 프로젝트	• 씨앗이 어떻게 퍼지는지 알아보고 (씨앗이 멀리 날아갈 수 있는) 모형을 직접 구상하고 그 과정과 결과를 글로 작성	탐구기반 학습
5	미국/ 모건힐 차터 학교	역사	초등 5학년 11세반	세계화폐 프로젝트	• 여러 나라 화폐의 문자나 그림의 의미와 해당 나라의 역사, 특성 등을 탐구함 • 신대륙을 개척한 미국의 역사, 인물, 자연 등을 알아보는 프로젝트	탐구기반 학습
6	미국/ 모트홀 중학교 (뉴욕 북부 할렘가)	진로	중학교 3학년 15세반	커뮤니티 서비스 프로젝트	• 졸업반 학생들이 지역의 기업, 학교 등에서 봉사하면서 학습하는 프로젝트 • 학생들이 전문적인 직업을 미리 경험해 보는 수업	봉사 학습/ 액션러닝
7	핀란드/ 실타마키 초등학교	나눔의 정신	초등 6학년 12세반	뮤지컬 자선 프로젝트	• 학생들이 직접 이야기, 음악(작곡) 등을 만들고 뮤지컬을 완성한 후 어린이병원에서 자선 공연함	액션러닝
8	핀란드/ 실타마키 초등학교	수학, 언어, 쓰기	초등 6학년 12세반	비즈니스 프로젝트	• 자신들이 정한 사업(예: 커피숍) 홍보 사진 촬영 후 광고물을 제작하여 체험장에서 가상으로 사업을 운영하는 프로젝트	상황학습

					• 학생들이 스스로 회사 운영이나 직장생활을 해 보며 진로를 탐색해 보는 프로젝트	
9	몽골/잡한 아이막으 실루스테 솜 1번 학교	수학	초등 9세반	물건 거래 프로젝트	• 선생님이 제시한 물건들의 값을 고려하여 10,000투구릭 내에서 물건을 구매하는 가게 놀이 활동	상황학습
10	몽골/잡한 아이막으 실루스테 솜 1번 학교	과학, 역사 융합	초등 9세반	잡한의 자연 소개 책 제작 프로젝트	• 박물관을 방문하여 사막화가 진행되면서 변화된 잡한(거주 지역명)의 동물, 식물 등을 조사하고 잡한의 자연을 소개한 책을 제작	문제기반 학습
11	미국/SLA 고등학교	과학	고등 학교	건축물 제작	• 7M 높이의 실제 건축물을 제작 • 건축자재의 성격과 하중에 대한 토의 활동을 진행	프로젝트 기반학습
12	미국/SLA 고등학교	미디어	고등 학교	사진 프로젝트	• 자신이 표현하고 싶은 것을 사진으로 찍고 이를 설명하는 활동	프로젝트 기반학습
13	한국/ 대구 중앙 중학교	도덕 · 정보	중학교 1학년	드론 프로젝트	• 드론을 조작하고, 드론의 장점과 단점을 파악하며, 드론과 관련된 법과 윤리에 대해 탐구하고 논의함	문제기반 학습
14	한국/ 대구 중앙 중학교	사회	중학교 1학년	선거 프로젝트	• 선거에 필요한 선거송, 선거홍보물을 제작하고, 상대방 후보의 공약에 대한 반박 근거를 찾아 제시함	문제기반 학습
15	한국/ 대구 중앙 중학교	수학	중학교 1학년 14세	테셀레이션 으로 방 꾸미기	• 친구가 좋아하는 테셀레이션을 이용하여 방 꾸미기 활동을 함(테셀레이션이란 정다각형의 반복적인 배치를 통해서 평면이나 도형을 빈틈없이 덮는 것)	문제기반 학습
16	덴마크/ 헬러룹 학교	사회	7~9 학년, 13~15세 통합	난민 프로젝트	• 난민에 대해 다루고 싶은 주제를 선택하고, 이에 대해 조사, 탐구하여 그 결과를 발표 • 교수자가 덴마크 난민 정책 소개 →학습자가 프로젝트 주제 선정 →자료탐색 및 학습→전문가 특강→난민과의 인터뷰→최종 결과물 개발 및 발표	액션러닝
17	홍콩/ 에반젤 컬리지	영어	초등 6학년 11세	영어 드라마 프로젝트	• 도덕적 가치를 학습할 수 있는 주제를 이야기로 구성하고 이를 드라마로 표현(사용 언어는 영어)	교육연극

2. 4가지 유형의 프로젝트기반학습

'XBL' 'PBL을 아시나요'에서 소개한 것처럼 프로젝트기반학습은 다양한 이름과 모습으로 실행되고 있으며, 많은 학자가 프로젝트기반학습이 다양한 과제해결형 교수·학습 방법을 포함한다고 설명한다. Wurdinger(2016) 도 [그림 2-1]과 같이 프로젝트기반학습이 협력학습, 문제기반학습, 봉사학습, 장소기반학습 등을 모두 포함한다고 제시하였다. 다만 다루는 프로젝트의 내용과 운영 방법에 따라 교수자와 학습자가 주도하는 비중, 학습자들이 프로젝트를 수행하는 과정에서 갖는 동기에 차이가 있을 수 있다. Pecore(2015)는 Kilpatrick(1918)이 제안한 프로젝트 방식(project method)이 21세기에 프로젝트기반학습으로 확장되었고, 도전기반학습, 문제기반학습, 활동기반학습, 디자인기반학습 등의 다양한 유형으로 실천되고 있다고 하였다.

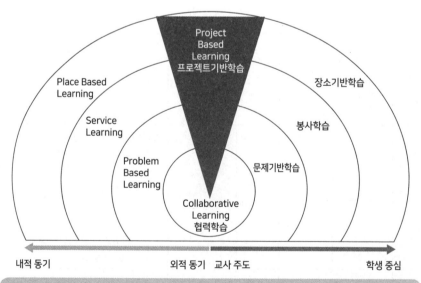

✎ 그림 2-1   PBL과 다른 교수·학습 방법들의 관계

출처: Wurdinger (2016).

학습자들이 주로 수행하는 학습 활동과 결과물을 기준으로 다양한 프로젝트기반학습을 분류하면 연구 프로젝트기반학습, 제시 프로젝트기반학습, 창조 프로젝트기반학습, 그리고 실행 프로젝트기반학습의 4가지 유형으로 구분할 수 있다(장경원, 2022).

첫째, 연구 프로젝트기반학습(Research Project Based Learning)은 조사, 실험, 탐구 활동이 필요한 과제나 질문을 제시하여 학생들이 다양한 자료의 탐색, 실험, 정리와 분석 등을 통해 최종 결과물을 산출하도록 하는 프로젝트기반학습이다. 연구 프로젝트기반학습의 결과물은 주로 보고서인 경우가 많다. 학습자들에게 제시하는 과제는 탐구, 실험, 조사 활동이 필요한 것이다. 기존 교수·학습 모형 중 탐구기반학습, 사례기반학습, 현상기반학습 등이 연구 프로젝트기반학습에 해당될 수 있다.

둘째, 제시 프로젝트기반학습(Show Project Based Learning)은 다양한 활동과 표현을 요구하는 과제나 질문을 제시하여 학생들이 프로젝트 수행 과정이나

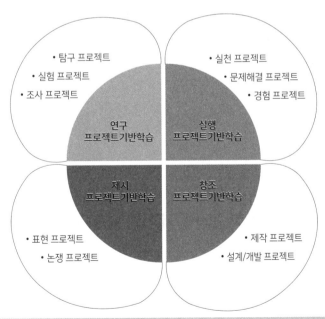

✎ 그림 2-2 프로젝트기반학습 유형과 활용 가능한 프로젝트들

출처: 장경원(2022).

결과를 다양한 활동으로 표현하고 제시하는 프로젝트기반학습이다. 제시 프로젝트기반학습의 결과물은 주로 말하기, 토론하기, 그림 그리기와 같은 활동이 필요한 것이다. 학습자들에게 제시하는 과제는 표현, 경험, 논쟁 활동이 필요한 것으로, 기존 교수 · 학습 모형 중 토론(debate) 등이 해당될 수 있다.

셋째, 창조 프로젝트기반학습(Creation Project Based Learning)은 구체적인 결과물이나 계획을 제시해야 하는 과제나 질문을 제시하여 학생들이 다양한 조사 · 연구 및 아이디어를 종합하여 최종 결과물을 제작 · 개발하도록 하는 프로젝트기반학습이다. 창조 프로젝트기반학습의 결과물은 주로 구조물, 설계도, 디자인 등이다. 학습자에게 제시하는 과제는 제작, 설계/개발 등의 활동이 필요한 것이다. 기존 교수 · 학습 모형 중 디자인씽킹, 도전기반학습 등이 해당될 수 있다.

넷째, 실행 프로젝트기반학습(Action Project Based Learning)은 구체적인 해결안이나 이의 실천을 요구하는 과제나 질문을 제시하여 학생들이 다양한 조사 · 연구 및 아이디어를 종합하여 해결안을 제시하도록 하는 프로젝트기반학습이다. 실행 프로젝트기반학습의 결과물은 해결안 보고서, 실행 계획서, 실행 결과 보고서 등이다. 학습자에게 제시하는 과제는 실천, 문제해결, 경험 활동이 필요한 것이다. 기존 교수 · 학습 모형 중 체험학습(Experience Learning), 문제기반학습, 액션러닝, 지역사회기반학습, 봉사학습 등이 해당될 수 있다.

3. 프로젝트기반학습과 문제기반학습(문제중심학습)

프로젝트기반학습은 빈번하게 문제기반학습과 비교된다. 두 교수 · 학습 방법이 모두 PBL이고, 많은 공통점을 갖고 있기 때문이다. 두 방법을 명확하게 이해할 수 있도록 먼저 각각의 역사를 간략하게 소개하고 주요 특성을 제시하였다.

1) 프로젝트기반학습의 역사

프로젝트기반학습은 1918년 Dewey의 제자인 Kilpatrick이 발표한 「프로젝트 방법(The project method)」에서 출발한 것이라고 알려졌다. Kilpatrick이 제시한 프로젝트 방법은 학습자들이 질문이나 과제에 대한 해결안을 개발하는 과정에서 학습이 이루어지는 것이다. 그런데 독일의 교육학자이자 역사학자인 Knoll(2011)은 프로젝트기반학습이 처음 시작된 것은 16세기 이탈리아였으며, 아이디어를 낸 이들은 이탈리아 건축가들이라고 주장하였다. 당시 건축물은 기술적·미학적, 그리고 실용적으로도 완벽성을 갖추어야 했는데, 벽돌공이나 석공들과 같은 수공업자들이 이를 충족시키기에는 역부족이었다. 반면 건축가들은 건축과 관련된 지식이 풍부하고 당대의 전통에 이해가 깊은 전문가들이었다. 이들은 전문성을 갖춘 건축가 양성이 필요하다고 제안하였다. 1577년 교황 그레고리우스 13세의 허가로 로마에 건축가 양성을 위한 '산 루카 아카데미'라는 예술학교가 설립되었고, 1593년에 본격적인 수업이 시작되었다. 이 학교의 목표는 기본적인 건축 이론과 기초 학문을 교육하는 것이었고, 실제적인 기술도 가르쳤다. '산 루카 아카데미'의 교수들은 건축에 대한 지식과 기술을 가르치기 위해 학생들에게 성당, 기념비적 건축물, 궁전과 같은 건축물을 설계하는 과제를 제시하였다. 학생들은 건축설계와 같은 실제적 과제를 수행하면서 건축가로서 갖추어야 할 역량과 자신감을 함양하였다. Knoll은 '산 루카 아카데미'의 건축설계 과제에 주목하였다. 그는 학생들이 건축설계 과제를 수행하면서 학습이 이루어졌다면 이 수업이 바로 프로젝트기반학습의 시작이라고 주장하였다.

'산 루카 아카데미'에서 이루어진 학습자 참여와 실천 중심의 교육방법은 1829년 프랑스 파리의 '에콜 상트랄 데자르'의 마뉘팍튀르(중앙공과학교)에 전해졌다. 이 학교에서는 엔지니어를 양성하는 공학교육에 프로젝트기반학습을 활용하였다. 이후 1864년 미국 보스턴의 MIT에서는 '프로젝트'라는 용어를 학교 교육과정에서 실질적으로 사용하였고, 1879년에는 세인트루이스의 중·고등학교에서 기술공예를 가르칠 때 프로젝트 방식의 적용을 고려하기 시작하였다. 1916년에는 학생들이 프로젝트를 수행하는 것이 미국의 수업 표준 방식 중 하나에 포함되어 기술 수업, 농업 수업처럼 실제적 기술이 중요한 수업에서 프로젝트 방식이 주요 교수·학습 방법으로 활용되었다.

Kilpatrick의 「프로젝트 방법」은 교육 현장에서 이루어진 이러한 실천과 노력을 이론적으로 정리하여 소개한 논문이라 할 수 있다. 프로젝트 방법에 대해 많은 관심과 논의가 있었지만 동시에 비판도 많이 제시되어 프로젝트기반학습이 교수·학습 방법으로 널리 확대되지는 못하였다. 그러나 1900년대 후반 문제해결능력, 융합능력, 창의력이 강조되면서 이를 함양할 수 있는 교수·학습 방법으로 프로젝트기반학습이 재조명되었다. 이후 프로젝트기반학습은 중요한 교수·학습 방법으로 주목받았고 현재까지 많은 사랑을 받고 있다.

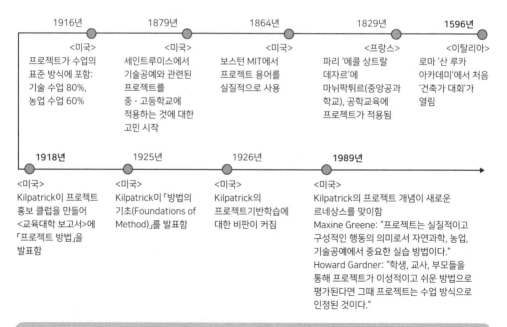

💡 그림 2-3 프로젝트기반학습의 역사

출처: Knoll(2011)에서 주요 내용 정리.

2) 문제기반학습의 역사

문제기반학습(Problem Based Learning)은 문제를 기반으로 학습자 중심으로 학습이 이루어지는 교수 · 학습 방법이다(Barrows & Myers, 1993). 문제기반학습의 시작은 의과대학이지만, 교육 장면에서 실제적 문제를 사용한 기원을 찾아보면 Harvard Law School로 거슬러 올라간다. 1870년 Harvard Law School의 학장이 된 Christopher Langdell은 학생들이 법조인처럼 사고할 수 있는 교육을 지향하며, 법정 사례(판례)를 직접 검토하고 스스로 질문하고 토의와 토론을 통해 결론을 내리는 사례교수법(Case Method)을 시작하였다. 이러한 교육방법에 대해 처음에는 교수와 학생 모두 강하게 저항했지만, 점차 교육 효과에 만족하여 적극적으로 실천하였다. 1920년대부터는 시카고 대학교, 예일 대학교 등 다른 대학으로도 확산되었다.

그로부터 50여 년 후인 1919년에 Harvard Law School 졸업생 Wallace Donham이 Harvard Business School의 학장이 되었고, 그는 사례교수법을 경영학 분야에서도 교수 · 학습 방법으로 활용하고자 하였다. 그러나 판례 (case)가 소송 사건의 해결에 중요한 역할을 하는 법학 분야와 달리, 경영학 분야에서는 일반적으로 동일한 사례가 반복되지 않는다는 이유로 교수들이 이를 적극적으로 활용하지 않았다. Donham은 경영학 분야 교수들이 활용할 수 있도록 사례교수법를 변형하여 먼저 이론을 가르치고 이를 활용하여 사례를 분석하는 사례분석 교수법(Case Study)을 제안하였고, 교수들은 이를 수용하여 수업에서 활용하였다.

법학, 경영학에 이어 실제적 문제를 사용한 교육에 관심을 가진 분야는 의학이다. 1965년 캐나다의 McMaster 의과대학의 초대 학장 John Evans 는 수동적이고 비실용적인 기존의 교육방법을 개선하고자 했고, 실제적 문제와 토의 활동을 강조하는 Harvard Business School의 사례분석 교수법에 주목하였다. 그러나 강의 후 문제를 제공하는 사례분석 교수법은 환자에 대한 정보수집과 의학적 판단을 주체적으로 실행하는 의사들의 임상 추론 과정(clinical reasoning process)에 부합하지 않았다. McMaster 의과대학의 Howard Barrows 교수 등은 의사들의 임상 추론 과정을 구현할 수 있도록 학습자들에게 문제를 제시하여 문제를 해결하게 한 후 주요 내용에 대해 종합·정리하는 방식인 문제기반학습을 설계하여 활용하였다.

문제기반학습을 모형으로 정리하여 처음 소개한 Barrows(1994)는 의과대학 학습자들이 어렵고 많은 지식을 학습했지만 인턴이 되어서는 실제 환자들을 진단하는 데 어려움을 겪는 것을 확인했다. 환자를 진료하기 위해서는 단순히 정보를 기억하는 것뿐만 아니라 분석·종합·평가 등의 고차적인 문제해결능력이 필요하다. 즉, 환자를 진료하기 위해서는 환자의 문제 상황을 정확히 분석하여 적절한 처방을 내려야 한다. 그런데 대부분의 환자는 자신의 문제가 무엇인지 스스로 충분한 정보를 제시하지 못하기 때문에, 의사는 다양한 방법으로 추가적인 정보를 얻어야 한다. 또한 비록 초기에 처방을 내렸어도 환자에 대한 추가 정보나 상태의 변화가 제시되면 진단과 처방이 달라지는 경우도 많다. 이러한 과정들은 의사가 다양한 정보를 종합하여 의사결정을 내려야 하는 복잡하고 구조화되지 않은 문제(ill-structured problem)

사례교수법 (Case Method)	사례분석 교수법 (Case Study)	문제기반학습 (Problem Based Learning)
• Harvard Law School 에서 시작(1870) • 원자료인 법정 사례를 직접 검토하고, 스스로 질문하고 토의/토론을 통해 결론 내리는 소크라테스식 교수법을 적용	• Harvard Business School에서 사례교수법을 사례분석 교수법으로 변형(1919) • 먼저 이론을 학습한 후 이를 실제 비즈니스 상황을 포함한 사례에 적용하여 분석 • 그룹 활동 강조	• McMaster 의과대학에서 사례분석 교수법을 문제기반학습으로 변형(1965) • 실제적 문제와 그룹 활동을 강조 • 강의(지식 제공) 전에 문제를 먼저 제시 • 의사들의 임상 추론 과정에 초점

✍ **그림 2-4 문제기반학습의 역사**

상황에 직면할 수 있다는 것을 의미한다. 의과대학 학습자들이 졸업 후 직면하는 이러한 상황에 대처하기 위해서는 2가지의 중요한 기능이 필요한데, 추론 기능과 자기주도적 학습 기능이다(Barrows, 1994). 의사들이 실제 상황에서 복잡한 문제에 직면하여 문제를 진단하고 처방을 내릴 때는 주로 가설·연역적 추론 기능을 활용한다. 이것은 대안적 가설을 설정하고, 가설 검토를 위한 자료를 수집하며, 자료를 분석하고 종합하여 최종 진단과 처방을 제시하는 과정이다. 의사에게 요구되는 또 하나의 주요한 기능은 자기주도적 학습 기능(self-directed learning skill)이다. 의사는 자신이 경험하지 못한 독특한 환자의 문제나 새로운 진료 체제에 적응해야 하며, 새로운 지식들을 습득해야 한다. 이러한 상황은 끊임없이 스스로 새로운 지식과 정보를 학습할 수 있는 자기주도적 학습 기능을 요구한다(최정임, 장경원, 2015).

문제기반학습은 본래 이와 같이 의과대학의 독특한 교육적 요구에 의해 개발된 학습 환경이지만, 고차적 추론 기능과 자기주도적 학습 기능, 문제해결력 등은 의학뿐만 아니라 공학, 경영학, 교육학, 법학 등 다양한 분야에서 공통적으로 요구되는 능력들이다(Duch, Groh, & Allen, 2001). 특히 현대사회에서 이러한 고차적 능력들의 중요성이 강조되고 있고, 지식의 구성과 학습자 중심의 학습을 강조하는 구성주의 패러다임과 접목되면서 문제기반학습은 더욱 주목받게 되었다.

3) 프로젝트기반학습과 문제기반학습 비교

프로젝트기반학습과 문제기반학습의 출발점은 다르다. 그러나 실제적 과제를 다루고, 학습자들이 주도적으로 계획하고 실천하며, 과제를 해결한다는 점에서 공통점을 갖는다. 이러한 이유로 두 모형은 각각 'Project Based Learning'과 'Problem Based Learning'이라는 이름을 갖고 있지만, 현재는 PBL이라는 같은 이름을 사용하고 있으며, 교육 현장에서 활용할 때는 구분하지 않고 사용하는 것이 가능하다는 의견이 주를 이루고 있다. 두 모형 모두 학습자가 주가 될 수 있도록 교수자는 조력자로서 수업을 운영하게 된다.

〈표 2-3〉은 프로젝트기반학습과 문제기반학습의 주요 특성을 비교한 것이다. 첫째, 프로젝트기반학습과 문제기반학습의 정의는 학습자들이 과제를 수행하는 과정과 결과를 통해 학습이 이루어지는 교수·학습 방법이라는 점에서 동일하다. 다만 문제기반학습의 경우 학습자들에게 비구조적이고 실제적인 문제 시나리오를 제공하다는 점을 강조한다. 프로젝트기반학습에서는 문제 시나리오를 포함하여 질문, 프로젝트로 다루고자 하는 주제 등 다양한 형태로 과제를 제시한다.

둘째, 프로젝트기반학습과 문제기반학습은 모두 어떠한 프로젝트와 문제를 해결해야 하며 어떠한 결과물을 도출해야 하는지 확인하는 것으로 시작한다. 그리고 학습자들의 학습 결과를 적용하여 산출한 최종 결과물과 과제 해결안을 제출하고 성찰하는 것으로 마무리한다.

셋째, 프로젝트기반학습과 문제기반학습이 이루어지는 절차 역시 일반적인 문제해결 절차를 따르기 때문에 거의 동일하다. 다만 문제기반학습의 경우 문제 시나리오를 제공하기 때문에 시나리오 내용을 살피고 문제기반학습에서 안내하는 문제 분석 및 학습 계획 수립을 위한 양식인 '과제 수행 계획서(조사 및 학습 계획서)'에 따라 문제를 확인하는 과정을 강조하다. 프로젝트기반학습에서는 정해진 양식은 없지만 일반적으로 프로젝트 개요서, 자료수집 계획서 등을 이용하여 프로젝트 선정 및 자료수집 계획 활동이 이루어진다.

넷째, 프로젝트기반학습과 문제기반학습 모두 여러 시간(차시)에 걸쳐 진행된다. 일반적으로 프로젝트기반학습에서 다루는 과제가 좀 더 많은 시간을 요구하는 경우가 많고 문제기반학습에서 다루는 문제는 3~4회 정도에 걸쳐 진행된다. 이때 중요한 것은 두 방법 모두 학습자들이 스스로 자료를 탐색하고 학습할 수 있는 시간과 팀 활동을 위한 시간을 제공하기 위해 가능하면 여러 차시 또는 주에 걸쳐 과제를 수행할 수 있도록 운영하는 것이다.

다섯째, 프로젝트기반학습과 문제기반학습에서 다루는 과제의 수는 수업마다 상이하다. 다만 프로젝트기반학습에서는 학습자들이 해야 하는 활동이

📌 표 2-3   프로젝트기반학습과 문제기반학습 비교

구분	프로젝트기반학습	문제기반학습
정의	• 학습자들이 과제나 질문에 대한 결과물을 개발하는 과정과 결과를 통해 과업의 학습이 이루어지는 교수 · 학습 방법	• 학습자들이 비구조적 · 실제적인 문제를 해결하는 과정과 결과를 통해 학습이 이루어지는 교수 · 학습 방법
시작과 종료	• 시작: 프로젝트의 최종 결과물 확인 • 종료: 최종 결과물 제출	• 시작: 제시된 과제 상황을 확인 • 종료: 과제해결안 제출
과제해결 과정	• 구조화된 과제해결 과정 없음	• 체계적으로 구조화된 과제해결 과정
진행 과정	프로젝트 제시 → 프로젝트 선정 및 자료수집 계획 → 자료수집 및 분석 → 최종 결과물 구안 → 만족? (No → 자료수집 및 분석으로 복귀 / Yes → 최종 결과물 제출 및 발표) → 학습 결과 정리 및 평가	문제 제시 → 문제 확인 → 문제해결을 위한 자료수집 → 문제 재확인 및 해결안 도출 → 문제해결? (No → 문제해결을 위한 자료수집으로 복귀 / Yes → 문제해결안 제출 및 발표) → 학습 결과 정리 및 평가
소요 기간	• 4주 이상(1주 2시간 수업시간을 할애할 경우)	• 3~4주(1주 2시간 수업시간을 할애할 경우)
한 학기 과제 수	• 1개 이상	• 2~4개
교과목	• 1개 교과나 여러 교과 통합	• 1개 교과나 여러 교과 통합
학습자	• 프로젝트 수행자, 자기주도학습자 • 팀 단위로 참여	• 과제해결자, 자기주도학습자 • 팀 단위로 참여
교수자	• 최종 결과물이 완성될 수 있도록 조력 • 최종 결과물을 완성하는 데 필요한 지식과 기술을 습득할 수 있도록 조력(부분적으로 교수자가 계획 수립 및 내용 제시)	• 과제해결 과정을 충분히 거칠 수 있도록 조력 • 협력과 자기주도학습이 충분히 이루어질 수 있도록 조력
평가	• 과정중심평가, 다면평가, 종합 평가	• 과정중심평가, 다면평가, 종합 평가
예시	• 놀이터 만들기(주교과: 수학, 사회, 미술 등) • 7m 탑 쌓기(주교과: 수학, 물리, 미술 등)	• 학교건축 중 학교 내 설치할 놀이터에 들어갈 놀이기구 제안서를 작성, 제출해야 하는 상황을 제시(주교과: 수학) • 좁은 공간을 효율적으로 활용하기 위한 정리전략을 수립해야 하는 상황을 제시(주교과: 수학, 기술가정)

많아 한 학기에 1개나 2개의 과제를 다루는 것이 일반적이다. 문제기반학습에서는 학습자들이 문제 시나리오를 분석하고 문제기반학습의 절차에 따라 문제해결 방법을 학습하는 것도 중요하기 때문에 2개 이상, 즉 2개에서 4개의 문제를 다루는 것이 일반적이다.

여섯째, 프로젝트기반학습과 문제기반학습 모두 1개의 교과목 또는 2개 이상의 여러 교과를 통합하여 이루어질 수 있다. 1개 교과목에서 이루어지는 경우 여러 단원의 내용을 다루는 경우가 일반적이다. 여러 교과를 통합할 경우 프로젝트기반학습과 문제기반학습의 전체 절차를 교과목별로 구분하여 운영하거나 여러 교수자가 팀티칭으로 운영한다.

일곱째, 프로젝트기반학습과 문제기반학습의 학습자는 모두 프로젝트 수행자/과제해결자, 자기주도학습자, 협력학습자의 역할을 수행한다. 특별한 사정으로 학습자 개별적으로 과제를 수행하는 경우가 있는데, 이때 최종 결과물을 개별적으로 제출하더라도 과제를 수행하는 과정에서는 학습자들이 논의하고 협력할 수 있는 기회를 제공하는 것이 바람직하다.

여덟째, 프로젝트기반학습과 문제기반학습의 교수자는 질문, 자료 등을 이용하여 학습자들의 과제 수행 과정을 지원하고 조력한다.

아홉째, 프로젝트기반학습과 문제기반학습에서의 평가는 학습자들의 과제 수행 과정과 결과 모두에 대해 이루어진다. 따라서 프로젝트기반학습과 문제기반학습의 시작부터 끝까지 평가가 이루어지며, 교수자와 학습자가 모두 평가 주체로 참여한다. 또한 학습자들의 논의 과정, 학습 과정에서 산출되는 여러 자료, 최종 결과물, 개인 성찰일지 등이 모두 평가 대상이 된다.

이처럼 프로젝트기반학습과 문제기반학습은 많은 유사점을 갖고 있다. 그러나 프로젝트기반학습에서는 프로젝트를 제시한 후 학습자들이 프로젝트를 이해하고 선정할 수 있도록 돕는 안내를 제공해야 하고, 문제기반학습에서는 문제 시나리오를 준비해야 하는 등의 차이도 존재한다. 따라서 교수자는 수업의 여러 특성, 즉 교과목 특성, 내용, 학습 목표(성취기준), 학습자 특성 등을 고려하여 보다 적절한 모형을 선택하여 활용하는 것이 필요하다.

제3장

프로젝트에 대한 이해

프로젝트기반학습이 성공적으로 이루어지기 위해서는 좋은 프로젝트가 필요하다. 좋은 프로젝트는 학습자들이 지식과 기술을 습득하고 과제해결 과정을 경험하며 의미 있는 학습 결과를 얻을 수 있게 한다. 교수자들은 좋은 프로젝트를 설계하기 위해 수업 목표, 학습 내용, 학습자 특성, 학습 환경, 그리고 실세계의 특성을 조사하고 분석한다. 그리고 반짝이는 아이디어를 내어 프로젝트를 설계한다. 이때 교수자는 프로젝트가 어떤 형태여야 하는지, 어떠한 학습 활동을 요구해야 하는지 고민한다. 프로젝트의 형태, 수준, 요구하는 활동이 매우 다양하기 때문이다. 이 장에서는 프로젝트가 어떤 특성을 갖고 있는지 안내한다.

1. 프로젝트의 주요 특성과 형태

1) 프로젝트가 갖추어야 할 7가지 주요 요소

프로젝트는 프로젝트기반학습에서 학습자들의 활동과 참여를 이끌어 내는 것으로, 학습자들이 다루는 과제이자 마지막에 산출되는 결과물이다(Heick, 2020; Weiss, 2003). 따라서 프로젝트는 프로젝트기반학습의 시작, 과정, 그리고 끝을 결정하는 핵심이라 할 수 있다. 앞서 살펴본 프로젝트기반학습의 다양성은 자연스럽게 프로젝트의 다양성으로 연결된다. 교수자가 학습자에게 제시하는 프로젝트는 매우 다양한데 프로젝트가 갖추어야 할 핵심 요소는 변하지 않는다.

교수자들이 프로젝트기반학습을 실천할 수 있도록 지원하는 미국의 벅 교육협회(Buck Institute of Education: BIE)는 프로젝트가 갖추어야 할 7가지 주

🖋 그림 3-1 프로젝트가 갖추어야 할 주요 요소

출처: Larmer, Mergendoller, & Boss (2015).

요 요소를 제시하였다. 7가지 주요 요소는 어려운 문제/질문, 실제성, 지속적인 탐구, 학생의 의사와 선택권, 비평과 개선, 성찰, 그리고 공개할 결과물(산출물)이다. 이 요소들은 프로젝트가 학습자들에게 충분한 학습 기회를 제공하기 위해 필요한 프로젝트의 난이도와 성격, 프로젝트기반학습의 진행 과정에서 필요한 사항들을 제시한 것이다.

7가지 주요 요소에 앞서 중요하게 고려해야 할 것은 [그림 3-1]의 중앙에 위치한 '핵심지식, 기술, 태도, 그리고 핵심 역량'이다. 프로젝트기반학습은 하나의 교수 · 학습 방법으로 학습자들은 프로젝트를 수행하면서 해당 교과목이나 주제에서 학습해야 하는 주요 지식, 기술, 태도를 학습하고 역량을 개발해야 한다. 따라서 교수자는 먼저 학습 목표가 될 지식, 기술, 태도와 역량을 결정한 후 프로젝트를 설계해야 한다. 지식, 기술, 태도, 그리고 역량은 프로젝트 설계를 위한 중요한 기준으로, 기준을 결정한 후에 프로젝트가 갖추어야 하는 7가지 주요 요소를 고려해야 한다.

첫째, 어려운 문제/질문이다. 프로젝트기반학습에서는 학습자들이 과제를 이해하고 필요한 자료를 찾고 선택하는 과정과 결과를 통해 학습이 이루어져야 한다. 학생들이 어떤 지식을 암기하거나 학습한 것을 바로 적용해서 문제를 풀이하는 것은 프로젝트기반학습이라 보기 어렵다. 학습자들에게 도전감을 줄 수 있는 어렵고 복잡한 문제나 질문이 제시되어야 한다. 이때 중요한 것은 학습자 수준을 고려하여 난이도를 결정하는 것이다.

둘째, 실제성이다. 실제적 과제는 매우 다양하다. 먼저 현실의 문제를 다루는 과제가 실제적 과제이다. 우리 학교 주변에 버려지는 쓰레기 처리 문제, 학교 앞 횡단보도 신호 체계 문제를 해결하는 과제가 해당된다. 현실 세계에서 실제로 이루어지는 과업에 실제로 사용되는 도구를 사용하는 과제도 있다. 파이썬 프로그램을 이용하여 빅데이터를 분석하고, 휴대폰 카메라를 이용하여 짧은 영화를 제작하는 과제가 해당된다. 다른 사람들에게 좋은 영향을 줄 수 있는 과제도 실제적 과제에 포함된다. 유기견 문제, 환경 문제 등을 해결하기 위한 캠페인을 계획하여 실행하는 과제가 해당된다. 그리고 학습자 자신의 관심사와 관련된 것도 실제적 과제이다. 자기소개서를 작성하고, 상급학교 진학을 위해 원하는 학교의 정보를 찾아 분석하며, 관심 있는 주제에 대한 연구 보고서를 작성하는 과제가 해당된다.

셋째, 지속적인 탐구이다. 프로젝트가 제시되면 학습자들은 과제를 이해하거나 선택하고, 이에 답하기 위해 필요한 자원을 찾고 질문하고 논의한다. 학습자들은 만족스러운 결과물이나 답을 도출할 때까지 이러한 탐구 활동을 반복한다. 프로젝트가 단순하거나 결과물에 이르는 과정이 정해져 있다면 학습자들의 탐구 활동 역시 단순할 것이다. 따라서 지속적인 탐구가 이루어질 수 있는 프로젝트는 다양한 자료, 다양한 접근과 논의가 필요한 것이다.

넷째, 학생의 의사와 선택권이다. 프로젝트기반학습에서는 학습자들이 스스로 의사결정하는 것이 중요하다. 학습자들이 어떠한 방법으로 자료를 조사하거나 학습할지, 학습한 것을 어떻게 정리하고 표현할지, 그리고 학습 산출물을 어떻게 공유하고 발표할 것인지 스스로 고민하고 선택할 수 있어야 한다.

다섯째, 비평과 개선이다. 학습자들이 프로젝트를 수행하는 과정과 결과를 개선할 수 있도록 다양한 비평(피드백)과 개선 활동이 이루어져야 한다. 이를 위해 교수자가 비평하고 학습자들이 개선하는 것만 생각할 수 있지만, 더 중요한 것은 학습자들이 서로 건설적인 피드백을 주고받을 수 있는 방법을 가르치고 지원하는 것이다. 의미 있는 비평과 개선이 이루어질 수 있도록 학습자가 다른 학습자와 팀의 의견이나 결과물을 단순히 비판하는 것이 아니라 좋은 점과 개선이 필요한 점에 대해 구체적·논리적으로 의견을 제시할 수 있도록 안내해야 한다.

여섯째, 성찰이다. 프로젝트기반학습는 학습자가 프로젝트 수행 과정에서 어떤 지식과 기술을 학습했고 그 과정에서 어떤 깨달음을 얻었는지 성찰하는 것이 중요하다. 학습자는 성찰 활동을 통해 학습한 내용을 다시 한 번 자신의 것으로 정리하고 해당 내용이 프로젝트 이외의 다른 상황이나 맥락에서 어떻게 적용되는지 생각하게 된다.

일곱째, 공개할 결과물이다. 학습자들이 최종적으로 제출 또는 공개할 결과물의 형태를 명확하게 안내하는 것이 필요하다. 최종적으로 공개하는 프로젝트 결과물은 과제와 질문에 대한 해결책과 답안이며 증빙자료(물증)이다. 종종 프로젝트의 최종 결과물이 무엇인지 안내하지 않는 경우가 있다. 예를 들어, '정의란 무엇인가?'라는 질문에 답해야 하는 프로젝트의 경우 최종 결과물이 10페이지의 보고서인지, 3분 분량의 말하기인지, 토론 활동인지에 따라 학습자들이 해야 하는 활동이 달라질 수 있다. 최종 결과물의 형태를 구체적으로 안내하는 것은 학습자들이 자신들의 역할이 무엇인지 명확하게 인식하고, 무엇을 학습하고 정리하고 선택할 것인지 결정하여 의미 있는 학습 활동이 이루어질 수 있도록 지원하는 것이다(Larmer, Mergendoller, & Boss, 2015).

프로젝트의 7가지 주요 요소는 교수자가 프로젝트를 설계하고 프로젝트기반학습을 운영할 때 고려해야 할 것을 안내한다. 먼저 '어려운 문제/질문, 실제성, 지속적인 탐구, 그리고 공개할 결과물'은 교수자가 프로젝트 설계 과정에서 고려해야 하는 요소이다. 교수자는 학습자들에게 제공할 프로젝트가 이러한 요소를 충분히 포함하고 있는지 설계 단계에서 확인해야 한다. '학생의 의사와 선택권, 비평과 개선, 성찰'은 학습자들이 프로젝트를 수행하는 과정에서 실현되어야 하는 요소이다. 교수자는 학습자들이 스스로 자료를 찾고 선택하며, 다른 학습자나 팀의 의견이나 결과물에 피드백을 제공하고, 교수자와 다른 학습자들의 의견을 듣고 자신 또는 팀의 결과물에 반영하며, 자신의 프로젝트 수행 과정을 성찰할 수 있도록 운영하는 것이 필요하다.

2) 일반적인 프로젝트와 바람직한 프로젝트 비교

프로젝트의 7가지 주요 요소를 모두 고려하면 바람직한 프로젝트가 될 수 있을까? 프로젝트의 주요 요소를 모두 갖춘 프로젝트라 할지라도 수업

표 3-1 일반적인 프로젝트와 바람직한 프로젝트의 특성 비교

일반적인 프로젝트	바람직한 프로젝트
• 프로젝트가 수업의 보조 활동이다.	• 프로젝트가 단원 내의 주요 지식, 기술, 태도를 학습하는 핵심 활동이다.
• 교수자의 구체적인 지시가 주어진다.	• 학습자들에게 의사결정과 선택권이 주어진다.
• 수업 외 시간에 개별적·독립적으로 수행한다.	• 수업시간 중에 동료 학습자들과 협력하여 진행한다.
• 최종 결과물을 중요시한다.	• 최종 결과물과 과제 수행 과정을 모두 중요시한다.
• 학생들의 삶이나 실생활과 연관성이 없다.	• 학생들의 삶이나 실생활과 연관성이 있다.

출처: Larmer, Mergendoller, & Boss (2015) 재구성.

에서 프로젝트기반학습이 제대로 운영되는지의 여부에 따라 프로젝트의 성격이 달라질 수 있다. 〈표 3-1〉은 일반적인 프로젝트와 바람직한 프로젝트를 비교한 것이다. 일반적인 프로젝트란 교수자가 중심인 전통적 방식의 수업에서 학습자들에게 과제를 부여하는 방식이다. 대체로 일반적인 프로젝트의 경우 수업의 보조 활동으로 진행되며, 학습자들은 교수자의 안내에 따라 집에서 개별적으로 과제를 수행하여 완성한 후 이를 제출하거나 발표한다. 바람직한 프로젝트란 수업 중 학습자들이 참여하고 협업하여 프로젝트를 수행하면서 학습이 이루어지는 방식이다. 바람직한 프로젝트는 교과목에서 학습해야 하는 지식, 기술, 태도를 프로젝트를 통해 학습할 수 있는 기회를 제공하고, 수업 중 동료 학습자들과 협업하여 자신들의 선택과 결정에 의해 자료를 수집하고 논의하며 최종 결과물을 완성할 수 있는 기회를 제공한다. 이 때 중요한 것은 이러한 활동이 수업 중 이루어지기 때문에 교수자가 학습자들의 과제해결 과정을 모니터링하고 지원 가능하다는 것이다(Larmer, Mergendoller, & Boss, 2015). 일반적인 프로젝트와 바람직한 프로젝트의 비교를 통해 프로젝트 자체의 특성과 함께 프로젝트기반학습 운영 방식도 프로젝트의 중요 요소임을 알 수 있다.

3) 프로젝트 제시 방식과 탐구 질문

프로젝트는 문제 상황, 질문, 주제 등 다양한 방식으로 제시된다. 〈표 3-2〉는 학습자들에게 제시되는 프로젝트 형태 예시이다. 지구온난화에 대해 나루는 프로젝트는 '지구온난화는 우리에게 어떠한 영향을 미치는가?'와 같은 질문으로 제시하거나 '기사를 작성해야 하는 상황'을 제시한 시나리오 형태로 제시할 수 있다. 또한 '지구온난화 예방을 위해 가정에서 해야 할 일 도출과 실천하기'와 같이 직접 실천해야 하는 활동을 강조하여 제시할 수도 있다. 프로젝트 제시 방식은 앞서 소개한 다양한 교수 · 학습 방법들 중 프로젝트기반학습을 어떠한 유형으로 운영할 것인가와도 관련이 있다. 따라서 교수자가 선호하거나 해당 프로젝트를 제시하는 데 가장 적절한 방식을 선택하면 된다. 이때 어떠한 방식으로 프로젝트를 제시하더라도 학습자에게 질문을 제시하는 탐구 질문(추진 질문)이 포함되는 것이 필요하다. 일반적으로 질문을 받으면 이에 답하려는 학습 동기가 생성되고 뇌도 활성화되기 때문이다.

📖 표 3-2   **프로젝트 제시 방식 사례**

과목	주제	다양한 프로젝트 제시 사례
지구과학 · 사회	지구 온난화	• 지구온난화의 원인과 결과 조사하기

		• 환경교육 실천학교인 우리 학교 과학부에서는 '지구를 살리자'라는 주제로 학교신문을 발행하고 있습니다. 과학부에서는 5월호에 실릴 기사를 모집하는데, 나는 84년만에 최고의 기온을 기록한 5월의 더위에 대해 '5월의 봄을 되찾자'라는 제목으로 기사를 작성, 응모하고자 합니다.
		  - 기사 작성 가이드라인/분량: A4 2장
		  - 관련 사진 및 그림 1개 이상 포함

		• 지구온난화 예방을 위해 가정에서 해야 할 일 도출 및 실천

사회	효율적인 동아리 운영을 위한 리더의 역할	• 효율적인 동아리 운영을 위한 리더의 역할 조사하기 • 훌륭한 리더 사례 조사, 발표하기
		• 당신은 '환경동아리'의 신임 회장입니다. 동아리를 잘 운영하기 위해 당신이 해야 할 일을 정리하여 동아리 구성원들에게 발표하려고 합니다. 어떠한 내용을 이야기하실 건가요?
		• 각 동아리 회장 자신이 해야 할 일을 정하고, 실천해서 결과 발표하기(동아리 회장 대상 모임)
역사	충무공 이순신	• 이순신의 업적 조사하기/명량해전 조사하기 • 거북선 조사하기/거북선 만들기/거북선과 판옥선 비교하기
		• 당신은 KBS 다큐멘터리 제작 담당 PD입니다. 충무공 이순신 탄신일을 맞이해서 특집 다큐멘터리를 제작하려고 합니다. 프로그램 기획 회의에서 발표할 수 있도록 프로그램에 포함할 주요 사건(업적)과 선정 이유를 포함한 기획서를 작성해 주세요. • 당신은 〈역사저널 그날〉의 패널 최태성 선생님입니다. 다음 주 〈역사저널 그날〉에서 다루는 주제는 '이순신'입니다. 어떤 이야기를 하실 건가요? 10페이지 정도로 내용을 정리해 주세요.
영어	영어문법	• 영어문법 요약 정리하기 • 영어문법 설명하는 UCC 만들기
		• 당신은 영자신문 편집장입니다. 우리 신문사의 신임기자들이 다음과 같이 기사를 작성해서 제출하였습니다. 신임기자의 원고를 수정해 주세요. (수정사항에 대한 요약 정리 보고서 포함) • ○○ 지역의 관광지 소개 안내문의 문법 오류를 찾아서 ○○군청에 제시하기

프로젝트에 포함할 탐구 질문은 어떻게 작성할까? 〈표 3-2〉에 제시한 여러 프로젝트 제시 사례를 질문 형태로 수정하면 다음과 같다. '지구온난화의 원인과 결과는 무엇인가? 5월에 더위가 지속되는 등 이상기온이 발생하는데, 5월의 봄 날씨를 되찾으려면 어떻게 해야 하는가? 지구온난화 예방을 위해 가정에서 어떤 일을 할 수 있는가? ○○ 동아리 리더는 동아리를 잘 운영하기 위해 어떻게 행동해야 하는가? 이순신 장군 다큐멘터리는 어떤 내용으로 구성해야 하는가? 우리 마을의 관광지를 소개하는 영문 안내문에는 어떠

한 문법적 오류가 있고, 이를 어떻게 수정해야 하는가?' 이 질문들 중에는 '지구온난화의 원인과 결과는 무엇인가?'와 같은 내용을 묻는 질문도 있고, '5월이지만 더위가 지속되는 등 이상기온이 발생하는데, 5월의 봄 날씨를 되찾으려면 어떻게 해야 하는가?'와 같이 문제 상황에 내용을 적용하도록 요구하는 질문도 있다.

학습 목표에 따라 달라지겠지만 바람직한 탐구 질문은 학습 목표와 문제 상황의 2가지 요소를 포함한다. 학습 목표는 학습자들이 무엇을 알고 할 수 있어야 하는가를 명시적으로 설명한 것이고, 문제 상황은 학습자들이 학습한 지식을 적용할 구체적인 맥락이다(McDowell, 2017). 탐구 질문을 통해 학습자들은 어떠한 문제 상황에 처하는 경험을 하게 되는데, 이러한 경험을 통해 이 학습 목표가 교실 밖 실세계에서 어떤 의미를 갖는지 알 수 있게 된다. 문제 상황과 학습 목표가 포함된 탐구 질문은 학습자들에게 학습 목표에 담긴 내용을 배워야 하는 이유를 제공할 것이다.

표 3-3 바람직한 탐구 질문 예시

- 코로나19 이후 소극적인 태도를 보이는 학습자들을 수업에 참여시키려면 무엇을 해야 할까?
- 어린이 비만 해소를 위해 필요한 지역 주민의 행동에 영향을 주려면 지역 주민들을 어떻게 설득해야 할까?
- 단백질 합성 과정에 변화가 생기면 단백질의 발현은 어떻게 변하는가?
- 환자와 보건 의료인의 기본권 침해에 대한 여러 논의가 이루어지고 있는데, 당신은 수술실 CCTV 도입에 대해 어떤 입장을 갖고 있는가?

---

2. 프로젝트 텍사노미: 10가지 프로젝트 유형

1) 프로젝트 유형 분류에 대한 선행연구들

프로젝트기반학습에서는 다양한 유형의 프로젝트를 다룬다. 프로젝트 방법을 제안한 Kilpatrick(1918)은 프로젝트를 4개의 유형으로 구분하였는데, 아이디어 구현·계획 프로젝트, 미적 경험 프로젝트, 문제해결 프로젝트, 기술이나 지식 습득 프로젝트이다. Kilpatrick 이외에도 여러 학자들이 나름의 기준에 따라 프로젝트를 몇 개의 유형으로 구분하였다. Thomas(2000)는 결과물의 형태를 기준으로 연구형 프로젝트(research project), 구성형 프로젝트(making project), 문제해결형 프로젝트(problem-solving project)로 구분하였다. Larmer(2013)는 학습자들이 어떠한 결과물, 수행 또는 이벤트를 설계하거나 창조하는 프로젝트, 실세계의 과제를 해결하는 프로젝트(실세계의 과제는 가상일 수도 있고 실제 과제일 수도 있음), 개방형 질문에 대한 주제나 이슈를 탐구하는 프로젝트를 다룰 때 프로젝트기반학습이 될 수 있다고 하였다. 이후 동료들과 함께 프로젝트 유형을 좀 더 세분화하여 실생활 문제해결, 디자인 개발, 추상적인 질문 탐구, 조사 연구, 쟁점에 대한 토론으로 제안하였다(Larmer, Mergendoller, & Boss, 2015). 〈표 3-4〉는 프로젝트 유형을 제안한 선행연구들을 종합하여 정리한 것으로, 만들기형, 문제해결형, 연구형, 경험형 프로젝트로 구분할 수 있다.

표 3-4　프로젝트 유형 분류 연구 결과 비교

구분	만들기형 프로젝트 (Make)	문제해결형 프로젝트 (Solve)	연구형 프로젝트 (Research)	경험형 프로젝트 (Experience)
Kilpatrick (1918)	• 아이디어 구현·계획 프로젝트	• 문제해결 프로젝트	• 기술/지식 습득 프로젝트	• 미적 경험 프로젝트
Larmer (2013)	• 어떠한 결과물, 수행 또는 이벤트를 설계하거나 창조하는 프로젝트	• 실세계의 과제를 해결하는 프로젝트 • 실세계의 과제는 가상의 것, 실제 과제 모두 가능	• 개방형 질문에 대한 답을 개발하는 주제나 이슈를 탐구하는 프로젝트	-

Larmer, Mergendoller, & Boss (2015)	• 디자인 챌린지 프로젝트	• 실생활의 문제를 해결하는 프로젝트 • 조사 연구를 실시 하는 프로젝트	• 추상적인 질문을 탐구하는 프로젝트 • 조사 연구를 실시 하는 프로젝트 • 쟁점에 대한 입장을 취하는 프로젝트	-
Thomas (2000)	• 다양한 설계 및 개발 분야에서 이루어지는 구 성 프로젝트	• 지역사회, 기업 등 현존하는 과제를 해결하는 실제 과 제 프로젝트	• 논문, 조사보고서 등의 형태로 된 연 구 프로젝트	-

2) 프로젝트 텍사노미의 주요 특성

프로젝트 텍사노미(taxonomy)는 프로젝트 분류체계로 교수자들이 프로젝트를 이해하고 설계할 때 활용할 수 있다. [그림 3-2]는 프로젝트기반학습과 프로젝트 유형 분류를 함께 제시한 프로젝트 텍사노미이다.

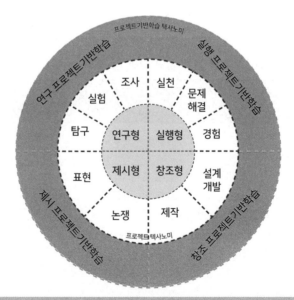

🔖 **그림 3-2** 프로젝트기반학습과 프로젝트 통합 유형 분류체계

출처: 장경원(2022).

프로젝트 텍사노미의 주요 특성은 다음과 같다(장경원, 2022). 첫째, 프로젝트기반학습의 유형과 프로젝트 유형을 통합하였다. 하나의 프로젝트기반학습 유형에서 활용할 수 있는 프로젝트 유형이 무엇인지 안내한다. 둘째, 여러 유형의 프로젝트기반학습과 프로젝트가 함께 실행될 수 있음을 점선으로 표시하였다. 따라서 다양한 조합의 활동과 결과물이 도출되는 프로젝트기반학습과 프로젝트를 교수자가 창의적으로 설계, 실행할 수 있다. 셋째, 2개 이상의 유형을 활용할 경우 프로젝트기반학습 유형은 연구, 제시, 창조, 실행의 순서 또는 더 많은 비중을 차지하는 것을 먼저 언급하는 순서로 유형명을 작성할 수 있다. 예를 들면, 연구 · 실행 프로젝트기반학습, 창조 · 실행 프로젝트기반학습, 실행 · 창조 프로젝트기반학습과 같다. 프로젝트는 해당되는 프로젝트 유형을 조합하여 새로운 유형을 만들 수 있다. 예를 들면, 실험 · 제작 프로젝트, 탐구 · 제작 프로젝트, 논쟁 · 문제해결 프로젝트 등과 같다. 그러나 교수자에 의해 창조된 새로운 유형의 프로젝트기반학습과 프로젝트도 유형 분류체계를 따르기 때문에 다른 교수자와 학습자들이 쉽게 이해할 수 있다.

프로젝트는 프로젝트를 수행하는 목적, 학습자들의 주요 활동, 그리고 프로젝트 결과물의 성격에 따라 구분할 수 있는데, 프로젝트의 성격을 가장 잘 구분하는 것은 프로젝트 결과물이다. 프로젝트는 크게 연구형, 제시형, 창조형, 실행형으로 구분할 수 있으며, 연구형 프로젝트는 그 자체로도 프로젝트가 되지만 다른 프로젝트의 기초 단계가 되기도 한다. 즉, 연구+제시형 프로젝트, 연구+창조형 프로젝트, 연구+실행형 프로젝트가 이루어질 수 있다.

첫째, 연구형 프로젝트(Research Project)는 특정 주제나 질문에 대한 자료를 수집하고, 해당 내용을 탐구하고 실험하여 그 결과를 제시하는 프로젝트이다. 연구형 프로젝트에는 조사 프로젝트, 실험 프로젝트, 탐구 프로젝트가 포함된다. 둘째, 제시형 프로젝트(Show Project)는 특정 주제나 질문에 대한 조사 및 연구 결과를 말, 글, 동작 등으로 표현 또는 제시하는 프로젝트이다.

제시형 프로젝트에는 표현 프로젝트, 논쟁 프로젝트가 포함된다. 셋째, 창
조형 프로젝트(Creation Project)는 특정 주제나 질문에 대한 조사·연구 결
과 및 아이디어를 구체적인 결과물이나 실체화된 계획으로 제시하는 프로
젝트이다. 창조형 프로젝트에는 제작 프로젝트, 설계/개발 프로젝트가 포함
된다. 넷째, 실행형 프로젝트(Action Project)는 질문에 대한 답을 제시 또는
실행하는 프로젝트와 실제 경험과 실천이 이루어지는 프로젝트이다. 실행
형 프로젝트에는 경험 프로젝트, 문제해결 프로젝트, 실천 프로젝트가 포함
된다.

3) 10가지 프로젝트 유형

프로젝트 택사노미를 구성하는 10가지 프로젝트 유형([그림 3-2] 참조)의
특성과 사례는 다음과 같다.

첫째, 조사 프로젝트는 특정 주제와 관련된 다양한 자료를 수집, 분석, 정
리하는 프로젝트이다. 학습자들이 스스로 어떤 개념이나 주제에 대해 자료
를 수집하여 조사하는 활동은 학습 전략 중 하나인 정교화 전략에도 해당된
다. 학습자들은 조사하여 정리하는 과정에서 많은 정보와 지식을 접하게 되
는데, 그 과정에서 핵심이 되는 내용을 이해하고 내재화하게 된다. 조사 프
로젝트는 '충무공 이순신의 업적 조사하기' '우리 동네 역사 알아보기'와 같
은 독립적 프로젝트로 제시하기도 하고, 다른 모든 프로젝트의 토대가 되기
도 한다. 탐구 프로젝트, 논쟁 프로젝트 등은 실제로는 조사-탐구 프로젝트,
조사-논쟁 프로젝트라고 할 수 있다.

둘째, 실험 프로젝트는 특정 주제, 현상 등을 관찰, 측정, 작동하는 활동이
이루어지는 프로젝트이다. 실험은 주로 과학적 가설의 검증이나 지식을 생
성하기 위한 것으로 과학자들이 수행하는 자연 현상에 대한 관찰 또는 기구
와 재료의 실제적인 조작 활동을 의미한다. 실험 활동이 이루어지는 실험 수
업은 수업 중 학습한 내용을 확인하는 확인 실험, 학습자들이 스스로 과학적

📖 표 3-5 프로젝트기반학습과 프로젝트 통합 유형 분류체계 구성요소와 예시

프로젝트 유형			프로젝트 예시
연구형(Research) 특정 주제나 질문에 대한 자료를 수집하고, 해당 내용을 탐구하고 실험하여 그 결과를 제시하는 프로젝트	조사	특정 주제와 관련된 다양한 자료를 수집, 분석, 정리하는 프로젝트	• 충무공 이순신은 왜 우리나라를 대표하는 위인인가? • 사람들은 코로나19 바이러스 백신 접종에 대해 어떻게 인식하고 있는가?
	실험	특정 주제, 현상 등을 관찰/측정/작동하는 활동이 이루어지는 프로젝트	• 레이저 빛의 회절 실험 프로젝트 • H-R도 프로젝트(H-R도: 항성(별)의 밝기와 온도에 대한 등급도)
	탐구	특정 주제를 깊이 있게 분석하고 필요한 내용을 찾아 탐색하는 프로젝트	• 인공지능을 교육 현장에서 어떻게 활용할 수 있을까? • 인간 질병을 일으키는 미생물의 병원성 기작은 무엇인가?
제시형(Show) 특정 주제/질문에 대한 조사 및 연구 결과를 말, 글, 동작 등으로 표현/제시하는 프로젝트	표현	특정 주제에 대한 생각/느낌 등을 언어, 몸짓 등으로 표현하는 프로젝트	• 자기소개 프로젝트 • 행복을 표현하는 안무 프로젝트
	논쟁	주제에 대한 자신의 주장을 말이나 글로 제시하는 프로젝트	• 왜 수술실에 CCTV를 설치해야 하는가? • 안락사 허용 여부에 대한 찬반 토론
창조형(Creation) 특정 주제/질문에 대한 조사·연구 결과 및 아이디어를 구체적인 결과물, 실체화된 계획으로 제시하는 프로젝트	제작	기능과 내용을 가진 물건, 작품 등의 결과물을 만드는 프로젝트	• 라디오 제작 프로젝트 • 영문 자기소개 홈페이지 제작 • 자율주행 자동차 제작
	설계/개발	목적과 필요에 부합한 기능을 새로운 아이디어를 토대로 계획하고 실체화하는 프로젝트	• 실버 건강체조 개발 • 적정기술제품 개발 • 경제교육 프로그램 개발
실행형(Action) 질문에 대한 답을 제시 또는 실행하는 프로젝트와 실제 경험과 실천이 이루어지는 프로젝트	경험	실제로 해 보거나 겪어 보는 과정에서 지식과 기능을 학습하는 프로젝트	• 사회적 약자 체험 • 모의국회 프로젝트
	문제해결	어려운 질문에 대한 답을 제시 또는 실행하는 프로젝트	• 목포시 골목상권 살리기 프로젝트 • 광교 열병합 발전소에 연결된 고압 송전탑 이설 프로젝트
	실천	가치, 역할, 일을 실제로 실천하는 프로젝트	• 몸짱 만들기 프로젝트 • 봉사 프로젝트

개념을 발견하는 발견 실험, 구조화된 절차 없이 새로운 개념이나 물질을 탐색하여 새로운 물질과 현상을 인식하고 흥미를 갖도록 하는 탐색 실험, 가설을 검증하거나 문제해결을 위한 연구 실험 등 다양하게 이루어진다. 실험 프로젝트는 네 유형 중 주로 연구 실험이나 탐색 실험에 해당된다. '레이저 빛의 회절 실험 프로젝트' 등이 해당되며, 실험 수업 유형에 따라 학습자들은 실험 설계, 실험, 실험 결과 해석을 위해 자료를 읽고 이해하고 논의하는 활동을 수행하게 된다.

셋째, 탐구 프로젝트는 특정 주제를 깊이 있게 분석하고 필요한 내용을 찾아 탐색하는 프로젝트이다. 학습자들은 문헌, 실험, 인터뷰 등의 다양한 자료를 수집하여 이를 분석, 탐구하여 결과물로 제시한다. 교육 현장에서의 '인공지능 활용 전략' '인간 질병을 일으키는 미생물의 병원성 기작' 등이 해당되며, 거의 모든 분야의 수업에서 활용할 수 있는 프로젝트이다.

넷째, 표현 프로젝트는 특정 주제에 대한 생각, 느낌 등을 언어나 몸짓 등으로 구현하는 프로젝트이다. '자기소개 프로젝트' '행복을 몸동작으로 표현하는 안무 프로젝트' 등이 해당된다. 표현 프로젝트는 초등학교 저학년 학생들을 위한 프로젝트부터 대학생과 전문가들의 창의성과 전문성을 발휘할 수 있는 프로젝트까지 다양하게 해당된다. 〈전국노래자랑〉〈팬텀싱어〉 등의 경연이 이루어지는 TV 프로그램은 표현 프로젝트의 좋은 예라고 할 수 있다.

다섯째, 논쟁 프로젝트는 주제에 대한 자신의 주장을 말이나 글로 주장하는 프로젝트이다. 논쟁은 특정 논제에 대해 상반된 입장에서 주장하고 반박하는 토론으로 대표되며, '수술실 CCTV 설치에 대한 토론 프로젝트' '안락사, 사형 제도에 대한 토론 프로젝트' 등 현실에서 중요하게 논의되는 정책, 개념, 이슈 등에 대한 논리적 검토와 학습, 그리고 비판적 사고와 논리적 말하기 능력 등의 개발이 필요할 때 활용할 수 있는 프로젝트이다. 논쟁은 말뿐만 아니라 글로도 이루어질 수 있기 때문에 토론 활동, 글, UCC와 같은 영상물 등 다양한 결과물이 산출될 수 있다.

여섯째, 제작 프로젝트는 기능과 내용을 지닌 물건, 작품 등의 결과물을 만드는 프로젝트이다. 제작 프로젝트는 '독도 모형 제작 프로젝트' '자기소개 영문 홈페이지 제작 프로젝트' '자율주행 자동차 제작 프로젝트'처럼 무엇을 제작하느냐에 따라 다양한 난이도의 학습 활동이 이루어질 수 있다. 학습자들은 프로젝트에서 요구하는 수준의 결과물 제작을 위해 내용 지식을 학습하는 것뿐만 아니라 제작에 필요한 기술을 습득하는 것도 필요하다.

일곱째, 설계/개발 프로젝트는 목적과 필요에 부합한 기능을 새로운 아이디어를 토대로 계획하고 실체화하는 프로젝트이다. '실버 세대를 위한 건강체조 개발 프로젝트' '적정기술제품 개발 프로젝트' '높이와 폭 조절 주방 작업대 개발 프로젝트' 등 지식, 기술과 함께 아이디어 생성 및 이의 구체화를 요구하는 프로젝트이다. 설계/개발 프로젝트는 전공과 교과목의 특성에 따라 '표현 프로젝트' '제작 프로젝트'와 많은 특성을 공유한다. 설계/개발 프로젝트는 아이디어 생성이 중요하지만 해당 수업에서 다루고자 하는 주요 내용에 대한 학습이 이루어지는 것도 중요하다.

여덟째, 경험 프로젝트는 실제로 해 보거나 겪어 보는 과정에서 지식, 기능, 태도를 학습하는 프로젝트이다. '사회적 약자 체험 프로젝트' '모의국회 프로젝트' '여행 프로젝트' '직업체험 프로젝트' 등 경험이 주요 학습 활동이 되는 프로젝트이다. 그러나 단순히 어떤 입장이 되어 보는 것뿐만 아니라 경험이 의미 있는 학습 활동이 될 수 있도록 경험 전 사전 준비, 경험 후 성찰 등이 함께 이루어지는 것이 필요하다.

아홉째, 문제해결 프로젝트는 해결해야 하는 어려운 질문에 대한 답을 제시 또는 실행하는 프로젝트이다. '목포시 골목상권 살리기 프로젝트' '광교 열병합 발전소에 연결되어 있는 고압 송전탑 이설 프로젝트' 등 해결이 필요한 문제를 다루는 프로젝트이다. 문제해결 프로젝트는 '목포시 골목상권 살리기 프로젝트'처럼 지역사회, 기업 등이 당면한 실제 과제 중 수업 내용이나 주제와 관련 있는 문제를 다룰 수 있다. 또한 현존하는 문제는 아니지만 학습자들이 해결해 보는 것이 필요한 문제 상황을 시나리오로 제공하여 이를 다룰 수 있다. 이러한 이유로 문제해결 프로젝트는 학교 밖 지역사회 및 산업체와 연계하여 진행할 때 보다 의미 있는 학습 기회가 될 수 있다.

열째, 실천 프로젝트는 가치, 역할, 일을 실제로 실천하는 프로젝트이다. '몸짱 만들기 프로젝트' '봉사 프로젝트' '에너지 절약 프로젝트' 등 학습자의 실천이 강조되는 프로젝트이다. 실천 프로젝트는 학습자의 행동과 실천이 중요하기 때문에 '경험 프로젝트'와 많은 특성을 공유한다. 또한 실천 프로젝트는 주제에 따라 문제해결 프로젝트처럼 학교 밖 지역사회, 유관 기관과의 연계 및 협력이 필요할 수 있다.

3. 팀 프로젝트와 개인형 프로젝트

프로젝트기반학습에서 프로젝트의 실행 주체가 팀인지 개인인지에 따라 프로젝트 유형을 팀 프로젝트와 개인형 프로젝트로 구분할 수 있다.

팀 프로젝트는 일반적으로 여러 명이 하나의 팀을 이루어 하나의 프로젝트를 다루는 방식이다. 하나의 프로젝트를 다루기 때문에 '싱글 프로젝트(single project)'라고도 부른다. 프로젝트기반학습에서는 팀 활동과 협업을 강조하기 때문에 여러 명이 팀을 이루어 하나의 과제를 다루는 팀 프로젝트는 전형적인 프로젝트 운영 방식이라 할 수 있다. 팀 프로젝트는 프로젝트기반학습 절차에 따라 팀 구성원들이 함께 논의하고 학습하여 프로젝트 결과물을 도출한다.

개인형 프로젝트 방식은 하나의 팀이 하나의 과제를 수행하는 것이 아니라 팀 구성원들이 각자의 과제를 수행하는 형태로, '오픈 그룹 프로젝트(open group project)'라고도 부른다. 개별적으로 프로젝트를 수행하지만, 여러 명이 팀을 이루어 함께 학습하고 논의하면서 서로의 프로젝트를 지원하고 자신의 프로젝트를 완성한다. 개인형 프로젝트는 팀 구성원들이 각기 다른 기관에서 실습하는 경우, 각자가 졸업작품이나 개인 글쓰기를 해야 하는

경우, 함께 실험한 후 개별적으로 실험보고서를 작성하는 경우 등이 해당될
수 있다. 개인형 프로젝트는 개별적으로 해결해야 하는 과제를 명확하게 정
의 또는 선정하고 이를 토대로 필요한 자료를 수집하여 학습하면서 결과물
을 개발하거나 실행하게 된다. 이 과정에서 팀 구성원들은 서로서로 학습 내
용 설명하기, 아이디어에 대한 피드백 주고받기, 어려움 상의하기 등 다양한
활동을 수행하게 된다(장경원, 고수일, 2014). 개인형 프로젝트에 참여한 학습
자들은 개인형 프로젝트가 개인의 책임감과 팀 활동의 장점을 동시에 얻을
수 있는 프로젝트 운영 방법이라고 평가하였다(장경원, 2015).

　팀에서 하나의 과제를 함께 해결하거나 각자 자신의 과제를 해결하는 것
모두 팀이나 개인에게 의미 있고 중요한 학습의 기회가 되는데, 이때 각각
의 경우가 갖는 장·단점과 과제의 주제나 범위가 다르다. 〈표 3-6〉은 프
로젝트기반학습의 한 형태인 액션러닝에서 이루어지는 팀 프로젝트 방식과
개인형 프로젝트 방식을 비교한 것이다(장경원, 2013; 2015; O'neil & Marsick,
2007).

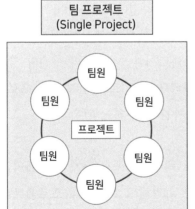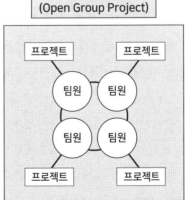

❧ 그림 3-3 프로젝트기반학습 운영 방식별 프로젝트 유형

출처: 장경원, 고수일(2014).

표 3-6   **액션러닝에서의 팀 프로젝트와 개인형 프로젝트 특성 비교**

	팀 프로젝트	개인형 프로젝트
과제 준거	• 팀의 모든 구성원들에게 의미 있는 실제의 일(과제) • 여러 영역/기능을 가진 복잡한 과제 • 알려진 해결안이 없는 과제	• 구성원 개인의 실제 일(과제) • (특정 조직의 일이라면) 구성원 개인이 해당 조직에 관심을 가지고 있고 결과를 제안, 활용할 수 있는 과제
장점	• 조직의 변화, 문제해결 등에 초점 • 다양한 현장을 방문할 수 있는 기회 • 조직에 중요한 영향을 미칠 수 있는 잠재력을 가진 프로젝트 수행	• 개인의 개발(발전)에 초점 • 현재 구성원이 다루고 있는 일에 초점 • 다양한 부서(기능)로 이루어진 팀이라면 조직의 다른 부서(팀)의 지식을 알 수 있는 기회 • 해결책을 실행하는 데 보다 용이
단점	• 본래 팀(부서) 내에서 팀 빌딩 기회 감소 • 팀 구성원들이 과제를 실제 과제가 아닌 하나의 프로그램으로 받아들일 여지가 있음	• 다양한 팀과 함께 조직의 과제를 다룰 기회 감소 • 하나의 과제에 집중하지 않고 여러 다른 과제로 시간과 노력이 분산됨

출처: O'neil & Marsick (2007).

프로젝트기반학습의 사례들은 대부분 팀 프로젝트 방식이지만 몇몇 연구
는 개인형 프로젝트 방식의 운영 사례를 소개하였다. Dilworth(2010)는 13개
대학의 액션러닝 기반의 프로젝트기반학습 사례를 제시하였는데, 제시된
13개 대학 사례 중 3개는 개인형 프로젝트이다. 이 3개의 사례와 장경원
(2015)이 제시한 사례를 〈표 3-7〉에 나타내었다. 소개된 개인형 프로젝트
사례는 대부분 학습자가 개인적으로 성과를 내야 하는 학위논문, 프로젝트,
실습, 당면한 실제 과제에 대한 것이다.

프로젝트는 매우 다양하다. 프로젝트 텍사노미에서 소개한 10개의 유형
과 운영 방법으로 분류한 2가지 유형만 고려해도 20가지의 프로젝트가 있
다. 어떤 유형의 프로젝트를 개발하여 활용할 것인가는 교수자의 몫이다. 수
업의 목표, 내용, 학습자, 학습 환경이 지닌 특성을 충분히 고려하여 의미 있
는 프로젝트를 설계하고 선택하는 것이 필요하다. 소개한 프로젝트 유형들
이 교수자들의 고민에 작은 도움이 되길 바란다.

표 3-7 개인 과제 방식의 프로젝트 사례

대학/기관	프로그램의 특성
George Washington University(미국)	• Human Resource Development Program • 액션러닝 기반 프로젝트기반학습 프로그램이 Executive Leadership Prpgram(ELP) 박사과정 프로그램과 연계되어 있음
University of Taxas, Austin(미국)	• School of Education과 School of Business가 협력 운영 • 교육대학과 경영대학의 두 학장의 동의를 토대로 협력하였고, 액션러닝 기반 프로젝트기반학습 프로그램이 협력의 토대가 됨(MHRDL Program) • 학생들이 수행하는 프로젝트는 대학원생들이 일하고 있는 조직의 과제로, 과제를 준 대학원생이 수행할 권한을 가짐(대학원생이 과제 스폰서의 역할을 함)
University of Salford의 The Revans' Institute for Action Learning and Research(영국)	• 전체 교육과정이 액션러닝 중심으로 프로젝트기반학습으로 운영 • 학생들이 직장의 자신의 위치에서 직면한 과제를 자신의 프로젝트(과제)로 다룸, National Health Service(NHS)와 관련된 과제가 가장 많고 다른 과제들도 수행
경기대학교(한국)	• 교육실습 프로그램 • 예비교사들이 4주간의 교육실습 전, 중, 후에 팀 단위로 실습을 준비하고 실습 중 어려움을 공유하고 실습 후 함께 성찰함

출처: 장경원(2015), Dilworth (2010)의 내용 정리.

제2부

프로젝트기반학습 설계하기

제4장

프로젝트기반학습 수업 설계

프로젝트기반학습은 전통적인 교수·학습 방법과 달리 학습자의 활동과 참여가 중심이 되며, 프로젝트 수행을 통해 학습이 이루어진다. 따라서 프로젝트기반학습을 실행하기 위해서는 교육내용, 학습자, 환경에 대한 분석, 분석 결과를 토대로 한 프로젝트 설계, 프로젝트기반학습 운영 계획 수립, 필요한 자료 개발, 평가 설계 등이 필요하다. 이 장에서는 프로젝트기반학습을 위한 수업 설계 과정과 각 과정에서 교수자가 해야 할 일을 전체적으로 안내한다(각 주제별로 구체적인 사항은 이후 제5, 6, 7, 8, 9장에서 소개한다.)

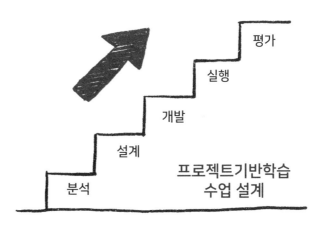

1. 프로젝트기반학습 수업 설계 개요

프로젝트기반학습 수업 설계는 다른 교수 · 학습 방법을 활용할 때와 동일하게 '분석, 설계, 개발, 실행, 평가'의 수업 설계 과정을 거친다. 분석 단계에서는 수업에서 다룰 주요 내용, 학습 환경, 학습자의 특성을 분석하여 구체적인 학습 목표를 도출한다. 설계 단계에서는 프로젝트, 프로젝트기반학습 운영 전략, 평가 전략을 설계한다. 개발 단계에서는 프로젝트기반학습 운영을 위해 필요한 읽기 자료, 활동지(프로토콜), 평가 도구 등을 선택, 구입, 또는 개발한다. 실행 단계에서는 프로젝트기반학습을 운영하고 학습자들의 학습 과정을 평가한다. 평가 단계에서는 프로젝트기반학습의 결과물을 평가하고 수업 전반에 대해 성찰하고 평가한다. 각 단계에서 교수자가 해야 할 일과 주요 산출물은 〈표 4-1〉과 같이 요약할 수 있다.

📖 **표 4-1** 프로젝트기반학습을 위해 수업 설계 시 각 단계에서 교수자가 해야 할 일

단계	내용	산출물
분석	• 수업에서 다룰 내용의 특성과 구조를 파악한다. • 교과목과 관련된 학습자들의 선수학습 수준 및 특성을 파악한다. • 학습 환경의 특성을 파악한다(예: 온라인, 오프라인 환경 등).	• 학습 목표
설계	• 학습자들에게 제시할 프로젝트(질문, 과제)를 설계한다. • 프로젝트기반학습 운영 전략을 설계한다. • 프로젝트기반학습 과정과 결과에 대한 평가 전략을 설계한다.	• 프로젝트 • 프로젝트기반학습 운영 전략
개발	• 프로젝트기반학습 운영을 위해 필요한 읽기 자료, 활동지(프로토콜), 평가 도구 등을 선택, 구입, 또는 개발한다.	• 프로젝트기반학습 수업 자료
실행	• 프로젝트기반학습을 실행한다(프로젝트 제시, 학습자 활동 관찰 및 조력, 질문과 피드백 등). • 학습자들의 프로젝트 수행 과정을 평가한다.	• 프로젝트 최종 결과물 • 프로젝트 평가 결과
평가	• 프로젝트기반학습 결과물에 대해 피드백하고 평가한다. • 프로젝트기반학습 수업 전반에 대해 성찰하고 평가한다.	• 프로젝트기반학습 결과 • 수업에 대한 CQI

프로젝트기반학습 수업 설계 예시

앞서 소개한 덴마크 헬러룹 학교의 '난민'을 주제로 한 프로젝트기반학습(24쪽 참조) 역시 본 수업이 이루어지기 위해서 교수자들이 분석, 설계, 개발의 과정을 거쳤다.

분석 단계에서는 교사들이 모여 학생들이 프로젝트로 다룰 만한 사회 이슈를 검토하였다. 교과목명이 '사회 이슈 프로젝트'이기 때문에 학생들이 다루기에 적절한 주제를 선택해야 하므로 교사들은 30여 개의 주제를 선정하고 이에 대해 검토하였다. 교사들은 학생들의 수준과 특성도 검토하였다. 한 교사는 학생들이 '이주민'과 '난민'을 구분하지 못한다고 하였다. 교사들은 학생들이 '난민'에 대해 아는 것이 필요하다고 판단하였다.

설계 단계에서는 분석 결과를 토대로 '사회 이슈 프로젝트' 교과목에서 다룰 구체적인 프로젝트 주제를 '난민'으로 선정하고, 이 프로젝트를 어떻게 진행할 것인지 진행 과정을 설계하였다. 교사들은 학생들에게 프로젝트 주제를 어떻게 어느 정도의 수준으로 제시할지, 학생들의 심화학습을 위해 어떤 지원을 할 것인지 설계하였다. 교사들이 설계한 주요 지원 전략은 읽기 자료 제공, 난민 전문가의 특강 기회 제공, 난민과의 인터뷰 기회 제공, 그리고 학생들의 팀별 활동을 모니터링하고 질문하는 도움 제공 등이다.

개발 단계에서는 '난민 프로젝트' 진행을 위해 필요한 읽기 자료와 강의 자료를 개발하고 특강에 참여할 난민 전문가를 섭외하고, 학생들과의 인터뷰에 참여할 난민들을 섭외하는 등의 일을 수행하였다.

실행 단계와 평가 단계에는 학생들이 난민과 관련된 프로젝트를 수행할 수 있도록 프로젝트기반학습을 운영하고 이 수업 및 학생들의 학습 활동과 결과에 대해 평가하였다.

단계	내용
분석	• '사회 이슈 프로젝트' 교과목에서 학생들이 프로젝트로 다룰 만한 사회 이슈 검토 • 학생 수준 및 특성 분석 • 활용 가능한 인적자원 등 자료 검토 및 분석
설계	• 프로젝트 선정 • 프로젝트 진행 과정 설계

개발	• 난민에 대한 읽기 자료와 (도입 단계에서 제시할) 강의 자료 개발 • 특강 전문가 섭외 • 학생들과의 인터뷰에 참여할 난민 섭외
실행	• 덴마크의 난민 정책에 대한 대략적인 설명(동기부여): **교사** • (1차 자료수집, 분석 후) 난민과 관련하고 팀에서 다루고 싶은 주제 선택: **학생** • 인터넷 검색 등을 통해 자료 찾기 및 학습: **학생** • 난민 정책 전문가의 특강 참여: **학생** • 난민에 대한 심화학습: **학생** • 난민들과의 대화(인터뷰): **학생** • 팀별 학습 활동 모니터링, 질문, 지원: **교사** • 학습 내용을 토대로 팀별 최종 결과물 정리: **학생** • 팀별 결과물 발표 방법 안내: **교사** • 팀별 결과물 발표, 공유, 논의: **학생, 학생**
평가	• 학생들의 최종 결과물 평가: **학생, 교사** • 프로젝트기반학습 활용 수업에 대한 평가 및 성찰: **교사**

* 실행 및 평가 단계에서는 학생과 교사의 활동이 모두 이루어진다.

2. 프로젝트기반학습을 위한 수업 설계 단계별 주요 활동

1) 분석

분석 단계에서는 프로젝트기반학습을 적용할 교과목에 대한 기본적인 정보를 파악하기 위한 활동이 이루어진다. 주로 수행하는 분석 활동은 교과목의 내용/과제 분석, 학습자 분석, 학습 환경 분석이다. 분석 결과를 토대로 구체적인 학습 목표를 수립한다.

첫째, 내용 분석 또는 과제 분석을 한다. 프로젝트기반학습으로 운영하고자 하는 교과목의 성격 및 목적을 파악하고 교과목에서 중요하게 다루어야할 내용과 내용의 구조를 파악하는 내용 분석 또는 학습자가 수행해야 하는 과제를 하위 과제로 분할하여 분석하는 과제 분석을 한다. 내용 분석과 과제 분석을 통해 해당 교과목에서 다루어야 할 내용이나 활동을 전체적으로 파악할 수 있다. 학습자와 학습 환경에 대한 분석 결과도 고려하지만 대체로 내용 분석 결과를 토대로 프로젝트기반학습에서 어떠한 내용을 다룰 것인지 결정한다.

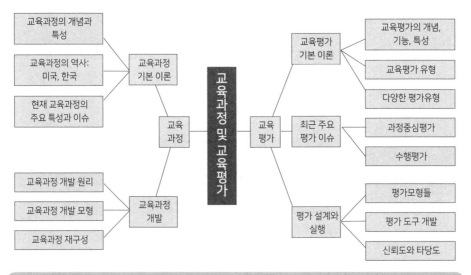

✎ 그림 4-1   내용 분석 결과 예시(교육과정 및 교육평가 교과목 사례)

둘째, 학습자의 특성을 파악하는 학습자 분석을 한다. 학교급과 교과목의 특성에 따라 학습자 특성을 파악하는 것이 쉬울 수도 있고 그렇지 않을 수도 있는데, 우선 연령, 성별, 학년 등 일반적인 특성을 파악한다. 보다 구체적인 학습자 특성은 수업에서 학습자들의 여러 학습 활동을 통해 파악할 수 있다. 우선 교수자 자신에게 다음과 같은 질문을 하고 답변해 보자. '학습자들은 어느 정도의 프로젝트기반학습 경험을 갖고 있는가?' '학습자들은 프로젝트기반학습에 대해 어느 정도의 선호도를 갖고 있는가?' '학습자들의 학습 동기, 선수학습 수준, 자료 찾기, 글쓰기 등 학습능력은 어느 정도인가?' 이러한 질문에 답변하는 것이 쉬운 일은 아니지만 이전 학기 또는 이전 연도에 가르쳤던 학습자들과의 수업 경험을 토대로 답변해 보자. 그러나 보다 정확한 정보가 필요하다면 수업시간에 학습자들에게 직접 질문한다. 첫 수업시간에 학습자들에게 필요한 질문을 하고 학습자들의 답변 내용을 반영하여 계획한 프로젝트기반학습의 과제, 운영 전략 등을 수정할 수 있다.

셋째, 학습 환경을 분석한다. 학습 환경은 수업을 둘러싼 여러 특성, 즉 학습자 수, 교실 크기, 활용 가능한 기자재, 그리고 대면/비대면 수업 여부 등을 포함한다. 프로젝트기반학습은 대부분 팀 활동을 중심으로 진행되므로 책상과 의자의 이동 가능성, 팀별 학습 공간 활용 가능성 등을 확인하는 것이 필요하다. 대학의 경우 계단식 강의실 등 팀 활동에 제약이 있는 교실이 있으므로 개강 전 이를 확인하고 변경 가능하다면 팀 활동이 원활하게 이루어질 수 있는 강의실로 변경하는 것이 좋다. 또 최근에는 대부분의 대학이 팀 활동이 수월한 'PBL 룸' 등 특별 강의실을 설치하여 활용하고 있으므로 해당 교실 사용을 신청하는 것도 좋다. 초·중·고등학교는 대부분 교실 환경이 좋으므로 특별한 고민을 하지 않아도 될 것이다. 해당 수업이 대면으로 이루어지는지 비대면으로 온라인 공간에서 이루어지는지의 여부도 확인해야 한다. 비대면 수업으로 운영할 경우 학교별로 사용하는 플랫폼이 다르므로 플랫폼의 기능을 파악하는 것도 중요하게 수행해야 하는 일 중의 하나이다.

✎ 그림 4-2   PBL을 위한 교실 사례

학습 내용, 학습자, 학습 환경에 대한 분석 결과를 종합하면 '아하! A라는 내용을 B의 특성을 가진 학습자들을 대상으로 C라는 환경에서 가르쳐야 하니 D 정도를 학습 목표로 선정한다'고 정리할 수 있다. 즉, 수업과 관련된 여러 특성을 분석하여 해당 수업의 학습 목표를 도출하는 것이다. 학습 목표는 수업이 종료된 시점에서 학습자들이 무엇을 할 수 있게 될 것인지에 대한 구체적인 진술이다. 다음의 내용을 참조하여 학습 목표를 구체적으로 작성해 보자.

🗣 Teaching Tips ｜ 학습 목표 작성하기

학습 목표는 수업을 통해 학습자들이 도달해야 하는 목표로 구체적으로 작성하는 것이 바람직하다. 학습 목표 작성 시 흔히 사용하는 서술어는 '안다' '이해한다' '파악한다' '인식한다' 등으로 많은 교수자가 '학습을 설명하는 주요 이론을 이해한다'와 같이 작성한다. 이러한 학습 목표는 작성하기는 쉽지만, '구체성'이 결여되어 있어서 학습 목표를 기준으로 내용과 방법을 선정하고 평가를 계획할 때 충분한 기준이 되지 못한다.

학습 목표를 작성할 때는 교수자가 학습 여부를 확인할 수 있도록 작성하는 것이 바람직하다. 예를 들면, '교수 설계 과정을 설명할 수 있다' 혹은 '빈곤층을 위한 복지제도의 한계를 분석하고 개선점을 제안할 수 있다'와 같이 구체적으로 학습자들이 무엇을 할 수 있을 것인지 진술한다.

Bloom이 제시한 교육목표분류 중 인지적 영역의 목표는 기억, 이해, 적용, 분석, 평가, 창작인데, 각 수준별로 학습 목표 진술 시 활용할 수 있는 서술어는 다음과 같다.

구분	서술어	예시
기억	계산한다, 표시한다, 인용한다, 서술한다, 회상한다, 도표로 만든다, 가리킨다, 확인한다, 기록한다, 작성한다, 열거한다	등장인물의 주요 특성을 서술할 수 있다.
이해	해석한다, 비교한다, 대조한다, 계산한다, 구별한다, 예측한다, 대비한다, 묘사한다, 차이를 말한다, 짝짓는다, 설명한다	두 모형의 공통점과 차이점을 비교할 수 있다.

적용	적용한다, 시험한다, 사용한다, 분류한다, 활용한다, 완료한다, 연습한다, 작성한다, 관련시킨다	4P를 이용하여 신규 휴대폰 마케팅 전략을 분석할 수 있다.
분석	배열한다, 발견한다, 분류한다, 관련시킨다, 추론한다, 변화시킨다, 분리한다, 분석한다	수집된 실험 데이터의 오류가 발생한 원인을 분석하고 설명할 수 있다.
평가	조정 및 판단한다, 권장한다, 비평한다, 측정한다, 결정한다, 분류한다, 평가한다, 선택한다	제시된 사례에서 잘못된 부분을 찾아 비평할 수 있다.
창작	개발한다, 제안한다, 설계한다, 구성한다, 만든다, 조정한다 등	사용자의 요구를 반영한 제품을 설계할 수 있다.

　학습·목표 진술 시 이상의 서술어를 사용하는 것만으로 학습 목표는 어느 정도 구체성을 갖게 된다. 그러나 학습 목표를 조금 더 구체적으로 수립하고자 한다면 학습 목표 진술의 4요소인 ABCD를 모두 포함하여 진술한다(Heinrich et al., 1996).

　A는 학습자(audience)로 누가 학습할 것인지 대상을 분명히 하는 것이다.

　B는 행동(behavior)으로 학습자가 행동으로 무엇을 할 수 있을 것인가를 진술하는 것이다.

　C는 조건(condition)으로 학습한 성취 행동을 실행하기 위한 구체적인 조건을 제시하는 것이다.

　D는 정도(degree)로 학습자의 학습 성취를 평가할 준거를 제시하는 것이다

　ABCD를 모두 포함하면 '교육학 전공 학습자들에게(A) 특정 학년, 교과의 한 단원 내용을 제시하면(C) 2주 이내에(D) 해당 학생들을 위한 과정중심평가가 이루어질 수 있도록 교육과정을 재구성할 수 있다(B)'와 같이 학습 목표를 진술할 수 있다.

　한 교과목에 대한 학습 목표는 여러 개로 진술되는데, 학습 목표는 프로젝트기반학습 설계의 기초 자료가 된다. 즉, 학습 목표 달성을 위해 어느 정도의 내용을 프로젝트기반학습으로 다룰 것인지 결정하는데, 교과목 내용 전체를 하나의 프로젝트로 진행하거나 2~3개의 프로젝트로 진행할 수 있다. 또는 교과목 내용의 일부만 프로젝트기반학습으로 진행할 수도 있다. [그림 4-3]은 학습자 특성, 학습 환경 특성을 고려하여 내용 분석 결과로부터 학습

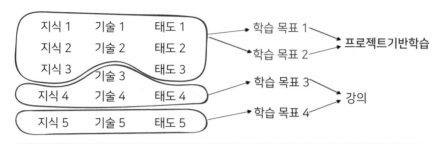

● 그림 4-3 프로젝트기반학습을 위한 교과목 주요 내용 분석 예시

목표를 수립하고 학습 목표를 기준으로 강의로 다룰 부분과 프로젝트기반학
습으로 다룰 부분을 구분한 예시이다.

2) 설계

설계 단계에서는 프로젝트기반학습을 운영하기 위해 필요한 프로젝트, 프
로젝트기반학습 운영 전략, 과정과 결과에 대한 평가 전략, 그리고 학습 공
간을 설계한다.

첫째, 프로젝트 설계이다. 프로젝트는 프로젝트기반학습에서 학습자들의
활동과 참여를 이끌어 내는 것으로 학습자들이 다루는 과제이다. 학습자들
은 프로젝트를 통해 해당 교과목에서 학습해야 할 지식, 기술, 태도를 학습
해야 하므로 이를 충분히 학습할 수 있는 과제이어야 한다. 프로젝트는 [그
림 4-4]와 같이 다양하게 제시될 수 있다. 학습자들에게 제시할 프로젝트의
주요 특성과 설계 전략은 각각 제3장과 제5장에서 구체적으로 제시하였다.

둘째, 프로젝트기반학습 운영 전략 설계이다. 프로젝트기반학습 운영 전
략은 2가지 방법으로 수립할 수 있다. 첫 번째 방법은 다양한 교수 · 학습 방
법들을 활용하는 것이다. 제2장에서 언급한 것처럼 프로젝트기반학습은 문
제기반학습, 지역사회기반학습, 디자인씽킹 등의 다양한 교수 · 학습 방법들
을 포괄하는 교수 · 학습 방법이다. 따라서 다루고자 하는 프로젝트의 특성

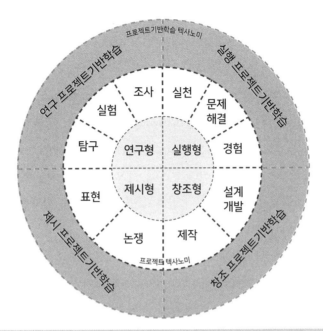

실행형

연구형

제시형

창조형

조사 · 실천

실험 · 문제해결

탐구 · 경험

표현 · 설계개발

논쟁 · 제작

연구 프로젝트기반학습

실행 프로젝트기반학습

제시 프로젝트기반학습

창조 프로젝트기반학습

프로젝트기반학습 텍사노미

프로젝트 텍사노미

♪ 그림 4-4 프로젝트기반학습과 프로젝트 통합 유형 분류체계

출처: 장경원(2022).

과 교수자의 경험과 역량을 고려하여 적절한 방법을 선택하여 활용할 수 있다. 예를 들어, 교수자가 여러 프로젝트기반학습 중 지역사회기반학습에 대해 잘 알고 있고 여러 번 운영한 경험을 갖고 있으며, 해당 프로젝트 역시 지역사회와 관련한 과제를 다루는 것이라면 지역사회기반학습으로 프로젝트기반학습을 운영하는 것을 추천한다. 필자의 경우 문제기반학습이 익숙하고 여러 번 수업을 운영한 경험을 갖고 있었기 때문에 처음 운영한 프로젝트기반학습은 문제기반학습의 형태를 활용하였다. 즉, 학습자들에게 제시하는 프로젝트는 '문제 시나리오' 형태로 제시하였고, 학습자들이 문제를 분석하고 학습 계획을 수립할 때 활용하는 양식은 문제기반학습에서 활용하는 '과제 수행 계획서(학습 및 조사계획서)'를 이용하였다. 또 다른 과목에서는 디자인씽킹의 단계를 활용하여 프로젝트기반학습 운영 절차를 계획하고, 디자인씽킹에서 사용하는 도구들인 공감 지도, 페르소나, 사용자 여정 지도 등을 이용하였다. 물론 2~3개의 교수 · 학습 방법을 선택하여 새로운 조합으로 프로젝트기반학습 운영 전략을 설계할 수도 있다.

두 번째 방법은 프로젝트기반학습의 기본 절차인 '프로젝트 선정 및 계획 수립 → 관련 자원 탐색 및 분석 → 과제해결'의 단계를 거칠 수 있는 기회를 제공한다는 원칙하에 학습자들이 다양한 활동과 도구들을 활용할 수 있도록 프로젝트 진행 절차를 설계하는 것이다. 제1장에서 소개한 '난민 프로젝트' 의 경우 수업 중 특별한 방법이나 도구가 사용되지 않았지만 학습자들이 프로젝트를 선정하고 학습 계획을 수립하고 필요한 자원을 탐색하여 분석하고 해결하는 과정이 충실히 이루어진 것을 확인할 수 있다.

어떤 방법을 선택하든 교수자는 학습자들이 프로젝트기반학습에서 어떠한 활동을 할 것인지 머릿속에서 시뮬레이션해 보아야 한다. 미국의 공립형 대안학교인 High Tech High School의 교사들은 방학 중 다음 학기에 운영할 프로젝트를 설계하고, 자신들이 학습자의 입장이 되어 해당 프로젝트를 수행해 본다고 하였다. 교사들은 직접 학습자가 되어 자료를 찾고 논의하고 결과물을 만들어 보면서 각각의 활동에 필요한 시간, 준비물, 교사가 제공해야 하는 도움, 필요한 활동지 등을 파악하여 준비한다. 프로젝트기반학습으로 수업을 운영하고자 하는 모든 교수자가 이러한 노력을 기울인다면 더할 나위 없이 바람직하다. 그러나 시간 부족 등의 제약이 있다면 머릿속으로 또는 한 장의 종이를 꺼내 학습자들의 활동을 상상하고 메모해 보자. 그 과정에서 학습자들에게 제공해야 할 질문들, 활동지, 평가 준거 등이 무엇이고, 이를 어떻게 준비할 것인지 설계할 수 있을 것이다. 학습자들에게 제공할 학습 자료 설계와 개발에 대한 안내는 제6장에서 구체적으로 제시하였다. 이 외에도 운영 전략 설계에는 학습문화 형성, 팀 편성과 팀 빌딩, 차시별 운영 등도 포함된다. 이에 대한 안내는 제8장에서 구체적으로 제시하였다.

셋째, 학습 과정과 결과에 대한 평가 전략 설계이다. 평가 설계는 프로젝트기반학습의 학습 과정에 대한 평가, 최종 결과물에 대한 평가, 개인에 대한 평가, 팀에 대한 평가 등 다양한 측면에서 이루어지며, 평가 방법, 평가 대상, 그리고 평가 준거를 결정하는 것이다. 평가 설계는 주로 누가, 언제, 무엇을, 어떻게 평가할 것인가를 결정하는 것이기 때문에 운영 전략과 함께 설계한다. 평가 전략과 평가 도구에 대한 안내는 제7장에서 구체적으로 제시하였다.

넷째, 학습 공간 설계이다. 프로젝트기반학습은 팀 활동이 이루어질 수 있는 학습 환경이 필요하다. 먼저 강의실이나 교실 공간은 팀별로 무리지어 앉아서 활동할 수 있어야 한다. 팀과 팀의 책상(활동 공간)은 완벽하게 독립적일 수는 없지만 최소한의 간격을 유지할 수 있도록 배치한다. 책상과 의자는 팀 활동을 위해 쉽게 이동 가능해야 한다. 그 외에 학습자들이 자신의 의견을 제시하고 서로의 의견을 공유하거나 선택할 수 있도록 화이트보드, 메모보드, 포스트잇 등을 준비하여 활용하고, 노트북이나 태블릿 등도 활용할 수 있도록 지원한다. 코로나19로 인한 비대면 수업처럼 특별한 사유로 대면 수업이 어려울 경우에는 Zoom, Gather Town 등의 플랫폼을 활용하여 실시간 온라인 비대면으로 상호작용하면서 프로젝트기반학습을 운영할 수 있다.

최근에는 교실 공간과 함께 온라인 공간도 필수적인 학습 공간이 되었다.

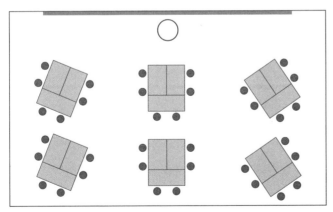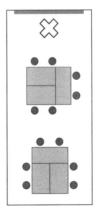

교수자가 교실 앞에서 설명하는 경우가 있으므로
학생들이 교실 앞을 바라보기 수월하도록 왼쪽과 같이 배치한다.

✎ 그림 4-5 프로젝트기반학습을 위한 책상 배치도

온라인 학습 공간은 학교에서 제공하는 LMS(Learning Management System)나 교수자와 학습자가 편하게 사용할 수 있는 SNS(Social Network Service)를 선택하여 활용할 수 있다. 온라인 학습 공간은 일반적으로 교과목 운영을 위한 공간(공지사항, 자료실 등), 학습자들의 상호작용이 이루어질 수 있는 학습 공간(팀별 공간 등), 개인 학습 공간(자료저장 등) 그리고 친교 공간(자기소개 등)으로 구성할 수 있다. 온라인 프로젝트기반학습에 대해서는 제9장에서 구체적으로 안내하였다.

3) 개발

개발 단계에서는 설계 단계에서 수립한 계획대로 프로젝트기반학습을 운영하는 데 필요한 다양한 자료를 개발한다. 즉, 도입 단계 등에서 활용할 강의 자료, 학습자들이 과제해결 중 참고할 읽기 자료, 프로젝트 수행 과정에서 필요한 프로젝트 기술서, 회의록, 성찰일지 등 다양한 활동지(프로토콜), 팀 활동 평가, 팀별 평가 등에 활용할 평가 도구 등을 개발하거나 기존 자료들 중에서 선택, 구입한다. 프로젝트기반학습 운영을 위해 필요한 학습 자료와 평가 자료 개발에 대해서는 제6장과 제7장에서 구체적으로 안내하였다.

4) 실행

실행 단계에서는 분석, 설계, 개발 단계에서 준비한 수업 계획에 따라 프로젝트기반학습을 운영한다. 프로젝트기반학습을 운영하기 위해서는 먼저 학습자들에게 프로젝트기반학습에 대해 안내한다. 프로젝트기반학습을 왜 하는지, 어떤 절차로 진행하는지, 학습자와 교수자의 역할이 무엇인지에 대해 간략하게 소개한다. 또한 프로젝트의 특성상 선행지식 습득이나 도구와 프로그램을 익히는 것이 필요한 경우 이에 대한 학습과 연습이 이루어질 수 있도록 수업 또는 안내한다.

　　수업과 프로젝트기반학습에 대한 안내 후 실행 단계의 첫 번째 활동은 프로젝트 선정 및 계획 수립이 이루어질 수 있도록 학습자들에게 프로젝트를 제시하고, 학습자들이 스스로 학습 계획을 수립할 수 있도록 지원하는 것이다.

　　두 번째 활동은 프로젝트 수행을 위해 필요한 자원을 탐색하고 분석하는 활동이 이루어질 수 있도록 지원하는 것이다. 이 단계에서 학습자들은 프로젝트 수행을 위해 필요한 지식을 습득하고 역량을 개발하고, 이를 토대로 결과물을 만들고 수정하고 보완한다. 즉, 학습자들은 필요한 자원이 무엇인지 도출하고, 이를 수집하여 학습하고 분석한다. 그리고 학습 내용을 적용하여 프로젝트 결과물을 개발한다.

　　세 번째 활동은 최종 결과물에 대한 실천, 발표, 평가와 성찰이 이루어지도록 운영하는 것이다. 학습자들은 자신들의 프로젝트 결과물을 발표하고 프로젝트 수행 과정과 결과에 대해 성찰한다. 프로젝트기반학습 운영에 대해서는 제8장에서 구체적으로 안내하였다.

5) 평가

　　평가 단계에서는 프로젝트기반학습 운영 전반에 대해 평가하는데, 학습자들의 학습 여부에 대한 평가와 수업에 대한 평가이다. 첫째, 학습자들의 학습 여부에 대한 평가는 학습자들이 학습 목표에 충분히 도달했는지 확인하는 것이다. 프로젝트기반학습은 학습 과정과 결과가 모두 중요하기 때문에 학습자에 대한 평가는 대부분 실행 단계에서 이루어진다. 즉, 실행 단계에서 학습자들이 프로젝트를 진행하는 과정에 대한 관찰, 프로젝트 기술서, 프로젝트 진행 과정 보고서(회의록), 프로젝트 최종 결과물, 성찰일지, 온라인 환경에 게시된 의견과 자료 검토 등을 통해 학습자들의 지식 습득 내용, 과제 해결 과정과 사고 과정의 변화 등을 평가한다. 이때 평가는 교수자뿐만 아니라 학습자들에 의해서도 이루어지는데, 자기평가, 팀원 평가, 팀간 평가 등이 그것이다. 둘째, 수업에 대한 평가는 수업 운영 과정과 결과를 토대로 분석, 설계, 개발 단계에서 수정되어야 하는 부분이 있는지 확인하고 수정하는 것이다. 이 단계에서 수정이 필요하다고 판단된 것은 다음 프로젝트나 다음 학기 수업에 반영한다. 프로젝트기반학습에서 학습자에 대한 평가는 제7장에서, 프로젝트기반학습에 대한 점검과 평가는 제8장에서 구체적으로 안내하였다.

제5장

프로젝트 설계

프로젝트기반학습을 수업에 적용하고자 할 때 가장 먼저 고민하는 것은 프로젝트이다. 어떤 프로젝트를 다루면 학습 목표를 달성할 수 있을까? 어떤 프로젝트를 다루면 학생들이 흥미를 갖고 열심히 참여할까? 그리고 프로젝트를 어떤 절차와 방법으로 진행할까? 이러한 질문에 답하는 것이 바로 프로젝트 설계이다. 이 장에서는 프로젝트기반학습으로 운영하고자 하는 수업에서 다룰 프로젝트를 어떻게 설계할 것인지 안내한다.

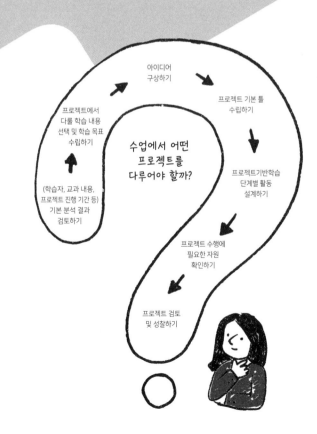

1. 프로젝트 설계 절차

프로젝트기반학습에서 프로젝트는 학습자들이 무엇을 학습하고 어떠한 활동을 하도록 할 것인지를 결정한다. 따라서 학습 내용, 학습자, 학습 환경에 대한 분석 결과는 프로젝트 설계의 중요 자료가 된다. 또한 지역사회기반학습, 봉사학습, 디자인씽킹, 문제기반학습, 액션러닝 등 여러 유형의 프로젝트기반학습 중 교수자가 특정 교수ㆍ학습 방법을 선택했다면 해당 교수ㆍ학습 방법에서 다루는 과제의 특성 역시 중요하게 고려해야 한다.

프로젝트 설계는 ① 기본 분석 결과 검토하기, ② 학습 내용 선택 및 학습 목표 수립하기, ③ 프로젝트 아이디어 구상하기, ④ 프로젝트 기본 틀 수립하기, ⑤ 프로젝트 수행 단계별 활동 설계하기, ⑥ 프로젝트 수행에 필요한 자원 확인하기, ⑦ 프로젝트 검토 및 성찰하기의 일곱 단계를 거치면서 진행한다. 〈표 5-1〉은 각 단계에서 수행해야 할 활동을 질문으로 제시한 것이다. 각 단계에 이루어지는 주요 활동은 다음과 같다.

표 5-1 프로젝트 설계를 위한 단계별 주요 질문들

단계	주요 질문
1. 기본 분석 결과 검토하기	• 참여하는 학습자들의 주요 특성은 무엇인가? • 교과목에서 주로 다룰 지식, 기술 ,태도는 무엇인가? • 가능한 프로젝트 진행 기간은 어느 정도인가? • 프로젝트를 진행하는 학습 환경은 어떠한가?
2. 학습 내용 선택 및 학습 목표 수립하기	• 프로젝트에서 주로 다룰 지식, 기술, 태도는 무엇인가? • 프로젝트를 통해 도달하고 싶은 구체적인 학습 목표와 핵심 역량은 무엇인가?
3. 프로젝트 아이디어 구상하기	• 기존 프로젝트는 어떤 것들인가? • 프로젝트를 통해 다루고자 하는 주제(지식, 기술, 태도)와 관련된 실제 사례와 현안은 무엇인가?(학교나 지역사회의 현안, 시사, 실생활의 문제, 내용 성취기준, 학생들의 삶과 관심사) • 기존 프로젝트를 활용할 것인가? 새로운 프로젝트를 구상할 것인가?

4. 프로젝트 기본 틀 수립하기	• 프로젝트 수행을 통해 도달하고자 하는 학습 목표는 무엇인가? • 주요 지식, 기술, 태도와 핵심 역량은 무엇인가? • 프로젝트의 결과물은 무엇인가? • 프로젝트 결과물이 실제적인가? • 프로젝트 결과물은 실현 가능한 것인가? • 팀에서 진행할 것과 학습자 개인이 진행할 것은 무엇인가? • 모든 팀이 동일한 결과물을 만들도록 할 것인가, 서로 다른 결과물을 만들도록 할 것인가? • 최종 결과물은 어떻게 발표할 것인가? – 실생활에서 실제 사용하는 결과물, 청중과 직접 만나는 프레젠테이션, 행사, 작품 전시, 출판, 포스팅, 메일 보내기 • 추진 질문은 무엇인가? • 프로젝트명은 무엇인가?
5. 프로젝트기반학습 단계별 활동 설계하기	• 프로젝트 선정 및 계획 수립 단계에서 학습자와 교수자가 어떤 활동을 할 것인가? • 관련 자원 탐색 및 분석 단계에서 학습자와 교수자가 어떤 활동을 할 것인가? • 과제해결 단계에서 학습자와 교수자가 어떤 활동을 할 것인가?
6. 프로젝트 수행에 필요한 자원 확인하기	• 프로젝트 수행에 필요한 물적 자원(기자재, 소모품)은 무엇이며 어떻게 확보할 것인가? • 프로젝트 수행을 위해 지원해야 할 인적 자원(전문가, 지역사회 구성원 및 관계자, 다른 전공 및 교과목 교수자)은 누구이며, 어떻게 섭외할 것인가? • 프로젝트 수행을 위해 예산이 필요한가? 필요한 예산을 어떻게 확보할 것인가?
7. 프로젝트 검토 및 성찰하기	• 프로젝트 설계 구성요소가 모두 계획되었는가? • 프로젝트를 통해 학생들이 의미 있는 학습을 할 수 있는가? • 프로젝트기반학습을 운영하기에 충분한 프로젝트인가?

1) 기본 분석 결과 검토하기

프로젝트기반학습은 학습자들의 학습을 위해 존재한다. 따라서 프로젝트 설계를 위해 학습자, 교과 내용, 그리고 학습 환경에 대해 분석하고 그 결과를 검토하고 종합하는 것이 필요하다. 초·중·고등학교 교사들은 프로젝트 설계 시 학생들의 특성, 교과서, 교육과정, 학교 학사일정 등 기본 자료들을 검토한다. 기본 분석 결과를 검토하는 것은 수업과 관련된 기본 자료들에 대한 검토이다.

- 참여하는 학습자들의 주요 특성은 무엇인가?
- 교과목에서 주로 다룰 지식, 기술, 태도는 무엇인가?
- 가능한 프로젝트 진행 기간은 어느 정도인가?
- 프로젝트를 진행하는 학습 환경은 어떠한가?

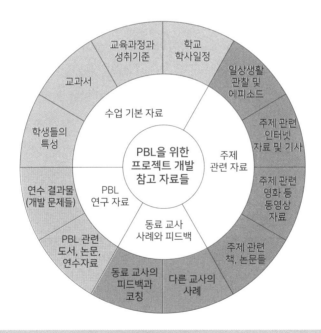

🖋 그림 5-1 초·중·고등학교 교사들이 프로젝트 과제 개발을 위해 참고하는 자료들

출처: 장경원(2019).

2) 학습 내용 선택 및 학습 목표 수립하기

기본 분석 결과에 대한 검토를 통해 교과목 전체 내용 중 어떤 내용을 프로젝트로 다룰지 선택한 후 학습자의 특성 등을 고려하여 학습 목표를 수립한다. 이때 프로젝트기반학습 진행 가능 기간과 환경 등을 고려하여 프로젝트 난이도를 결정할 수 있다. 이 단계에서 결정한 학습 내용과 학습 목표는 이후 단계를 거치면서 수정·보완할 수 있다.

McDowell(2017)은 프로젝트기반학습에서 명확한 학습 목표, 적절한 난이도의 프로젝트, 학습을 지원하는 교수자의 개입, 그리고 학습자의 자신감이 필요하다고 강조하였다. 명확한 학습 목표는 프로젝트 설계 및 프로젝트기반학습 진행의 중요한 기준이 된다. 학습 목표는 '내용(지식)＋행동(수행)'으로 진술하기 때문에 난이도를 포함한다. McDowell은 지식을 기초, 심화, 전이의 세 단계로 구분하고 각각 학습자들이 기본 개념을 아는 것(기초), 개념들의 관계를 아는 것(심화), 그리고 그 개념들을 적용할 수 있는 능력(전이)이라고 설명하였다. 프로젝트 과제는 세 단계 중 전이 단계에 해당되는 경우가 일반적이다. 학습자들은 기초와 심화 단계에 해당하는 지식을 습득하고 이를 활용하여 전이 단계의 과제, 즉 프로젝트 과제를 수행한다. 프로젝트기

표 5-2 지식의 3단계

기초	심화	전이
단일 혹은 다수의 개념을 이해하는 능력으로, 아직 여러 개념의 관계를 이해하거나 더 큰 원리나 기능으로는 나아가지 못하는 단계이다. 이 단계에서 학습자들은 지식을 습득하고 기능을 연마한다.	여러 개의 개념을 연결하는 능력으로 다양한 개념과 기능 사이의 유사점과 차이점을 이해하는 능력이다. 이 단계에서 학습자는 특정 내용이 해당 학문(과목)의 기본 원리와 어떤 관련이 있는지 이해하고, 다양한 개념과 기능을 연결한다.	다양한 단계의 지식과 기능을 여러 상황에 적용할 수 있는 능력이다. 이 단계에서 학습자는 여러 개념을 연결하고, 이를 다양한 상황에 적용하고 예측, 평가, 일반화한다.

출처: McDowell (2017).

반학습의 특성을 고려할 때 기초와 심화 단계의 지식 습득은 학습자의 자기주도학습 및 협업을 통해 이루어지는 것이 바람직하다. 그러나 학습자 수준, 프로젝트 과제의 난이도, 학습 목표 등을 고려하여 기초와 심화 단계의 지식 일부를 교수자가 강의를 통해 먼저 설명하는 것도 가능하다. 이 경우 학습자들은 교수자의 설명을 통해 일부 지식을 습득한 후 추가적으로 필요하다고 판단되는 기초와 심화 단계의 지식을 학습하여 프로젝트에 적용하게 된다.

- 프로젝트에서 주로 다룰 지식, 기술, 태도는 무엇인가?
- 프로젝트를 통해 도달하고 싶은 구체적인 학습 목표와 핵심 역량은 무엇인가?

3) 프로젝트 아이디어 구상하기

학습 내용과 학습 목표를 충분히 포함할 수 있는 프로젝트 아이디어를 구상한다. 프로젝트 아이디어는 우리를 둘러싼 모든 곳에 존재한다. Boss와 Larmer(2018)는 교사들이 프로젝트 아이디어를 구상하는 방법으로 기존 프로젝트의 아이디어 차용이나 각색하기, 교과서 내용을 프로젝트로 재구성하기, 학습자의 질문과 관심사 활용하기, 뉴스에서 아이디어 얻기, 대중문화 연계하기, 실제 요구 해결하기, 교수자 자신의 관심사에서 시작하기, 학습자들과 공동 설계하기, 기존 프로젝트에 참여하기 등의 방법을 제안하였다. 이러한 방법들을 정리하면 프로젝트 아이디어 구상 전략은 기존 아이디어를 차용 또는 각색하거나 학습자의 질문, 관심사, 뉴스, 대중문화, 실제 사례, 교수자의 관심 등으로부터 새로운 프로젝트 아이디어를 생성하는 것으로 정리할 수 있다.

첫째, 기존 프로젝트의 아이디어 차용이나 각색이다. 교수자는 다른 교수자의 프로젝트기반학습 사례, 운영 경험, 프로그램 등에서 아이디어를 그대로 활용하거나 참고하여 자신의 수업 목적과 환경에 맞게 각색할 수 있다.

다른 교수자의 프로젝트 사례와 경험은 인터넷, 논문, 블로그, 각종 연수 및 사례발표 자료 등을 통해 수집할 수 있다. 이 전 단계에서 선택한 내용을 이용하여 구글(Google) 등의 검색엔진에 '내용+프로젝트' '내용+프로젝트기반학습' 등을 검색어로 입력하면 다양한 프로젝트 사례를 찾아볼 수 있다. 예를 들어, '온라인 수업'에 대한 기존 프로젝트를 검색하고 싶을 때 '온라인 수업 프로젝트'라고 검색하면 다양한 자료와 사례들을 찾을 수 있고, 이러한 자료들을 참고하여 '디지털 시민 되기 프로젝트' '온라인 독서 프로젝트' 등 필요한 아이디어를 구할 수 있다. 교수자들이 많이 활용하는 프로젝트로는 물리학 관련 교과목에서 활용하는 '파스타면으로 튼튼한 다리 제작하기', 사회학, 행정학, 법학 등의 교과목에서 활용하는 '카드뉴스 제작하기' '유튜브 콘텐츠 제작 및 방송하기' '○○○에 대한 찬반 토론하기', 국어 교과목에서 활용하는 '자서전 쓰기' '소설 쓰기', 수학, 물리학, 건축학 관련 교과목에서 활용하는 '건축물 설계하기' 등이 있다. 이러한 프로젝트들 중 자신의 수업에서 활용하기 적절한 것을 선택한 후 수정·보완하여 활용할 수 있다.

♣ 그림 5-2 기존 프로젝트 아이디어 검색 결과 예시

둘째, 학습자의 질문, 관심사, 뉴스, 대중문화, 실제 사례, 교수자의 관심 등으로부터 새로운 프로젝트 아이디어를 생성하는 것이다. 교수자가 보고 듣고 경험한 것, 학습자들을 둘러싼 학교, 지역사회, 그리고 전 세계의 관심사 등 모든 것이 프로젝트 아이디어가 될 수 있다. 이때 학습자들과 관련된 학교나 지역사회의 현안, 시사, 실생활의 문제와 연관된 과제를 구상한다. 초 · 중 · 고등학교 교사들은 프로젝트 설계를 위해 일상생활의 에피소드, 주제 관련 인터넷 자료와 기사, 드라마, 영화, 주제 관련 책과 논문 등 다양한 자료를 참고한다([그림 5-2] 참조; 장경원, 2019). 물론 이러한 자료를 참조하지 않고 창의적으로 프로젝트 아이디어를 생성하는 것도 가능하다.

기존 프로젝트 아이디어 활용과 새로운 프로젝트 구상 중 어떤 것이 더 좋은 프로젝트 아이디어를 생성할 수 있는가? 특별히 어느 방법이 더 좋다고 할 수는 없다. 학습 목표 도출 가능성, 학습자들의 흥미와 동기 유발 가능성, 실행 가능성 등을 고려하여 여러 프로젝트 후보 중 가장 좋은 것을 선택하는 것이 중요하다.

- 기존 프로젝트는 어떤 것들인가?
- 프로젝트를 통해 다루고자 하는 주제(지식, 기술, 태도)와 관련된 실제 사례와 현안은 무엇인가? (학교나 지역사회의 현안, 시사, 실생활의 문제, 내용 성취기준, 학생들의 삶과 관심사)
- 기존 프로젝트를 활용할 것인가? 새로운 프로젝트를 구상할 것인가?
- 최종적으로 어떤 프로젝트를 선택할 것인가?

4) 프로젝트 기본 틀 수립하기

프로젝트 아이디어를 구상한 후에는 프로젝트 기본 틀을 수립한다. 프로젝트 기본 틀에는 프로젝트기반학습을 통해 도달하고자 하는 학습 목표, 프로젝트 결과물, 발표 방법, 추진 질문, 프로젝트명이 포함된다.

기본 틀을 구성하는 구성요소 중 프로젝트의 학습 목표, 주요 지식, 기술, 태도, 핵심 역량은 프로젝트 아이디어 구상 전에 이미 결정되었지만 다시 한 번 전체적으로 검토하고 수정이 필요한 경우 수정하고 보완한다.

프로젝트 결과물은 프로젝트의 난이도, 학습자들의 학습 동기 등과 연계된다. 교수자는 프로젝트 결과물이 학습 목표에 부합하는지(너무 부족하거나 과한 결과물인지 검토한다), 학습자들의 수준과 학습 환경 내에서 실현 가능한지(기간, 장비, 지원수준 등을 검토한다), 그리고 실제적인지(주제에 부합한 실제적 결과물인지 검토한다) 확인한다. 또한 결과물을 어떻게 발표하고 공유할 것인지 함께 고려한다. 이와 함께 프로젝트 결과물을 팀에서 개발할 것인지 개별적으로 개발할 것인지, 모든 팀과 개인이 동일한 결과물을 제출할 것인지 상이한 결과물을 제출할 것인지도 결정한다. 예를 들어, 글쓰기 프로젝트의 경우 각 팀에서 서로 다른 주제로 글쓰기를 할 수도 있고, 동일한 주제로 글쓰기를 할 수도 있다. 또는 팀원들이 함께 논의하고 협력하지만 개별적으로 글쓰기를 할 수도 있다.

추진 질문은 프로젝트의 정체성을 표현하는 것으로, 프로젝트 주제에 대해 학생들이 학습 동기를 가질 수 있도록 안내하는 역할을 한다. 추진 질문은 프로젝트 과제의 한 부분으로 제시하거나 그 자체가 프로젝트로 제시될 수 있다. 추진 질문은 개방형 질문, 중립적 질문의 형식으로 작성하는 것이 바람직하다. 예를 들어, 어르신들 자서전 써 드리기 프로젝트라면 '○○○ 할머니는 어떤 삶을 살아오셨을까?' '○○○ 할머니의 삶을 어떻게 표현할까?'와 같은 형식으로 작성한다.

프로젝트명은 프로젝트를 대표하는 제목이자 얼굴이다. 프로젝트 주제나 결과물을 고려하여 자서전 쓰기 프로젝트, 튼튼한 다리 만들기 프로젝트, 컨설팅 프로젝트, 난민 프로젝트, 선거 프로젝트 등으로 간략하고 이해하기 쉽게 표현한다. 또는 학습자에 흥미를 줄 수 있도록 재미있게 표현한다. 교수자들은 종종 TV 프로그램의 제목을 차용하여 프로젝트명으로 사용하기도 한다.

- 프로젝트 수행을 통해 도달하고자 하는 학습 목표는 무엇인가?
- 프로젝트와 관련된 주요 지식, 기술, 태도와 핵심 역량은 무엇인가?
- 프로젝트의 결과물은 무엇인가?
- 프로젝트 결과물이 실제적인가?
- 프로젝트 결과물은 실현 가능한 것인가?
- 팀에서 진행할 것과 학습자 개인이 진행할 것은 무엇인가?
- 모든 팀이 동일한 결과물을 만들도록 할 것인가, 서로 다른 결과물을 만들도록 할 것인가?
- 학습 결과물은 어떻게 발표할 것인가?
- 추진 질문은 무엇인가?
- 프로젝트명은 무엇인가?

5) 프로젝트기반학습 단계별 활동 설계하기

프로젝트기반학습은 학습자들의 참여와 활동이 중심이고 교수자는 학습 활동을 조력하고 지원한다. 프로젝트의 기본 틀을 마련한 후에는 프로젝트 수행 단계별로 학습자가 어떠한 활동을 할 것인지 예측해 보는 것이 필요하다. 프로젝트기반학습을 주요 교수·학습 방법으로 활용하고 있는 미국의 공립형 대안학교인 High Tech High School의 교사들은 개학 전 학생들이 참여할 프로젝트를 구상하고 교사들이 먼저 프로젝트를 수행한다. 학생들이 수행해야 하는 프로젝트가 '배 제작하기 프로젝트'이면 교사들이 방학 중에 먼저 배를 제작해 본다. '연설 프로젝트'이면 교사들이 학생들과 동일하게 주제를 결정하고 자료를 수집하고 연설문을 작성하고 연습하여 실제 연설을 해 본다. 이러한 과정에서 교사들은 프로젝트의 난이도가 적절한지 검토하고, 프로젝트 수행에 필요한 기자재 및 재료의 적절성을 확인하며, 학습자들에게 어떠한 도움을 제공해야 하는지 예측한다.

프로젝트 수행 단계별 활동을 설계할 때 가장 좋은 방법은 High Tech

High School의 교사들처럼 교수자들이 먼저 프로젝트를 수행해 보는 것이다. 그러나 사전에 직접 수행해 보는 것이 어렵다면 아인슈타인의 사고 실험처럼 먼저 머릿속으로 프로젝트 수행 과정에 대해 가상의 시뮬레이션을 해 보아야 한다. 학습자들의 프로젝트 수행 활동을 예측하는 과정에서 교수자가 어떤 지원을 할 것인지 결정하고, 학생들에게 제공할 구체적인 프로토콜(활동지)에 대해서도 구상할 수 있다.

- 프로젝트 선정 및 계획 수립 단계에서 학습자와 교수자가 어떤 활동을 할 것인가?
- 관련 자원 탐색 및 분석 단계에서 학습자와 교수자가 어떤 활동을 할 것인가?
- 과제해결 단계에서 학습자와 교수자가 어떤 활동을 할 것인가?

6) 프로젝트 수행에 필요한 자원 확인하기

프로젝트 수행 단계별 활동을 정리하면 각 단계에서 필요한 물적·인적 자원이 무엇이고 어느 정도의 예산이 필요한지 파악할 수 있다. 물적 자원에는 실험 및 실습 기자재, 공간, 소모품 등이 포함된다. 인적 자원에는 전문가, 지역사회 구성원이나 관계자, 다른 전공 및 교과목 교수자 등이 포함된다. 프로젝트 수행에 필요한 물적 자원과 인적 자원을 파악한 후에는 이를 확보 및 섭외 가능한지 확인한다. 만약 프로젝트 수행에 필요한 기자재, 인력, 예산의 확보가 어려우면 추가적인 노력을 기울이거나 과제를 변경해야 하는 경우도 있다.

- 프로젝트 수행에 필요한 물적 자원(기자재, 소모품)은 무엇이며 확보 가능한가?
- 프로젝트 수행을 위해 지원해야 할 인적 자원(전문가, 지역사회 구성원이

나 관계자, 다른 전공 및 교과목 교수자)은 누구이며, 섭외 가능한가?
- 프로젝트 수행을 위해 예산이 필요한가? 예산을 확보할 수 있는가?

7) 프로젝트 검토 및 성찰하기

프로젝트 설계가 완성되었다면 전체적으로 다시 한번 프로젝트를 검토하고 성찰한다. 프로젝트 설계 구성요소가 모두 계획되었는가? 이 프로젝트를 통해 학생들이 의미 있는 학습을 할 수 있는가? 프로젝트기반학습을 운영하기에 충분한 프로젝트인가? 등에 대해 검토하고 부족한 부분이 있으면 수정하고 보완한다.

- 프로젝트의 주요 구성요소가 모두 계획되었는가?
- 이 프로젝트를 통해 학습자들이 의미 있는 학습을 할 수 있는가?
- 프로젝트기반학습을 운영하기에 충분한 프로젝트인가?

2. 프로젝트 설계 양식

1) 프로젝트 설계 기본 양식

앞서 소개한 프로젝트 설계 단계 요소를 정리하여 〈표 5-3〉과 같이 프로젝트 설계를 위한 기본 양식을 구성하였다. 프로젝트 설계 기본 양식은 교과목 기본 정보, 프로젝트 결과물, 프로젝트 구성요소, 프로젝트 수행 단계별 활동, 프로젝트 필요 자원으로 구성된다.

표 5-3   프로젝트 설계 기본 양식

구분		내용	
교과목 기본 정보	과목명/과목 특성		
	학년 및 학습자 특성		
	프로젝트기반학습 운영 기간 및 시기		
프로젝트 구성요소	학습 내용 (지식, 기술, 태도)		
	학습 목표		
	핵심 역량		
	프로젝트명		
	프로젝트 개요 및 추진 질문		
프로젝트 결과물	프로젝트 결과물		
	결과물 제출 및 발표 방법		
프로젝트 수행 단계별 활동	단계	학습자 활동	교수자 활동
	프로젝트 선정 및 계획 수립		
	관련 자원 탐색 및 분석		
	과제해결 및 발표		
프로젝트 필요 자원	물적 자원		
	인적 자원		
	필요 예산		

　　교과목 기본 정보는 프로젝트기반학습을 운영할 과목명과 교과목의 주요 특성, 해당 학년 및 학습자의 특성, 교과목 학습 목표, 그리고 프로젝트기반학습 운영 기간 및 시기로 구성된다. 과목명, 교과목의 주요 특성, 학년, 학습자의 특성에는 교수자가 선택한 교과목명과 해당 학년, 교수자가 파악한 과목과 학습자에 대한 기본 특성을 작성한다. 이때 교과목 학습 목표를 함께

작성하는 것이 바람직하다. 프로젝트기반학습 운영 기간과 시기에는 교과목의 전체 시수 중 언제 어느 정도를 프로젝트기반학습에 할애할 것인지 작성한다. 학교급, 학교의 학사일정, 수업 운영 방침, 강의, 토의, 실험, 실습 등 다른 교수·학습 방법과의 병행 운영 등 다양한 요인에 의해 프로젝트기반학습에 할애할 수 있는 시기와 기간이 결정될 수 있다. 만약 프로젝트의 성격에 따라 운영 시기와 기간을 결정하는 경우에는 마지막에 해당 내용을 작성한다.

프로젝트 구성요소는 주요 학습 내용(지식, 기술, 태도), 학습 목표, 핵심 역량, 프로젝트명, 그리고 프로젝트 개요 및 추진 질문으로 구성된다. 주요 학습 내용에는 프로젝트를 통해 학습해야 하는 주요 지식, 기술, 태도를 작성한다. 학습 목표에는 프로젝트기반학습을 통해 도달하고자 하는 주요 학습 목표를 작성한다. 만약 교과목을 하나의 프로젝트를 통해 운영하고자 한다면 교과목의 주요 학습 내용 및 학습 목표와 프로젝트의 주요 학습 내용 및 학습 목표가 동일할 것이다. 그러나 교과목의 일부 내용을 프로젝트기반학습으로 운영하고자 한다면 이 양식에는 해당 학습 내용과 학습 목표를 작성한다. 이와 함께 프로젝트를 통해 개발하고자 하는 역량도 작성한다. 일반적으로 프로젝트와 관련된 핵심 역량은 문제해결능력, 의사소통능력, 대인관계능력, 자료활용능력 등이다. 학습 목표와 핵심 역량을 구분하지 않고 함께 작성할 수도 있다. 프로젝트명은 프로젝트의 이름으로 실제로 가장 마지막에 작성하는 것이 일반적이다. 여러 요인을 고려하여 설계한 프로젝트를 대표할 수 있도록 이름을 결정하는데, 주로 최종 결과물이나 주요 학습 내용을 이용하여 프로젝트명을 결정한다. 프로젝트 개요 및 추진 질문은 프로젝트에 대한 간략한 소개와 학습자들이 프로젝트에 대해 관심을 갖고 학습 동기를 가질 수 있도록 제시하는 질문이다.

프로젝트 결과물은 최종적으로 제출해야 하는 프로젝트 결과물의 형태와 분량, 제출 및 발표 방법으로 구성된다. 프로젝트 최종 결과물의 형태와 분량은 학습 목표, 학습자 수준, 프로젝트 기간 등을 고려하여 결정되어야 하며, 결정된 내용은 학습자들이 쉽게 인지할 수 있도록 정리하여 안내해야 한다. 프로젝트 결과물에 대한 정보는 학습자들이 자신의 역할을 이해하고, 학습 활동을 계획하고 실행하는 데 필요한 기준이 된다.

프로젝트 수행 단계별 활동은 프로젝트가 진행되는 단계에서 학습자와 교수자가 어떤 활동을 할 것인지 미리 연습하거나 시뮬레이션해 보는 것으로, 이 과정을 정리하면 프로젝트 수행을 위해 교수자가 무엇을 준비해야 하는지, 프로젝트의 난이도가 적절한지 등을 확인할 수 있다.

프로젝트 필요 자원은 학습자들이 프로젝트 수행을 위해 필요한 자원으로 다양한 기자재, 재료 등의 물적 자원과 프로젝트 과제에 관련된 해당 분야의 전문가, 지역사회 구성원, 인터뷰 대상자 등의 인적 자원으로 구성된다. 물적 자원과 인적 자원 확보를 위해 예산이 필요한 경우 어떻게 예산을 확보하거나 지원받을 것인지도 파악해야 한다.

프로젝트 설계 기본 양식은 반드시 순서대로 작성할 필요는 없다. 그러나 교과목을 선정하고 해당 학습자와 학습 내용을 먼저 분석한 후 프로젝트를 설계한다면 보다 수월하게 프로젝트 설계를 할 수 있다. 프로젝트 설계 기본 양식을 이용하여 기본 정보와 요소를 꼼꼼하게 확인하여 프로젝트를 설계해 보자.

2) 프로젝트 설계 기본 양식 작성 사례

첫 번째 사례는 프로젝트 설계 양식을 이용하여 중학교의 프로젝트를 설계한 사례이다. 해당 사례는 국회 TV의 프로그램인 〈인성이 미래다〉 중 '완산중학교-어르신 자서전 써 드리기' 영상에 제시된 '어르신 자서전 써 드리기 프로젝트'의 내용을 토대로 프로젝트 설계 기본 양식을 작성한 것이다. 완산중학교의 '어르신 자서전 써 드리기 프로젝트'는 동아리 활동으로 이루어졌는데, 이를 교과목으로 변경하여 작성하였고, 가상의 상황도 포함되어 있다.

표 5-4 프로젝트 설계 기본 양식 작성 예시 1: 어르신 자서전 써 드리기 프로젝트

구분		내용
교과목 기본 정보	과목명/ 과목 특성	• 국어/읽기, 쓰기, 말하기, 듣기 영역으로 구성되어 있다.
	학년 및 학습자 특성	• 중학교 2학년 • 대부분 핵가족으로 할머니, 할아버지와 함께 살고 있지 않으며, 다른 세대와 대화할 수 있는 기회가 많지 않다.
	프로젝트기반 학습 운영 기간 및 시기	• 1학기 중간고사 이후 • 4주(총 8차시에 걸쳐서 진행)
프로젝트 구성요소	주요 내용(지식, 기술, 태도)	• 지식: 자서전의 주요 특성, 자서전의 의미 • 기술: 인터뷰 방법, 자서전 작성 방법 • 태도: 어르신과 대화하는 태도, 자신의 삶을 돌아보는 태도
	학습 목표	• 자서전의 주요 특성을 설명할 수 있다. • 자서전 작성에 필요한 자료를 수집하고 정리할 수 있다. • 자서전을 작성할 수 있다. • 자서전 작성이 갖는 의미를 설명할 수 있다.
	핵심 역량	• 의사소통역량, 대인관계역량, 자료수집 및 정리 역량
	프로젝트명	• 어르신 자서전 써 드리기 프로젝트
	프로젝트 개요 및 추진 질문	• ○○○ 할머니/할아버지는 어떤 삶을 살아오셨을까?
프로젝트 결과물	최종 결과물	• 개인(　　) 　• 팀(✓) • ○○○ 할머니/할아버지 자서전 1권 • ○○○ 할머니/할아버지 자서전 작성 과정 및 성찰 내용 정리
	결과물 제출 및 발표 방법	• ○○○ 할머니/할아버지께 자서전을 직접 전달한 후 작성 과정과 결과물, ○○○ 할머니/할아버지의 의견, 팀원들의 성찰 내용을 사진, 글로 정리하여 20분 내외로 발표 • ○○○ 할머니/할아버지의 자서전은 PDF로 변환하여 학교 홈페이지에 게시(○○○ 할머니/할아버지께서 허락하신 범위에 따라 표지, 요약, 전문 등 게시 범위를 결정)

	단계	학습자 활동	교수자 활동
프로젝트 수행 단계별 활동	프로젝트 선정 및 계획 수립	–	• 프로젝트 과제를 제시한다. • 프로젝트 과제 수행을 위해 학습자가 해야 할 일을 안내한다.
		• 자서전의 주인공이 될 할머니, 할아버지를 섭외한다.	• 팀별로 자서전 주인공을 섭외할 수 있는지 확인하고 섭외가 어려운 팀을 지원한다.
		• ○○○ 할머니/할아버지 자서전 작성을 위한 인터뷰를 준비한다.	• ○○○ 할머니/할아버지와의 첫 인터뷰 방법을 안내하고 인터뷰 질문지 작성을 지원한다.
		• 자서전 주인공인 ○○○ 할머니/할아버지를 만나 할머니가 원하는 자서전의 방향을 명확히 확인한다. • ○○○ 할머니/할아버지와의 인터뷰 내용을 토대로 '프로젝트 개요서'를 작성한다.	• 학습자들의 학습 활동을 관찰하고 필요한 질문을 제시하는 등 지원한다.
		• 프로젝트 개요서를 발표한다.	• 프로젝트 개요서에 대해 수정 및 보완할 점에 대해 피드백을 제공한다.
	관련 자원 탐색 및 분석	• A 할머니의 자서전을 쓰기 위해 필요한 정보가 무엇인지 정리한 후 각각의 질문에 대한 답이 될 수 있는 내용을 할머니에게 질문하여 조사하거나 인터넷 검색을 통해 자료를 수집한다(예: 할머니가 사시던 동네의 옛날 사진 또는 정보들). • 수집된 자료를 토대로 자서전의 초안을 작성한 후 할머니에게 보여 누락된 부분이 있는지, 잘못 진술된 부분이 있는지 확인한다.	• 학습자들의 프로젝트 수행 활동을 관찰하고 필요한 질문을 제시한다. • 자서전 작성 과정에서 수정이 필요한 부분에 대해 피드백을 제공한다. • 여러 팀의 결과물 작성 과정을 검토한 후 내용 설명이 필요하다고 판단되는 경우 주요 개념이나 원리를 설명한다.

프로젝트 필요 자원	과제해결 및 발표	• 자서전을 완성한다. • 자서전을 받은 할머니의 느낌을 인터뷰하여 정리한다. • 자서전을 쓰면서 배운 점, 느낀 점, 향후 실천사항을 정리한다. • 자서전, 자서전 작성 과정, 성찰 내용 등을 발표한다. • 팀 간 평가한다.	• 결과물 발표 방법을 안내한다. • 완성된 자서전 및 자서전 작성 과정에 대한 발표 내용에 대해 격려하고 피드백을 제시한다. • 프로젝트를 통해 학습해야 할 주요 내용을 종합·정리한다.
	물적 자원	• 녹음기, 카메라(학생들의 휴대폰으로 대체 가능) • 제본기(학교 인근 인쇄소에 의뢰)	
	인적 자원	• 학생들에게 자서전 작성을 의뢰하실 어르신 ○명(학생들의 할머니, 할아버지 또는 학교 인근 노인복지회관 어르신께 부탁)	
	필요 예산	• 자서전 제본 비용 • 어르신 방문 시 제공할 다과 비용	

　두 번째 사례는 대학의 교직 교과목인 '교육과정 및 교육평가' 교과목에서 활용할 프로젝트를 설계한 사례이다. 프로젝트 설계를 위해 교과목 내에서 다루어져야 하는 내용을 정리하였고([그림 5-3] 참조), 2개의 프로젝트를 설

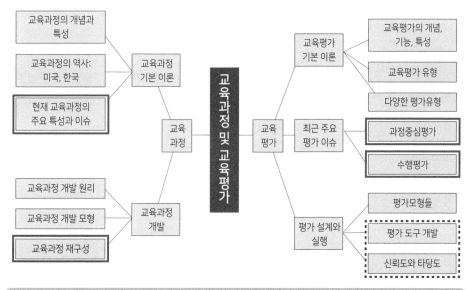

그림 5-3 학습 내용 분석 후 프로젝트에서 다룰 내용을 선택한 사례

계하였다. 첫 번째 프로젝트는 교육과정 재구성 프로젝트로 '교육과정 재구성, 현재 교육과정의 주요 특성과 이슈, 과정중심평가, 수행평가'를 주요 학습 내용으로 선택하고 프로젝트를 설계하였다. 두 번째 프로젝트는 평가 도구 개발 프로젝트로 '평가 도구 개발, 신뢰도와 타당도'를 주요 학습 내용으로 선택하고 프로젝트를 설계하였다. 2개의 프로젝트 중 첫 번째 프로젝트를 프로젝트 설계 양식을 이용하여 작성하였다(〈표 5-5〉참조).

표 5-5 프로젝트 설계 기본 양식 작성 예시 2: 교육과정 재구성 프로젝트

구분		내용
교과목 기본 정보	과목명/ 과목 특성	• 교육과정 및 교육평가 • 교직 교과목이며, '수업' 관련 2개의 교과목 중 1개임 • 교육실습, 임용시험, 실제 교직현장에서 가장 중요하게 다루어지는 영역임
	학년 및 학습자 특성	• 3학년(종종 4학년 학생도 있음) • 교직 이수 학생들(대부분 성실함) • 코로나19로 인해 온라인 수업에 익숙하고 자신을 드러내지 않으려는 성향을 갖고 있을 것이라 예상함
	프로젝트기반 학습 운영 기간 및 시기	• 4~10주차에 매주 한 시간씩 운영할 예정임(6주+1주에는 내용에 대한 최종 정리)
프로젝트 구성요소	주요 내용 (지식, 기술, 태도)	• 교육과정 재구성, 현재 교육과정의 주요 특성: 과정중심평가, 수행평가
	학습 목표	• 교육과정 재구성을 할 수 있다. • 현재 교육과정의 주요 특성을 설명할 수 있다. • 과정중심평가와 수행평가의 개념을 설명할 수 있다. • 과정중심평가와 수행평가가 가능한 교육과정 재구성을 할 수 있다.
	핵심 역량	• 문제해결능력, 상호작용능력, 비판적 사고력
	프로젝트명	• 교육과정 재구성 프로젝트
	프로젝트 개요 및 추진 질문	• 현직 교사가 자신의 학교와 학생들의 특성, 그리고 최근 강조되고 있는 과정중심평가, 수행평가를 고려하여 요구하는 교육과정 재구성 과제 수행 • ○○○ 교사가 원하는 교육과정 재구성은 어떤 특성을 갖고 있는가? 어떻게 교육과정을 재구성할 것인가?

프로젝트 결과물	프로젝트 결과물	• 교육과정 재구성 보고서 • 프로젝트 수행 과정에서 산출된 자료들(인터뷰 질문지, 프로젝트 개요서, 회의록, 과제 의뢰 교사의 교육과정 재구성 결과에 대한 평가 의견, 팀원들의 성찰 등)	
	결과물 제출 및 발표 방법	• 개인( )　• 팀(✓) • 최종 결과물 발표 직전 팀별로 2명을 선정하여 팀의 결과물을 발표하도록 한다.	
프로젝트 수행 단계별 활동	단계	학습자 활동	교수자 활동
	프로젝트 선정 및 계획 수립	–	• 프로젝트기반학습의 주요 특성과 과정을 안내한다. • 학교 현장 교사의 교육과정 재구성의 필요에 대한 짧은 동영상을 제시한다. • 프로젝트를 제시(탐구 질문 제시)하고 팀별로 현직 교사를 섭외해야 한다고 안내한다. • 프로젝트 분량, 기한, 제출형태 등을 안내한다.
		• 현직 교사를 섭외한다(섭외가 어려운 경우 교수자에게 의뢰한다). • 현직 교사와의 인터뷰를 위해 질문을 구성한다.	• 현직 교사 섭외가 어려운 팀이 있는 경우 섭외를 지원한다. • 학생들의 질문 구성을 모니터링하고 피드백한다.
		• 현직 교사와 인터뷰한다. • 인터뷰 결과를 반영하여 프로젝트 주제를 도출하고 프로젝트 개요서를 작성한다.	• 학생들의 프로젝트 수행 과정을 모니터링한다.
		• 프로젝트 개요서를 발표한다. • 프로젝트 개요서를 수정 · 보완한다.	• 학생들의 프로젝트 개요서 내용에 대해 선정한 프로젝트의 내용, 범위, 수준 등이 적절한지 피드백을 제공한다.
	관련 자원 탐색 및 분석	• 프로젝트 수행을 위해 알아야 할 것, 조사해야 할 것이 무엇인지 논의한다. • 자료수집 및 학습을 위해 팀원들이 역할을 분담한다.	• 학생들의 조사 및 학습 계획을 모니터링한다.

		• 각자 자신이 맡은 부분을 학습하거나 자료 조사를 한다. • 팀원들이 수집 및 학습한 내용을 공유한다.	• 학생들의 논의 과정을 관찰하고 질문하여 학생들의 학습 여부를 확인한다.
		• 수집 및 학습한 내용을 정리하여 결과물을 구성한다. • 추가적으로 필요한 자료를 수집, 학습한다. • 추가 수집, 학습한 내용을 공유하고 이를 결과물에 반영하여 수정·보완한다.	• (필요한 경우) 주요 내용에 대해 설명한다. • (필요한 경우) 중간발표를 수행하고 피드백을 제공한다.
	과제해결 및 발표	• 최종 결과물을 완성한다. • 최종 결과물 발표를 준비한다.	• (필요한 경우) 피드백을 제공한다.
		• 최종 결과물을 발표한다. • 다른 팀의 학생들과 교수자의 질문에 대해 답변한다.	• 상호평가 도구를 제공한다. • 질문한다.
		• 최종 결과물을 수정·보완한다. • 프로젝트 수행 과정과 결과에 대해 성찰한다.	• 여러 팀의 결과를 종합하여 피드백하고 및 주요 내용을 정리한다. • 성찰 활동을 안내한다.
프로젝트 필요 자원	물적 자원	• 팀별 논의 시 활용할 수 있는 포스트잇, 전지, 네임펜 등(교수자가 제공)	
	인적 자원	• 학생들에게 과제를 의뢰할 현직 교사(팀별로 섭외, 섭외가 어려울 경우 박사과정 선생님들 중 교장, 교감선생님들께 부탁)	
	필요 예산	• (필요한 경우) 학교 방문 경비(교통비 등)	

3. 프로젝트 사례

초·중·고등학교와 대학교에서 다양한 프로젝트기반학습이 이루어지고 있다. 다음은 초·중·고등학교와 대학교에서 진행된 프로젝트 사례로 해당

프로젝트를 설계, 운영한 교수자들로부터 수집한 자료이다.[1]

　수집한 프로젝트 사례들을 살펴보면 초등학교에서는 주로 여러 교과목을 융합한 융합 프로젝트가 이루어졌는데, 이는 1명의 선생님이 여러 교과목을 가르치는 초등학교의 특성이 반영된 결과이다. 또한 초등학교에서 이루어진 프로젝트는 여행, 봉사, 연극, 뮤지컬, 체험학습 등 교내 행사 및 다양한 프로그램을 교과와 연계하여 운영한 것이기도 하다. 중ㆍ고등학교와 대학교에서는 주로 단일 교과목 내에서 프로젝트기반학습이 이루어졌으며, 해당 교과목에서 학습해야 하는 내용에 대한 탐구를 기본 활동으로 포함하며, 경험, 제작, 글쓰기, 논쟁 등 다양한 활동이 이루어지는 프로젝트를 다루었다.

　프로젝트는 교과목, 교수자, 학습자, 사회적으로 중요한 이슈 등 다양한 요인의 영향을 받기 때문에 매우 다양하다. 제시된 사례를 참고하여 더 흥미진진하고 의미 있는 프로젝트 아이디어를 도출하고 설계해 보자.

표 5-6　초등학교 프로젝트기반학습에서 운영한 프로젝트 사례

교과목	프로젝트	주요 내용
수학, 사회	경ㆍ주ㆍ행 (經험하고 主인공이 되어 行동하라!) (여행 계획 프로젝트)	학생들이 직접 경주 수학여행의 프로그램과 일정을 기획하고 여행하는 프로젝트로 학생들은 경주 지역의 역사적ㆍ지리적 특성 조사, 방문지 간의 거리와 이동시간 조사 및 계산 등 다양한 활동을 수행하고 직접 여행에 참여함
수학, 과학, 미술	방화수사 조사 프로젝트	과학 수사관이 되어 가상 방화 사건을 조사함. 이를 위해 '연수와 소화'의 기본 개념을 학습하고 과학수사의 주요 활동을 간접적으로 체험함
수학, 사회	수원 화성에서 발길 따라 만나는 Math Tour 화.성.행 (수원 화성 프로젝트)	역사와 수학을 함께 학습하는 트래킹 프로그램으로 '수원 화성'에서 만나는 문화재에 담겨 있는 수학 원리(수학적 요소)를 탐구함

1) 제시한 프로젝트는 2020년도 대한민국 교육부와 한국연구재단의 지원을 받아 수행된 연구에서 수집된 사례들이다. 사례를 공유해 주신 여러 선생님들과 교수님들께 다시 한번 감사드린다(과제번호: NRF-2020S1A5A2A01042551).

도덕, 국어, 미술	봉사 프로젝트	배려와 봉사의 필요성과 의미를 학습하고 실천 가능한 봉사활동 계획을 수립하여 실천하고 봉사활동 경험을 공유하고 성찰함
국어, 사회, 수학, 과학	부호를 활용하여 나의 생각 전달하기	모스 부호처럼 부호를 통해 의사소통할 수 있도록 스키테일 암호와 시저 암호를 해독할 수 있는 암호해독기를 개발하고 자신만의 암호체계를 개발함
실과, 과학, 국어	나만의 롤러코스터 만들기 프로젝트	에너지를 최대한 보전시키며 운행할 수 있는 롤러코스터를 제작하여 시연, 발표함
실과, 미술	당신의 집은 어떠한 家	당신의 집은 안전한가? 당신의 질은 조화로운가? 당신의 집은 스마트한가? 안전, 조화, 스마트라는 각각의 특성을 강조한 집을 설계하고 각각의 장단점을 검토하여 최종적으로 자신의 집을 설계함
통합교과, 국어, 진로	이게 정말 나일까? (초등학교 2학년)	내가 어떤 사람인지 소개하는 프로젝트로 자신의 겉모습, 좋아하는 것과 싫어하는 것, 할 수 있는 것과 할 수 없는 것, 과거, 현재, 미래(꿈)의 모습, 감정 상태, 특별함 등을 탐구하여 그림책으로 제작함
국어, 수학, 미술	가는 말이 고와야 오는 말이 곱다	일상생활 속 언어 사용에 대해 조사하고 조사한 결과를 그래프를 포함한 기사문으로 작성함
국어, 체육, 창체 (문화예술 교육을 위한 교과 통합)	뮤지컬 프로젝트	뮤지컬 〈맘마미아〉 공연을 위해 학생들이 시나리오를 읽고 배역을 정하고, 배역에 맞는 표정, 몸짓, 말투로 연기하고, 춤과 노래를 익혀 뮤지컬 공연을 함
사회	알뜰시장 프로젝트	4학년 전체 학생이 참여하는 프로젝트로 부모님과 상의하여 알뜰시장에서 판매할 물건을 5가지 이상 가져오고, 가정에서 봉사와 효를 실천하여 3,000원을 용돈으로 모아 이 돈으로 각자 필요한 물건을 구입함. 알뜰시장에서 학생들이 역할을 나누어 소비자와 판매자 역할을 모두 수행하고 학급 단위로 판매수익 사용 방법을 논의하여 결정함
국어, 사회	세상을 보는 또 다른 시선	일상 및 학교 생활에서 기본적인 인권이 보장받지 못하는 사례를 조사하고 이를 해결하기 위한 방안을 모색함
국어, 미술	인형극 프로젝트	이야기를 극본으로 만들고, 극본에 맞게 연극무대 및 인형을 제작하여 인형극을 공연함

| 과학 | 우리집 전기 사용량 줄이기 | 각 가정의 전기 사용량을 조사하고 전기 사용량을 줄이기 위한 방법과 전략을 도출한 후 이를 실천하고 결과를 제시함 |
| 사회, 영어 | 카드뉴스 만들기 | 학생들의 관심사에 대해 취재, 조사하여 카드뉴스를 제작하여 사람들에게 보여 줌. 뉴스와 뉴스를 본 사람들의 소감을 발표함 |

표 5-7 중 · 고등학교 프로젝트기반학습에서 운영한 프로젝트 사례

교과목	프로젝트	주요 내용
국어	비블리오 배틀 (서평 배틀) 프로젝트	팀별로 좋아하는 책을 선택하여 읽고 책에 대한 서평을 작성한 후 여러 팀에서 책과 서평을 소개하여 우수팀을 선정함
국어	인생 멘토 찾기 프로젝트	내 인생의 멘토를 찾고 멘토와의 인터뷰를 위해 필요한 질문지 개발, 인터뷰, 인터뷰 결과 내용 및 영상 발표, 공유, 성찰함
영어	제주도 소개 프로젝트	제주도 수학여행을 함께 가는 원어민 교사를 위해 제주도의 지리적 · 역사적 특성, 자연환경, 관광지 등을 조사하고 이를 영어로 소개하는 활동을 함
중국어	두 PD의 니츠팔로마 (중국어 팟캐스트)	왕초보를 위한 중국어 회화 및 문화 학습을 위한 팟캐스트를 제작함
일본어	스고로쿠 만들기 (주사위 놀이판) 프로젝트	일본의 연중행사를 조사하고 연중행사의 특성에 맞는 미션을 활용한 주사위 놀이판을 개발함
법과 정치	집주인의 도둑 폭행은 정당방위인가?	집에 들어온 도둑을 발견한 집 주인이 도둑을 폭행하여 식물인간이 됨. 도둑의 자녀들이 집주인을 폭행죄로 고소했는데, 집주인은 정당방위일까? 과잉방위일까? 팀을 나누어 선택한 입장에 대한 논거를 발굴하고 주장 내용을 준비하여 토론함
사회	세상을 바꾸는 IoT 아이디어 공모전	지속 가능한 발전이라는 관점에서 지구상의 다양한 지리적 문제해결을 위한 IoT 아이디어를 제안하는 것으로 지리적 문제를 탐색하고 해당 문제해결을 위한 이전의 노력이 무엇인지 탐구하고 구체적인 IoT 아이디어를 제시하고 타당성을 평가함

역사	역사 인물 뮤지컬 프로젝트 '임 · 자 (책임 · 자율)'를 찾습니다.	일제 강점기에 과학, 기술, 문화, 역사, 체육, 예술 등 다양한 분야에서 빛나는 성과를 낸 인물들의 활동과 삶을 재조명한 역사 뮤지컬에 참여하기 위해 작품의 주제를 잘 표현할 수 있는 4분 이내의 뮤지컬로 오디션에 참가하는 상황임. 오디션에 참여하기 위해 역사적 인물 선정 및 고찰, 노래와 동작 창작, 발표 등의 활동을 함
수학	세상을 움직이는 알고리즘	3가지 유형의 일차방정식을 활용한 문제 풀이 과정을 알고리즘과 순서도로 표현함
과학	적정기술제품 개발 (숨은 열 찾기 프로젝트)	전기가 들어오지 않아 냉장고를 사용할 수 없는 지역에서 냉장고 대용으로 쓰이는 팟인팟 쿨러처럼 에너지가 부족한 지역에서 효율적으로 사용할 수 있는 적정기술 제품 개발하기
기술가정	건강한 내 몸 사용 설명서 제작하기	자신에 대한 이해, 청소년의 건강 등에 대한 탐구 활동을 기반으로 건강한 자기 몸 사용 설명서를 제작함
과학	코로나19 극복프로젝트	코로나19 바이러스의 원인을 객관적인 자료를 바탕으로 분석하고, 코로나19 바이러스에 감염되었을 때 나타나는 증상, 감염증으로 인한 피해 내용, 대응 방안 등을 체계적으로 탐구함
기술가정	Shoes 4 Africa Project	국제협력기구의 Shoes 4 Africa Project에 참여함 (재활용 가능한 신발을 수집, 세탁, 기부하는 활동을 계획하고 이를 실천함)
미술	굿 디자인 프로젝트 (기능을 살린 디자인, 생활 속 디자인)	일상생활에서 감염병 예방을 위해 무엇이 필요한지 관찰, 조사하여 필요한 제품을 제안, 디자인하고 제작 및 수정 보완하는 활동을 함
체육	T-ball Manager	AA playoffs 승점과 더불어 각 역할별 총점을 합산하여 승리하는 구단이 출전권을 획득할 수 있다. 어떻게 하면 우리 구단이 리그 출전권을 따낼 수 있을까? 팀별로 리그 출전을 위해 경기 전략을 수립하고 실행함

표 5-8 대학교 프로젝트기반학습에서 운영한 프로젝트 사례

교과목	프로젝트	주요 내용
소비자행동	○○○ 마케팅 성공 전략 개발	특정 업체의 소비자 행동을 분석하여 마케팅 전략을 수립, 제공하고 효과를 검증함
조직행동론	○○ 조직의 문제해결 프로젝트	교내외 조직(동아리, 학교 주변 상가 등)의 조직행동 문제를 도출하여 해당 조직을 위한 문제해결 및 실행 전략을 수립함
형사정책	조두순 출소 후 재범 방지 방안은?	조두순 출소 후 재범 방지안을 제시하기 위해 범죄 원인론, 생물학적 원인론 등에 대한 검토 및 형사정책을 개발함
행정윤리 및 철학	수술실 CCTV를 도입할 것인가?	수술실 CCTV 도입 여부에 대한 찬반 토론을 함
학교컨설팅	○○○ 조직 문제 발견 및 컨설팅	컨설팅이 필요한 조직을 진단하여 조직의 문제 발견 및 해결안을 개발하여 제공하고 평가함
식물분류학 및 지도법	오감으로 느끼는 감성적 식물교육 프로그램 만들기	식물분류학 지식을 활용하여 중등학생 대상 교육용 프로그램을 구성함
전자회로	○○○ 생산공장 시스템 개발	○○○ 생산공장에서 필요한 적외선 방출기와 적외선 검출기에 대한 검토, 아이디어 도출, 실험, 개발함
공간정보 시스템	고압송전탑 이설 프로젝트	광교 열병합 발전소에 연결되어 있는 고압 송전탑 이설을 위해 필요한 공간정보 시스템을 분석하고 실행 전략을 수립함
데이터 마이닝	○○○을 위한 데이터 마이닝 분석	○○○ 분야 산업 데이터를 R 프로그램을 이용하여 데이터 마이닝 분석함
e마케팅	○○○ 제품 마케팅 전략 수립	실제 기업이나 제품에 대한 환경분석, 마케팅 목표 설정, STP 전략, 수행 계획을 수립함
간호 관리학	표준화 매뉴얼 개발	협심증 환자를 중심으로 환자 교육 자료 표준화 매뉴얼을 개발함
의학 미생물학	대장암 가족력과 구강 세균의 유전성 관계 연구	인간 질병을 일으키는 미생물의 병원성 기작 연구 및 질병 진단, 예방 및 치료 방법에 대해 가설 수립, 연구, 실행, 결과 제시함

일반생물학 및 실험1	생활 속 생명과학	일상생활(의료, 농업, 환경, 보건, 산업 등) 속 생명과학의 주제에 대한 가설 수립, 실험, 실험 결과 해석 및 보고 활동을 함(예: 서리로 인한 딸기 농사 피해를 어떻게 막을 수 있을까? 뚜렛 증후군 환자의 취미 활동, 영양제는 정말 건강 증진에 도움이 될까? 등)
생애 주기별 건강관리	○○○을 위한 운동 프로그램 개발	○○○의 신체적 특성 분석, 필요능력 분석을 토대로 필요한 운동 프로그램 개발 및 타당화(예: 노인, 청소년 등)
목포의 삶과 문화	지역사회 문제해결 프로젝트	목포지역 지역민들의 요구를 도출하여 실제 문제를 정의하고 문제해결을 위해 다양한 아이디어를 생성하고 해결안을 개발함(예: 목포 장미거리 신호등 늘리기 프로젝트)

제6장

프로젝트기반학습 프로토콜 설계와 개발

프로젝트기반학습은 학습자의 활동이 중심이 되며, 교수자는 이를 지원한다. 교수자의 지원은 관찰, 질문, 참고 자료, 강의 등 다양한 방법으로 제공되는데, 학습자 중심 활동이 원활하게 이루어질 수 있도록 학습 활동을 지원하고 확인 및 평가할 수 있는 지원도구가 필요하다. 학습자들의 프로젝트 수행을 지원하는 도구는 일반적으로 활동지, 양식, 프로토콜 등의 용어로 불리는데, 이 장에서는 프로토콜을 대표 용어로 사용하고 프로젝트기반학습에서 활용할 수 있는 다양한 프로토콜을 안내한다.

1. 프로젝트기반학습을 위한 프로토콜

프로토콜은 약속, 규칙, 협약 등을 의미하는 단어로 외교, 네트워크 등 여러 분야에서 사용하며, 상호 간 원활한 교류, 소통, 통신을 위해 서로 동일하게 어떠한 설정/규칙을 정한다는 의미이다. 프로젝트기반학습을 위한 프로토콜이란 프로젝트기반학습에서 학습자들이 원활하게 참여하고 상호작용하고 프로젝트를 진행하는 데 필요한 설정이나 규칙이라 할 수 있다. 프로젝트기반학습에 익숙한 학습자들이라면 스스로 자신들에게 필요한 프로토콜을 생성하여 활용할 것이다. 그러나 아직 프로젝트기반학습에 익숙하지 않은 학습자들이라면 교수자의 안내와 도움이 필요한데, 이를 프로토콜로 제시할 수 있다.

교수자는 프로젝트를 설계할 때 프로젝트기반학습의 각 단계에서 학습자들이 어떠한 활동을 하고 어떤 자료를 수집, 활용할지 직접 실행해 보거나 머릿속으로 그려 보아야 한다. 이러한 활동을 통해 교수자는 학습자들에게 제공해야 하는 안내와 도움 중 프로토콜이 필요한 것이 무엇인지 결정하고 준비할 수 있다. 프로토콜은 교수자가 학습자에게 제공하는 최소한의 가이드라인이자 작은 선물이라 할 수 있다. 그리고 교수자는 학습자들이 프로토콜에 작성한 내용을 평가 자료로 활용하고 적절한 피드백을 제공할 수 있다.

프로젝트기반학습에 익숙한 교수자와 프로젝트기반학습 경험이 없는 교수자의 차이점 중 하나는 최적화된 프로토콜의 유무이다. Boss와 Larmer (2018)는 프로젝트기반학습 운영 경험이 많은 교수자, 몇 번의 경험이 있는 교수자, 그리고 프로젝트기반학습을 처음 운영하는 교수자의 수업 운영 전략을 비교하였다. 프로젝트기반학습 경험이 많은 교수자는 학습자들의 프로젝트 과정과 결과에 대한 비평과 개선이 효과적으로 이루어질 수 있는 프로토콜을 개발하여 수업에서 이를 정기적으로 활용하였다. 경험이 많은 교수자들은 프로토콜을 이용하여 학습자들의 프로젝트 수행 과정과 결과에 대해 의미 있는 피드백을 제시하였고, 학습에 필요한 형성 평가를 정기적으로 실시하였다. 몇 번의 프로젝트기반학습 운영을 경험한 교수자는 구조화된 프로토콜을 개발하여 수업에서 종종 사용하였으며, 이를 이용하여 형성 평가를 실시하였다. 프로젝트기반학습을 처음 운영하는 교수자는 사전에 준비한 프로토콜이 없었고, 그 결과 학습자들에게 의미 있는 도움을 제공하는 피드백과 형성 평가가 제한적으로 이루어졌다. 이러한 비교를 통해 프로젝트기반학습에서 사용하는 프로토콜은 교수자가 자신의 프로젝트기반학습 운영 경험, 아이디어, 그리고 학습자들의 학습 과정과 결과에 대한 관심과 애정이 누적된 결과물이라 할 수 있다.

프로토콜은 교수자가 프로젝트의 내용과 성격을 고려하여 새롭게 구성하여 사용하거나 프로젝트 개요서, 회의록처럼 이미 많이 활용되고 있는 양식을 선택하여 활용할 수 있다. 또한 문제기반학습, 액션러닝, 디자인씽킹 등에서 활용하는 양식도 활용할 수 있다.

2. 프로젝트기반학습을 위한 기본 프로토콜

프로젝트기반학습을 위한 프로토콜은 다양하다. SWOT 분석 도구 등 이미 많이 활용되고 있는 양식들을 프로토콜로 활용하거나 교수자의 판단에 따라 다양하게 개발하여 제공할 수 있다. 일반적으로 활용하는 프로토콜은 프로젝트 개요서 양식, 프로젝트 진행 과정 정리 양식(회의록), 최종 결과물 보고서 양식, 성찰 보고서 양식, 그리고 다양한 평가 양식 등이 있다. 평가 양식은 제7장에서 별도로 안내한다. 프로젝트기반학습의 각 단계에서 필요한 대표적인 프로토콜을 정리하면 〈표 6-1〉과 같고, 이외에도 필요한 양식을 개발, 제공할 수 있다.

표 6-1   프로젝트기반학습을 지원하는 프로토콜 예시

단계	프로토콜(워크시트)	주요 항목
프로젝트 선정 및 계획 수립	프로젝트 개요서 (프로젝트 설명서)	• 팀명(또는 학습자 이름) • 프로젝트명 • 프로젝트와 관련하여 대답해야 할 주요 질문 　1)　　　2)　　　3) • 프로젝트의 중요성 • 프로젝트를 통해 얻을 수 있는 주요 성과(기대효과) • 전문가로부터 도움받고 싶은 것 • 프로젝트 수행을 위해 활용할 자료 　1)　　　2)　　　3) • 프로젝트 수행 계획(진행 절차)
관련 자원 탐색 및 분석	프로젝트 진행 보고서 (회의록/연구노트)	• 팀명(또는 학습자 이름) • 프로젝트명 • 활용한 자료 목록(논문, 책, 기사, 동영상, 웹사이트, 사람 등) • 주요 조사 및 학습 내용 • 프로젝트 수행을 위한 요청사항(기자재, 소모품 등)
과제해결	최종 결과물 보고서	• 프로젝트명 • 프로젝트 수행 과정 • 프로젝트 결과물 • 기대효과
	성찰 보고서	• 프로젝트에서 다룬 주제에서 가장 흥미로운 것 • 프로젝트를 통해 배우고 습득한 지식과 기술 • 프로젝트가 자신에 미친 영향 • 프로젝트 결과물의 강점과 향후 개선하고 싶은 점

1) 프로젝트 선정 및 계획 수립

프로젝트 선정 및 계획 수립 단계는 학습자들이 자신들이 수행해야 하는 프로젝트가 무엇인지 선택하거나 이해하고 프로젝트 수행 계획을 수립하는 단계이다. 이 단계에서 주로 활용하는 프로토콜은 프로젝트 개요서, 학습 내용 정리 양식 등이다.

(1) 프로젝트 개요서(프로젝트 설명서)

프로젝트 수행을 위해 학습자들이 가장 먼저 해야 하는 것은 자신들의 프로젝트가 무엇인지 명확하게 파악하는 것이다. 교수자는 시나리오, 질문, 주제 등 다양한 방식으로 프로젝트를 제시한다. 프로젝트 개요서는 프로젝트가 상위 수준의 질문이나 주제로 제시되어 자신들이 수행할 프로젝트를 선택하는 경우, 지역사회나 이해관계자로부터 과제를 의뢰받은 경우, 실제 과제를 다루는 경우 등의 상황에서 수행해야 하는 과제를 명확히 파악하고 정의하기 위해서 작성한다. 프로젝트 개요서에는 프로젝트명, 프로젝트 선정배경, 주요 연구 질문, 기대효과, 활용할 자료들, 프로젝트 수행 계획(진행 절차), 최종 결과물 등을 작성한다. 교수자는 학습자들이 작성한 프로젝트 개요서 내용을 중심으로 과제 범위와 수준 등을 조정할 수 있도록 학습자들에게 질문하고 피드백을 제공한다. 학습자들은 교수자의 피드백을 토대로 자신들이 수행할 프로젝트를 수정·보완한다.

표 6-2 프로젝트 개요서(프로젝트 설명서)

팀명		
팀원		
프로젝트명		
프로젝트 선정 배경		
주요 연구 질문		
기대효과 (성과)	정량적	
	정성적	
활용할 자료들		
프로젝트 수행 계획 (진행 절차)		
최종 결과물		

(2) 주요 학습 내용 정리를 위한 활동지

프로젝트 수행을 위해 필요한 주요 학습 내용을 기록, 정리하는 활동지는 주로 초·중·고등학교에서 활용하는데, 필요한 경우 대학에서도 개발하여 활용한다. 학습 내용 정리 활동지는 주요 개념, 학습자의 경험과 생각 등을 작성하며, 작성된 내용을 토대로 프로젝트를 정의하고 학습 계획을 수립한다.

1. 소비와 저축에 대한 생각과 경험 나누기

1) 친구들과 함께 사진의 소비와 저축에 대한 생각과 경험을 이야기해봅시다. 2명이 짝을 이루어 한 사람은 기자가 되고, 다른 한 사람은 답변하는 사람이 되어 인터뷰해주세요. 기자는 친구의 이야기를 잘 듣고 답변 내용을 작성해주세요.

• 소비와 저축에 대한 친구들의 경험과 생각

질문	안녕하세요. 저는 OOO입니다. 인터뷰에 응해주셔서 감사합니다. 여러분의 소비와 저축에 대한 경험과 생각을 듣고 싶습니다. 다음의 4가지 경우에 대한 본인 또는 가족들의 소비와 저축에 대한 경험을 이야기 해주세요.
경험1: 성공적인 소비 경험 (필요한 물건 구입이나 활동에 돈을 지급한 소비 경험)	• 구입한 물건 또는 활동은 무엇인가요? • 지급한 액수는 얼마인가요? • 구입한 물건이나 활동에 만족한 이유는 무엇인가요? 왜 그렇게 생각하세요? • 이 경험으로부터 물건 구입이나 활동에 돈을 지급할 때 꼭 기억해야 하는 것을 한 가지만 도출해 보세요.
경험2: 실패한 소비 경험 (필요없는 물건 구입이나 활동에 돈을 지급한 소비 경험)	• 구입한 물건 또는 활동은 무엇인가요? • 지급한 액수는 얼마인가요? • 구입한 물건이나 활동에 만족하지 않은 이유는 무엇인가요? • 이 경험으로부터 물건 구입이나 활동에 돈을 지급할 때 꼭 기억해야 하는 것을 한 가지만 도출해 보세요.
경험3: 저축 경험	• 저축한 금액은 얼마입니까? • 저축 방법은 무엇입니까? • 왜 저축했나요? • 저축액은 자신에게 어떤 도움을 줄 것이라 생각하나요? • 이 경험으로부터 저축을 위해 필요한 생각이나 행동 한 가지만 제안해 보세요.
경험4: 저축 경험	• 저축한 금액은 얼마입니까? • 저축 방법은 무엇입니까? • 왜 저축했나요? • 저축액은 자신에게 어떤 도움을 줄 것이라 생각하나요? • 이 경험으로부터 저축을 위해 필요한 생각이나 행동 한 가지만 제안해 보세요.

2) 소비와 저축 경험과 생각에 대한 인터뷰 결과를 팀원들과 함께 이야기한 후, 수집한 경험들로부터 도출한 소비와 저축시 고려할 사항을 정리해 주세요.

• 소비와 저축할 때 필요한 생각과 행동들

구분	내용
소비할 때 필요한 생각과 행동들	
저축할 때 필요한 생각과 행동들	

2. 저축을 많이 하는 사람의 특징과 소비를 많이 하는 사람의 특징 분석하기

1) 어떤 사람은 저축을 많이하고 어떤 사람은 자신이 갖고 있는 돈을 대부분 소비합니다. 각각 어떤 특성을 갖고 있을까요? 먼저 두 유형의 사람을 비교하기 위해 필요한 기준을 제안해 보세요.

• 비교 기준

2) 여러분이 제안한 기준별로 저축을 많이 하는 사람과 소비를 많이 하는 사람의 특성을 비교해 보세요.

• 저축을 많이 하는 사람 vs. 소비를 많이 하는 사람

기준	저축을 많이 하는 사람	소비를 많이하는 사람

3. 통통한 통장을 만들기를 위해 필요한 것

※ 저축액이 많은 통통한 통장을 만들어봅시다. 통통한 통장을 만들기 위해 알아야 할 것과 실행해야 할 것은 무엇인가요? 또한 어떤 마음가짐과 지원이 필요할까요? 개인, 가족, 사회적 측면에서 무엇이 필요한지 여러분의 생각을 자유롭게 이야기하세요.

• 통통한 통장 만들기 위해 필요한 것들

구분		내용
개인	알아야 할 것	
	실행해야 할 것	
	마음가짐	
가족	함께 이야기 할 것	
	실행해야 할 것	
사회	지원해야 할 것	

그림 6-1 주요 학습 내용 정리 양식 예시

학습 내용 정리 활동지는 학습자들이 프로젝트 수행에 필요한 지식을 체계적으로 학습하고 정리할 수 있도록 돕는 역할을 한다. 그러나 지나치게 상세하여 활동지의 빈칸 채우기 활동이 자연스럽게 프로젝트 최종 결과물 개발로 연결될 경우, 학습자들이 주도적으로 학습하고 의사결정할 수 있는 기회를 빼앗는다. 프로젝트기반학습이 아니라 교수자의 프로젝트를 수행하는 것(doing project)이 될 수 있다. 따라서 학습 내용 정리를 위한 활동지를 개발하여 활용할 경우, 프로젝트기반학습의 가치를 지키는 범위 내에서 이루어지는 활동지인지 점검하고 확인하는 것이 필요하다.

2) 관련 자원 탐색 및 분석

관련 자원 탐색 및 분석 단계는 학습자들이 프로젝트 수행을 위해 필요한 자료를 조사하고 학습하는 단계이다. 이 단계에서 주로 활용하는 프로토콜은 팀원들의 학습 및 논의 내용을 정리하는 프로젝트 진행 보고서(회의록), 문헌 조사 계획 및 결과 정리 양식, 현장 방문/인터뷰 준비 및 결과 정리 양식 등이다.

(1) 프로젝트 진행 보고서(회의록/연구노트)

프로젝트 수행을 위해 학습자들은 조사·학습한 내용을 팀원들과 공유하고 최종 결과물 개발을 위해 해당 내용을 비판적으로 검토한다. 또한 다음 수업까지 무엇을 할 것인지 계획하고 역할을 분담한다. 학습자들은 프로젝트 진행 보고서를 작성함으로써 프로젝트를 체계적으로 수행할 수 있고, 교수자는 학습자들의 학습 과정을 수월하게 모니터링할 수 있다.

프로젝트 진행 보고서(회의록) 양식은 회의 일시, 참여자, 활용한 자료 목록, 팀원들이 수행한 주요 조사 및 학습 내용과 이에 대한 의견, 향후 계획, 그리고 프로젝트 수행을 위해 필요한 기자재 및 소모품 등에 대한 요청사항을 기록할 수 있도록 구성한다. 이 외에 프로젝트의 성격에 따라 실험 및 실습 과정, 제작 과정 등을 기록할 수 있도록 양식을 변경하여 구성할 수 있다.

🔖 표 6-3 　프로젝트 진행 보고서 양식

일시	
참여자	
활용한 자료 목록	
주요 조사 및 학습 내용	
향후 계획	
프로젝트 수행을 위한 요청사항 (기자재, 소모품 등)	

(2) 문헌 조사 계획 및 결과 정리 양식

프로젝트 수행을 위해 필요한 문헌에는 공식적 · 비공식적 · 학문적 · 비학문적 자료가 모두 포함된다. 다양한 문헌 자료를 무턱대고 탐색하기보다는 조사 목적과 얻고자 하는 결과를 작성하면 어떠한 성격과 내용의 문헌을 탐색해야 할지 명확해진다. 문헌 조사 계획 양식은 조사 및 학습 목적, 조사를 통해 얻고자 하는 구체적 결과, 조사 대상 문헌 등을 기록할 수 있도록 구성한다. 이 외에 해당 문헌 연구를 수행할 담당자, 완료 시기 등도 추가할 수 있다.

🔖 표 6-4 　문헌 조사 계획 양식

No.	조사 및 학습 목적	조사를 통해 얻고자 하는 구체적 결과	조사 대상 문헌

문헌 조사 결과는 팀 구성원들과 공유해야 한다. 따라서 구성원들이 쉽게 이해할 수 있도록 요약하고 정리해야 한다. 문헌 조사 결과 정리 양식은 조사 및 학습 내용, 출처, 과제해결을 위한 시사점, 향후 필요한 것(자료 또는 행동) 등을 기록할 수 있도록 구성한다. 이때 문헌의 출처를 명확하게 제시하는 것이 필요하므로 양식에 참고 자료 정리 예시 등을 함께 안내하는 것도 필요하다.

표 6-5 문헌 조사 결과 정리 양식

No.	조사 및 학습 내용	출처	과제해결을 위한 시사점	향후 필요한 것

(3) 현장 방문/인터뷰 준비 및 결과 정리 양식

자료수집을 위한 또 다른 방법 중 하나는 현장 방문과 인터뷰이다. 그러나 현장을 방문하는 것만으로 필요한 자료를 충분히 수집할 수는 없다. 방문 전 꼼꼼하게 방문하여 조사할 내용을 계획해야 한다. 이때 방문 전에 준비한 질문을 이메일 등을 이용하여 보낸 후 방문한다면 담당자 등도 미리 준비할 수 있어서 보다 효율적으로 자료를 수집할 수 있다. 방문 조사 활동 계획서 양식은 일시, 장소, 방문/인터뷰 대상, 방문 목적, 질문 항목, 질문을 통해 얻고자 하는 구체적 결과 등을 기록할 수 있도록 구성한다. 이때 학습자들이 방문 목적에 부합한 질문을 준비했는지 확인할 수 있도록 예시 질문을 함께 안내하는 것도 필요하다.

🔖 표 6-6   현장 방문/인터뷰 준비 양식

일시		장소	
방문/인터뷰 대상			
방문 목적			
No.	질문 항목	질문을 통해 얻고자 하는 구체적 결과	

현장 방문을 통해 수집된 자료는 방대하기 마련이다. 따라서 방문 목적과 과제에 제공할 수 있는 시사점을 중심으로 요약 정리하여 팀 구성원과 공유해야 한다. 방문 조사 활동 결과 보고서 양식은 일시, 장소, 방문/인터뷰 대상, 질문한 내용, 답변 내용, 과제해결을 위한 시사점, 향후 필요한 행동 등을 기록할 수 있도록 구성한다. 필요한 경우 사진 등을 추가할 수 있도록 양식을 수정하여 제시한다.

표 6-7 현장 방문/인터뷰 결과 정리 양식

일시			장소	
방문/인터뷰 대상				
No.	질문한 내용	답변 내용	과제해결을 위한 시사점	향후 필요한 행동

3) 과제해결 및 발표

과제해결 및 발표 단계는 학습자들의 프로젝트 최종 결과물을 완성하고 발표하는 단계이다. 이 단계에서 주로 활용하는 프로토콜은 최종 결과물 보고서 양식으로 주로 보고서에 포함되어야 하는 목차를 중심으로 구성한다. 최종 결과물 발표 후에는 프로젝트 수행 과정과 결과에 대한 성찰이 이루어지므로 성찰 보고서도 주요한 프로토콜이다.

(1) 최종 결과물 구성요소

최종 결과물 보고서의 구성요소나 양식은 교수자의 판단에 의해 제공 여부를 결정한다. 또한 결과물이 프레젠테이션 파일, 연구 보고서, 동영상 등으로 다양하기 때문에 양식보다는 보고서에 포함되어야 하는 구성요소 중심으로 안내하는 것이 효율적이다.

표 6-8   최종 결과물 구성요소 예시

- 프로젝트명
- 프로젝트 수행 과정
- 프로젝트 결과물
- 기대효과

(2) 성찰 보고서 양식

프로젝트의 최종 결과물을 발표한 후에는 프로젝트 수행 과정과 결과에 대해 성찰한다. 이때 자유롭게 이야기하거나 작성할 수도 있지만 학습자들이 교수자가 원하는 방향과 내용에 대해 성찰할 수 있도록 양식을 개발, 활용할 수 있다.

표 6-9   성찰 보고서 양식 예시

성찰 질문	내용
프로젝트에서 다룬 주제 중 가장 흥미로운 것은 무엇인가?	
프로젝트를 통해 배우고 습득한 지식과 기술은 무엇인가?	
프로젝트는 자신에게 어떤 영향을 주었는가?	
프로젝트 결과물의 강점과 향후 개선하고 싶은 점은 무엇인가?	

3. 프로젝트기반학습에서 활용할 수 있는 다양한 프로토콜

프로젝트기반학습은 문제기반학습, 디자인씽킹, 액션러닝 등 다양한 교수·학습 모형을 포함한다. 따라서 프로젝트기반학습 운영 시 문제기반학습, 디자인씽킹, 액션러닝에서 활용하는 다양한 프로토콜을 활용할 수 있다.

1) 문제기반학습의 과제 수행 계획서(조사 및 학습 계획서)

문제기반학습은 학습자들에게 실제적 맥락의 문제 시나리오를 제시한다. 학습자들은 문제가 무엇인지 확인하고, 문제해결을 위해 조사·학습해야 할 것이 무엇인지 논의하고 학습 계획을 수립한다. 이때 활용하는 것이 〈표 6-10〉에 제시한 양식으로 과제 수행 계획서 또는 조사 및 학습 계획서라고 한다. 과제 수행 계획서는 생각, 사실, 학습과제, 실천계획의 네 단계로 구성된다(Barrows & Myers, 1993).

표 6-10 문제기반학습에서 활용하는 과제 수행 계획서(조사 및 학습 계획서)

생각 (ideas)	사실 (facts)	학습과제 (learning issues)	실천계획 (action plan)

생각(ideas) 단계에서는 문제를 이해하기 위해 논의한다. 이 단계에서 학습자들은 문제 시나리오에서 파악한 내용(중요하게 고려해야 하는 것, 요구사항, 결과물 등), 가설, 문제해결을 위해 수집해야 하는 자료들, 문제해결에 도움이 되는 모든 생각(아이디어들)을 제시한다. 즉, 문제를 파악하기 위한 브레인스토밍의 과정이라 할 수 있다.

사실(facts) 단계에서는 문제에 제시되어 있는 내용 중 문제해결을 위해 중요하게 고려해야 할 사항과 문제해결안을 도출하는 데 도움이 되는 자신의 지식이나 경험을 정리한다.

학습과제(learning issues) 단계에서는 문제해결을 위해 학습하거나 조사해야 하는 것을 도출한다. 앞서 생각, 사실 단계를 거치면서 문제해결을 위해 무엇을 조사하고 학습해야 하는지 정리하는 것이다. 학습자들은 대부분 이 단계에서 앞서 '생각' 단계에서 제안했던 여러 아이디어와 의견을 정교화하고 선택하고 추가한다.

실천계획(action plan) 단계에서는 도출된 학습과제들을 누가 어떻게 조사하고 학습할 것인지 계획하고 역할을 분담한다.

네 단계를 거치면서 문제를 분석하고 학습 계획을 수립하는 것은 체계적으로 문제를 해결하는 능력을 기르는 데 도움이 된다. 프로젝트기반학습에서 이 프로토콜(양식)을 활용하면 수행해야 할 프로젝트를 파악하고 학습 및 조사할 것을 계획하는 데 유용할 것이다.

학습자들이 과제 수행 계획서를 작성할 때 팀원들이 자유롭게 논의할 수도 있지만 각 단계의 성격에 맞는 질문을 주고받으면 효과적으로 의견을 도출할 수 있다. 〈표 6-11〉은 각 단계에서 제시할 수 있는 질문들로 팀의 사회자 또는 팀원들이 상호작용할 때 활용한다.

👤 표 6-11　과제 수행 계획서 각 단계에서 활용하는 질문들

생각	사실	학습과제	실천계획
• 이 문제에서 중요하게 강조하는 것은 무엇인가요? • 어떤 가설을 세울 수 있을까요? • 이 문제를 해결하기 위해 무엇을 알아봐야 할까요? • 이 문제의 최종 결과물을 개발하기 위해 해야 하는 것은 무엇인가요?	• 문제(상황)에 제시된 내용 중 문제해결을 위해 기억해야 하는 중요한 것은 무엇인가요? • 문제해결을 위해 필요한 내용 중 이미 경험했거나 알고 있는 것은 무엇인가요? (팀원들에게 설명해 주세요.)	•'생각'과 '사실' 단계에서 제시된 내용을 토대로 이 문제를 해결하기 위해 우리가 꼭 학습하고 조사해야 할 것들을 정리해 봅시다. • 무엇을 학습해야 할까요? • 누구를 만나서 의견을 들어야 할까요? • 어디를 가 봐야 할까요?	• (학습과제별로) 이 내용을 어떻게 알아볼 수 있을까요? • 이 내용을 누가 조사(학습)해 올까요?

문제기반학습에서 '과제 수행 계획서(조사 및 학습 계획서)' 작성 예시

• **문제**

경기도 수원시에 새로운 초등학교가 설립될 것이다. 이 학교는 유치원을 포함하여 600명 정도의 아이들을 수용할 것이며, 학교 건립에 필요한 돈은 약 1,000억이다. 이 중에서 0.15%는 아이들 놀이터를 건축하는 데에 사용될 예정이다. 학교 공간 디자이너인 당신은 일주일 후에 담당 건축설계사에게 주어진 예산안에서, 어떤 놀이기구가 들어가면 좋을지 알려 주어야 한다. 물론 그 놀이터에는 유치원에서부터 시작하여 6학년 아이들까지 모두 사용할 수 있는 놀이기구가 있어야 한다.

• **과제 수행 계획서(조사 및 학습 계획서) 작성 사례**

생각	사실	학습과제	실천계획
• 학교 놀이터 면적 조사 • 아이들이 즐겨 노는 게임 종류 및 인기 있는 놀이기구 종류 • 다른 학교의 경우 소요된 비용 내력 • 가격 조율 • 제안서 형식 꾸미기 • 누구에게 제안서를 제출할 것인가?	• 학생수용력이 600명 • 유치원생부터 6학년 학생까지 사용할 예정 • 사용 가능 예산: 1억 5천 • 옆 학교와 YMCA 놀이터가 매우 모범적 경우임 • 이대부속초등학교, 저학년, 고학년 놀이터 구분	• 학교 놀이터 모양 및 면적 조사 • 아이들이 즐겨하는 게임 종류 및 인기 있는 놀이기구 종류, 가격, 재질 • 연령대별 발달상황 • 학년별 인원수 • 제안서 형식 꾸미기 • 좋은 놀이터의 특성 • 필요한 놀이 및 활동	• 해당 교육지원청 및 구청 담당자(전지원) • 인근학교 재학생 대상 설문조사 및 놀이기구 업체에 문의 (김철수, 박영수) • 청소년 관련 전문서적(김현숙, 장경원) • 해당 교육지원청 • 인터넷 검색(장경원) • 인터넷 검색 및 교육지원청 문의(도봉순)

2) 디자인씽킹의 공감 지도, 페르소나, 사용자 여정 지도

디자인씽킹은 사용자의 요구를 파악하여 과제를 정의한다. 따라서 사용자의 요구를 정확하게 파악하는 공감 단계의 활동이 무엇보다 중요하다. 디자인씽킹에서는 자료수집 및 정리를 위해 다양한 프로토콜을 활용한다. 여기서는 프로젝트기반학습에서 유용하게 활용할 수 있는 공감 지도, 페르소나, 사용자 여정 지도를 소개한다.

(1) 공감 지도

디자인씽킹에서 학습자들은 사용자의 요구를 파악하기 위해 대상자를 관찰하고 인터뷰한다. 때로는 직접 자신이 사용자의 입장이 되어 보기도 한다. 이처럼 다양하게 수집한 사용자에 대한 정보를 통합하여 정리하는 것이 공감 지도이다. 공감 지도는 사용자 입장에서 인터뷰 및 관찰 내용을 객관적으로 작성하기 위한 것으로, 사용자의 요구에 대한 공감을 위해 작성한다.

공감 지도를 작성할 때는 사용자가 '주어'라는 것을 기억해야 한다. 즉, 사용자가 어떤 행동을 했는지(See), 사용자가 어떤 생각을 하고, 무엇을 느끼며, 어떤 감정을 갖고 있었는지(Think/Feel), 사용자가 주변에서 어떤 이야기를 듣거나 보았는지(Hear), 사용자가 본인들의 행동과 생각에 대해 어떻게 말했는지(Say/Do), 사용자가 어떤 어려움이나 두려움을 겪고 있는지(Pain), 사용자가 어떠한 소망이나 목표를 갖고 있는지(Gain)에 대해 작성하는 것이다. 학습자들이 먼저 공감 지도에 작성해야 할 내용이 무어인지 확인하면 사용자와의 인터뷰 질문을 준비하고 관계 계획을 수립할 때 도움이 된다. [그림 6-2]은 공감 지도 양식이고, [그림 6-3]은 공감 지도를 작성한 사례이다.

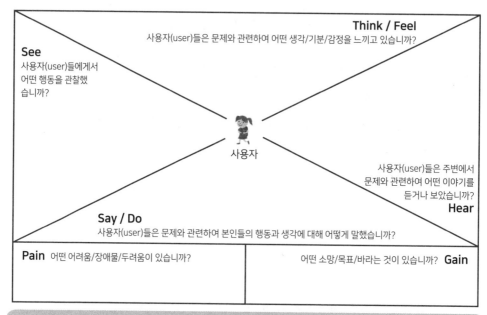

그림 6-2 공감 지도

출처: Ling (2015).

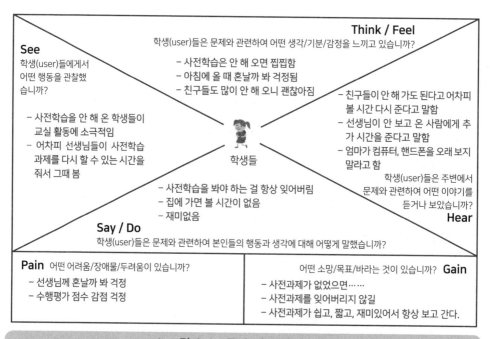

그림 6-3 공감 지도 작성 사례

(2) 페르소나

페르소나는 가상의 인물로 디자인씽킹 팀에서 만든 산출물을 사용할 사용자를 대표하는 인물이다. 페르소나를 위한 정해진 프로토콜은 없으나 일반적으로 [그림 6-4]와 같이 인물의 프로필을 생성하고, 사진, 주요 특성, 특이사항 등을 정리한다.

이름(성별)	박약이(男)	
나이	15세(중2)	
직업	학생	
특성	학습 동기와 의지가 약함 성격은 명랑/쾌활	
관심사	아이돌(BTS)	
공부하는 목적	대학생 되기	
특이사항	학원 수업이 방과 후부터 밤 늦게까지 꽉 차 있음	

✎ 그림 6-4　페르소나 사례

(3) 사용자 여정 지도

디자인씽킹의 사용자가 과제와 관련하여 수행하는 활동, 느낌, 생각 등을 시간의 흐름이나 장소별로 정리하는 것으로, 화살표, 곡선, 숫자 등을 사용하여 시각적으로 표현한다. [그림 6-5]은 사용자 여정 지도 작성 시 활용하는 프로토콜 예시이고, [그림 6-6]은 사용자 여정 지도를 작성한 사례이다.

유형: _____

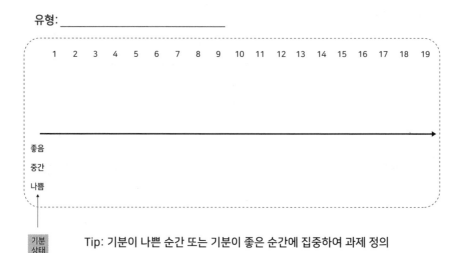

Tip: 기분이 나쁜 순간 또는 기분이 좋은 순간에 집중하여 과제 정의

✎ 그림 6-5 사용자 여정 지도 프로토콜

사전학습 안 해 오는 학생

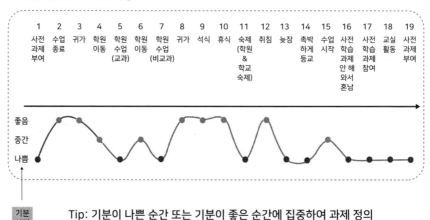

Tip: 기분이 나쁜 순간 또는 기분이 좋은 순간에 집중하여 과제 정의

✎ 그림 6-6 사용자 여정 지도 작성 사례

3) 블랭크 차트

블랭크 차트는 과제해결을 위한 도구 중 하나로 과제의 최종 결과물을 대략적인 목차와 이를 표현하는 방법을 이미지로 먼저 작성한 후 이를 토대로 과제해결 계획을 수립하고 계획에 따라 조사 및 학습을 수행하여 결과물을 완성하는 전략이자 방법론이다(장경원, 2011). 블랭크 차트는 이름 그대로 '빈칸이 있는 차트'를 말하는 것으로 특정 주제에 대한 학습팀의 토의 내용 또는 자신의 생각을 완성된 형태로 만들기 전에 스케치한 것이다. 블랭크 차트를 작성하면 최종 결과물에 대한 대략적인 이미지 및 순서, 구조를 파악할 수 있어서 과제를 전체적으로 검토하여 무엇을 조사할 것인지 계획할 수 있다.

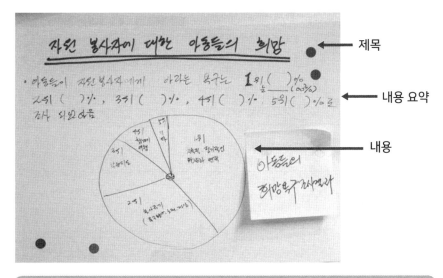

♟ 그림 6-7 블랭크 차트의 구성

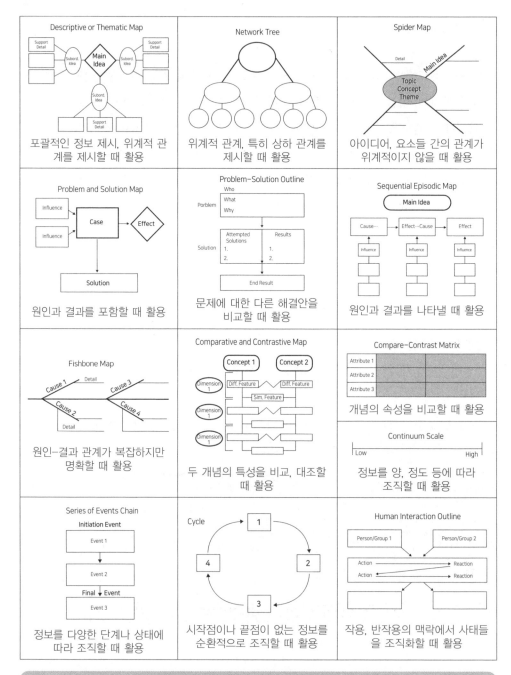

♣ 그림 6-8 다양한 그래픽 조직자의 예

출처: Hall & Strangman (2001).

일반적으로 블랭크 차트는 프리젠테이션을 위한 결과물을 염두에 두고 작성되기 때문에 [그림 6-7]과 같이 1개의 슬라이드 안에 차트의 제목, 그 차트에서 표현하고자 하는 내용의 요약(head message), 그리고 내용으로 구성된다. 블랭크 차트를 작성할 때는 제목, 내용 요약을 작성하고 해당 내용은 이미지로 표현한다. 내용을 표현하는 이미지는 각종 그래프(막대그래프, 꺾은선그래프, 원그래프 등), 파이 차트, 도표, 삽화, 사진, 동영상, 문자 등이다. [그림 6-8]에 제시된 여러 유형의 그래픽 조직자는 블랭크 차트 내용 부분의 표현 방법이 될 수 있다. 다만 [그림 6-9]에 제시한 것처럼 제시하고 싶은 내용의 특성을 고려할 때 대략적으로 바람직하다 여겨지는 정보의 형태를 이미지로 표현하는 것이지, 아직 내용 전체를 담고 있지는 않다. 즉, 아직 조사 또는 학습하지 않았기 때문에 구체적인 정보는 포함하고 있지 않다. 작성된 블랭크 차트는 [그림 6-9]와 같이 다양한 형태가 될 수 있고, 제시된 형태는 학습자 스스로 결정하며, 학습자들이 정보의 구성 방법에 대해 서로 의견을 주고받을 수 있다.

블랭크 차트를 작성하기 위해서는 과제의 최종 결과물을 어떤 내용과 순서로 구성할 것인지 결정하는 것이 선행되어야 한다. 이를 위해 팀 구성원

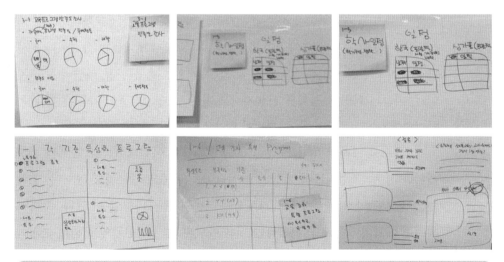

🖊 그림 6-9 블랭크 차트 작성 예시

모두가 참여하여 의견을 제시하는 명목집단법을 함께 활용한다. 명목집단법(Nominal Group Technique: NGT)이란 토의 시작 전에 참가자 각자가 다른 사람과 이야기하지 않고 (침묵 속에서) 주어진 세부 토의 주제에 대한 자신의 생각을 기록, 분임토의 양식 또는 차트 등에 정리할 수 있도록 일정한 시간을 부여하는 방법이다. 명목집단법은 다른 사람과 이야기하지 않고 각자 작업하는 시간 안에 명목상으로는 집단이지만 실제로는 개인적으로 작업하고 있음을 강조하기 위한 것이다. 명목집단법을 활용하면 자신의 의견을 정교화할 수 있으며, 정제된 단어와 문장 사용을 통한 토의시간 절약, 모든 구성원의 적극적 참가 유도, 타인의 의견 경청 가능, 활동을 통한 적극성과 활기 유도, 불필요한 감정 조성 방지 등의 효과가 있다. 명목집단법은 토의가 필요할 때 각자 의견이나 아이디어를 포스트잇 등 메모지 1장에 1가지씩 두꺼운 펜으로 작성한 후 이를 공유하는 방식으로 진행한다. 필요에 따라 참여자들이 제시한 아이디어나 의견에 대해 투표하여 몇 가지를 선정하거나 유사한 내용끼리 유목화하여 정리한다(장경원, 고수일, 2014).

블랭크 차트는 다음의 순서로 작성한다.

첫째, 아이디어 도출하기이다. 해결해야 하는 과제에 대한 최종 결과물을 작성할 때 반드시 포함되어야 한다고 생각하는 아이디어를 포스트잇이나 메모지 1장에 1개씩 적어 팀 구성원들의 의견을 모은다. 블랭크 차트는 학습이나 조사가 이루어지기 전에 최종 결과물에 포함되어야 할 내용을 선정, 배열해 보는 것이다. 따라서 다양한 경험과 선행지식을 가진 팀 구성원들이 가능한 한 많은 아이디어를 제시해야 이들 중 적절한 것을 선택할 수 있다(그림 6-10] 참조).

둘째, 순서 정하기이다. 작성된 팀 구성원들의 아이디어들을 논의를 거쳐 배열한다. 팀 구성원들이 제안한 아이디어들은 중복되는 것도 있으며, 포함하는 범위도 미시적인 것부터 거시적인 것까지 매우 다양할 수 있다. 따라서 제시된 아이디어를 모두 선택하는 것은 아니며 팀 구성원들이 충분히 논의하여 필요한 것을 선택, 이를 적절히 배열해야 한다. 이때 누락된 것이 있으면 내용을 추가한다(그림 6-10] 참조).

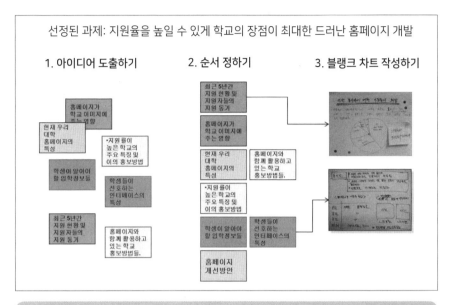

선정된 과제: 지원율을 높일 수 있게 학교의 장점이 최대한 드러난 홈페이지 개발

1. 아이디어 도출하기　　2. 순서 정하기　　3. 블랭크 차트 작성하기

✎ 그림 6-10　블랭크 차트 작성하기 1(아이디어 도출부터 블랭크 차트 작성하기까지)

4. 블랭크 차트 순서 배열하기

블랭크 차트	이 블랭크 차트의 완성을 위해 학습팀이 수행해야 할 세부 행동	담당자	마감 시한
	현재 개발된 제품의 특성 조사	전지원	다음 주 금요일 목요일 저녁
	소비자의 불만 사항 정리		
	국내외 우수제품의 특성 비교	도봉순	
	······	······	

✎ 그림 6-11　블랭크 차트 작성하기 2(작성된 블랭크 차트 배열하기부터 역할 분담하기까지)

5. 과제 수행 계획 수립

단계									
기간 (일시)									
산출물									
주요 활동									

🖊 그림 6-12 블랭크 차트 작성하기 3(역할 분담을 토대로 과제 수행 계획 수립하기)

셋째, 블랭크 차트 작성하기이다. 최종 선정된 아이디어들을 팀원들이 나누어 블랭크 차트로 작성한다. 최종 결과물을 구성하는 데 적절하다고 판단된 아이디어들을 어떻게 표현하는 것이 가장 적절한지 고민하는 단계이다. 제시해야 하는 내용의 특성에 따라 어떤 것은 개조식으로, 어떤 것은 막대그래프나 원그래프로, 어떤 것은 사진으로 표현하는 것이 적절하기 때문이다([그림 6-10] 참조).

넷째, 블랭크 차트 순서 배열하기이다. 작성된 블랭크 차트를 다시 아이디어들을 배열했던 순서대로 배열한 후 '블랭크' 부분을 채우기 위해 학습팀이 무엇을 할 것인지 도출한다. 팀 구성원이 작성한 블랭크 차트를 순서에 따라 배열한 후 서로 논의를 통해 구현 방법에 대해 서로 피드백을 제공할 수 있으며, 그 과정을 마친 후 구안된 이미지대로 결과물을 개발하기 위해 필요한 학습 내용을 도출하는 것이다([그림 6-11] 참조).

다섯째, 과제 수행 계획 수립하기이다. 도출된 학습 내용을 누가 어떻게 학습할 것인지 역할을 분담한다. 이때 누가 학습할 것인지와 함께 어떻게 조사하거나 학습할 것인지에 대해서는 서로 의견을 제시하는 것이 바람직하다. 역할 분담에 따라 이후에 수행해야 할 일의 계획을 수립한다([그림 6-12] 참조).

여섯째, 자신이 맡은 부분에 대해서 개별적으로 학습이나 조사 활동을 한다.

일곱째, 학습과 조사 내용을 토대로 계획했던 대로 블랭크 차트의 블랭크를 모두 채운 차트를 작성한다.

여덟째, 팀 구성원들이 작성한 차트를 원래의 순서대로 배열한 후 최종 결과물을 완성하기 위한 논의를 한다. 이때 추가로 보완되어야 할 부분이 있는지 확인하고 추가적인 학습 계획을 수립하여 과제 결과물을 보완, 완성한다.

블랭크 차트는 팀원들의 집단지성으로 쉽게 작성할 수 있고, 과제를 전체적으로 파악한 후 자료수집 등을 위한 계획을 수립할 수 있다는 장점을 가지고 있다. 이러한 이유로 블랭크 차트의 기원인 맥킨지사뿐만 아니라 많은 기업에서 문제해결 도구로 활용하고 있다. 프로젝트기반학습에서 블랭크 차트를 활용하면 최종 결과물의 이미지를 먼저 생각하면서 조사 및 학습 계획을 수립할 수 있고 지속적으로 블랭크 차트를 수정·보완하면서 효율적으로 프로젝트를 수행할 수 있다.

제7장

프로젝트기반학습 평가 전략과 평가 도구

프로젝트기반학습에서의 평가는 학습자들이 프로젝트 과제를 수행하는 과정과 결과를 통해 학습 목표를 달성했는지 확인하는 것이다. 이를 위해 교수자는 학습자들의 학습 활동과 결과를 다양한 각도에서 관찰하고 평가해야 한다. 프로젝트기반학습에서 평가가 잘 이루어지기 위해서는 프로젝트 설계, 프로젝트기반학습 운영 설계와 함께 누가, 언제, 무엇을, 어떻게 평가할 것인지 체계적으로 계획하고 준비해야 한다. 또한 학습자들에 대한 평가와 함께 프로젝트기반학습으로 운영된 수업에 대한 평가도 필요하다. 이 장에서는 프로젝트기반학습에서 이루어지는 학습자 평가와 수업에 대한 평가를 안내한다.

1. 프로젝트기반학습 평가의 특성

프로젝트기반학습을 처음 운영하는 교수자들의 주요 질문 중 하나는 평가에 대한 것이다. 프로젝트기반학습은 전통적인 수업과 달리 학습자의 참여와 활동 중심으로 진행되기 때문이다. 교수자들은 주로 누가, 언제, 무엇을, 어떻게 평가할 것인가에 대해 질문한다. 프로젝트기반학습에서는 교수자와 학습자가 모두 평가에 참여하고, 프로젝트의 시작부터 끝까지 평가가 이루어지며, 학습자들이 보여 주고 제시하는 모든 것을 평가한다. 그리고 이러한 다양한 평가가 체계적으로 이루어질 수 있도록 평가 계획을 수립하고 평가 준거와 도구를 준비하여 활용한다.

프로젝트기반학습에서는 최종 결과물에 대한 종합 평가뿐만 아니라 중간 과정에서 이루어지는 형성 평가가 중요하다. 그렇다면 형성 평가는 언제 어떻게 이루어져야 하는가? [그림 7-1]은 프로젝트 평가 설계 지도이다. 프로젝트 평가 설계 지도는 프로젝트 설계 시 중요 기준이 되는 학습 목표를 중심으로 형성 평가와 종합 평가를 설계할 수 있도록 작성하는 것이다(Boss & Larmer, 2018). 프로젝트 평가 설계 지도를 작성할 때는 먼저 프로젝트의 주요 학습 목표를 진술한다. 프로젝트를 통해 학습자들이 학습해야 하는 주요 지식, 기술, 태도, 역량을 학습 목표로 진술한다. 다음으로 학습 목표의 왼쪽에 프로젝트의 최종 결과물을 작성한다. 최종 결과물에 대한 평가는 교수자가 수립한 학습 목표 도달 여부에 대한 종합 평가이다. 마지막으로 학습 목표의 오른쪽에 각각의 학습 목표 달성 여부를 확인하는 형성 평가 방법을 진술한다. 형성 평가 방법은 관찰, 질문, 내용 정리 보고서, 성찰일지 등 다양하며, 개인 평가 또는 팀 평가로 진행할 수 있다. 형성 평가와 종합 평가 계획에 따라 필요한 프로토콜과 평가 도구를 준비하여 프로젝트기반학습 과정 중 학습자들을 지원하고 평가한다.

[그림 7-2]는 프로젝트 평가 설계 지도 작성 사례로 이 수업의 교수자는

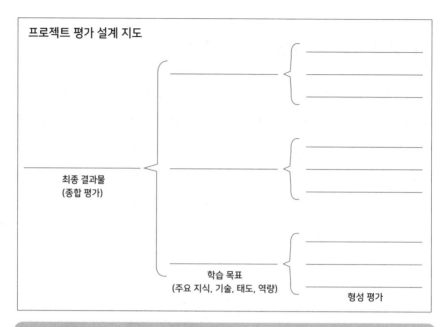

💉 그림 7-1   프로젝트 평가 설계 지도 양식

출처: Boss & Larmer (2018).

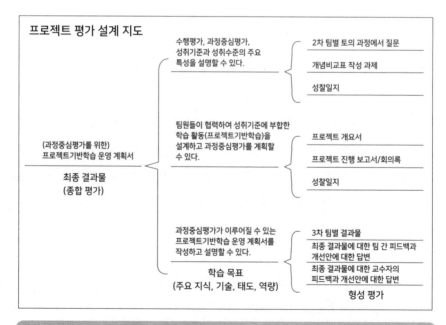

💉 그림 7-2   프로젝트 평가 설계 지도 작성 예시

학습자들에게 수업에서 다루는 주요 개념을 정리한 개념 비교표 작성, 질문, 프로젝트 개요서, 성찰일지 등 다양한 대상과 방법으로 형성 평가를 계획하였다.

Boss와 Larmer(2018)는 프로젝트기반학습 운영 경험이 많은 교수자와 초보 교수자의 평가 전략을 비교하였다. 경험이 많은 교수자는 학습자들의 프로젝트 수행 과정에 대해 이미 파악하고 있다. 프로젝트기반학습 운영 경험이 축적되면서 학습자들이 프로젝트 수행 과정에서 겪을 어려움, 필요한 자료, 도움이 필요한 시점과 내용 등을 예상할 수 있기 때문이다. 따라서 경험이 많은 교수자들은 학생들에게 필요한 지원, 학습 내용 확인, 프로젝트 수행 과정과 결과 평가를 위한 프로토콜과 평가 도구를 사전에 준비하여 필요한 시점에서 이를 활용하여 지원과 평가에 활용한다. 프로젝트기반학습 경험이 없는 초보 교수자는 학습자들이 겪을 어려움과 필요한 도움을 충분히 파악하는 데 한계가 있다. 그 결과, 학습자들의 수행 과정과 결과에 대한 지원과 평가를 위한 프로토콜과 평가 도구를 충분히 준비하지 못하는 경우가 많다.

프로젝트기반학습 경험이 많은 교수자와 초보 교수자의 평가 전략의 차이는 학습자들의 프로젝트 수행 과정에 대한 예측과 이를 토대로 한 필요한 프로토콜과 평가 도구의 준비와 활용이다. 따라서 프로젝트기반학습에서의 평가 전략은 프로젝트, 프로젝트기반학습 운영 전략과 함께 설계되고, 평가 도구는 학습자들의 프로젝트 수행 과정을 지원하는 프로토콜과 함께 개발, 활용되어야 한다.

표 7-1 프로젝트기반학습 운영 경험이 많은 교수자와 초보 교수자의 평가 전략 비교

구분	프로젝트기반학습을 처음 운영하는 교수자	프로젝트기반학습 운영 경험이 많은 교수자
평가 대상	학습자들의 학습 목표 도달 여부를 프로젝트 산출물보다는 주로 시험을 통해 평가하며, 의사소통 등의 기술의 향상 정도에 대해서는 평가하지 않음	프로젝트 산출물과 다른 산출 자료들을 이용하여 학습자들의 학습 목표 도달 여부를 평가하며, 의사소통 등의 기술의 향상 정도에 대해서도 평가함
개인 평가와 팀 평가	팀별 산출물로 팀 평가를 하지만 학습자 개개인의 학습 목표 달성 여부에 대해서는 평가하는 것이 어려움	팀별 산출물로 팀 평가를 수행하고, 이외의 자료를 활용하여 학습자 개개인의 학습 목표 달성 여부도 평가함
형성 평가	형성 평가가 종종 이루어지지만 다양한 도구와 과정을 활용하거나 정기적으로 이루어지지는 않음	프로젝트기반학습의 과정에서 다양한 도구와 절차를 이용하여 형성 평가가 정기적으로 자주 이루어짐
비평/개선 프로토콜	비평과 개선을 위한 프로토콜이 없으며 비공식적임	비평과 개선을 위한 구조화된 프로토콜이 체크 포인트에서 정기적으로 사용됨
피드백	피드백이 피상적이어서 학생들의 작업 향상에 도움을 주지 못함	학습자들은 학습, 의사결정 및 행동에 도움을 제공하는 효과적인 피드백을 주고받음
평가 주체	학습자들은 자신의 결과물에 대해 비공식으로 평가하며, 교수자가 학생들에게 공식적이고 구조화된 평가 기회를 제공하지 않음	학습자들이 자신의 학습 진전에 대해 자기 평가할 수 있도록 정기적이고 구조화된 자기평가 기회를 제공하며 동료 평가도 이루어짐
평가 루브릭 (평가 도구)	최종 산출물에 대한 평가 루브릭은 있지만, 형성 평가용 루브릭은 없음. 루브릭이 학습 목표를 기초로 하지 않음	학습자와 교수자가 학습 목표 기반의 루브릭을 이용하여 형성 평가와 종합 평가를 수행함

출처: Boss & Larmer (2018).

프로젝트기반학습 운영 경험이 많은 교수자들의 평가 전략을 토대로 프로젝트기반학습 평가 전략을 정리하면 〈표 7-2〉와 같다.

표 7-2   프로젝트기반학습 평가 전략

질문	구분	내용
누가 평가할 것인가?	평가 주체	• 교수자와 학습자가 모두 평가 주체로 참여함 • 프로토콜과 평가 도구를 이용하여 학습 과정과 결과에 대해 진단 및 평가함
언제 평가할 것인가?	형성 평가	• 프로젝트기반학습 전 과정에서 이루어짐 • 형성 평가를 통해 학습자의 학습 여부와 과정을 확인하고 진단하며, 수업 운영 시 필요한 정보를 수집함 • 관찰, 질문, 프로젝트 수행 중간에 부여되는 과제 등을 통해 이루어짐 • 형성 평가가 필요한 시점, 평가 방법, 평가 도구 등에 대해 사전에 계획하여 실시함
	종합 평가	• 최종 결과물에 대한 평가와 형성 평가 결과를 종합하여 평가함
무엇을 평가할 것인가?	평가 대상	• 프로젝트 진행 과정에서 생성된 다양한 자료(프로젝트 개요서, 학습 계획서, 수집 문헌, 문헌 분석 자료, 인터뷰 결과 정리, 팀별 회의록 등) • 기술(역량) 향상 정도(회의 진행 기술, 상호작용능력, 발표 능력, 배려, 자료탐색 기술, 질문 기술 등) • 프로젝트 최종 산출물
	팀 평가와 개인 평가	• 프로젝트기반학습이 팀 단위로 이루어지므로 최종 결과물은 기본적으로 팀 단위로 평가함 • 프로젝트 수행 과정에서 관찰, 수집한 정보를 토대로 개인에 대해서도 평가함
어떻게 평가할 것인가?	프로토콜	• 프로젝트기반학습의 각 단계에서 활용하는 프로토콜을 이용하여 학습자의 이해 여부 및 프로젝트 수행 내용을 평가함 • 프로젝트 개요서, 회의록 등이 해당됨
	평가 도구	• 형성 평가와 종합 평가를 위한 평가 도구를 이용하여 평가 • 예: 최종 결과물 평가 도구, 발표 평가 도구, 팀 활동 평가 도구 등 • 평가 도구는 학습자와 교수자가 모두 사용함
	피드백	• 프로토콜과 평가 도구를 이용하여 피드백을 제공함 • 교수자의 피드백뿐만 아니라 학습자들 간에도 상호 피드백이 이루어짐

2. 프로젝트기반학습의 학습자 평가 도구

프로젝트기반학습에서 학습자의 학습 과정과 결과 평가 시 활용할 수 있는 평가 도구는 다양하다. 여기서는 가장 기본적으로 활용할 수 있는 평가 도구를 소개한다. 제시된 평가 도구는 그대로 활용하거나 교수자가 자신의 수업 특성에 맞게 선택·변형하거나 새롭게 개발하여 활용할 수 있다.

1) 프로젝트 산출물에 대한 평가 도구

프로젝트의 성격에 따라 프로젝트의 중간 및 최종 산출물은 보고서, 프레젠테이션, 연극, 구체적인 유형의 결과물 등 다양하다. 따라서 프로젝트 산출물을 평가하는 평가 준거는 산출물의 성격을 반영하거나 학습 목표를 토대로 수립하는 것이 바람직하며, 학습해야 할 주요 지식, 기술, 태도를 충분히 학습하고 습득했는지 확인할 수 있어야 한다. 〈표 7-3〉은 프로젝트의 학습 목표 활용 프로젝트 산출물 평가 도구로, 교수자뿐만 아니라 학습자들도 이 도구를 이용하여 팀 간 상호평가를 수행할 수 있다. 학습자들은 이 평가 도구를 이용하여 본인이 속한 팀과 다른 팀의 프로젝트 산출물에 대해 평가 준거별로 점수를 부여하고 해당 점수를 부여한 근거를 작성할 수 있다. 〈표 7-4〉는 학습 목표를 토대로 평가 준거를 구성한 사례이다.

🔖 표 7-3　학습 목표 활용 프로젝트 산출물에 대한 평가 도구

팀명	학습 목표 1	학습 목표 2	학습 목표 3	학습 목표 4	학습 목표 5	합계
	① ② ③ ④ ⑤	① ② ③ ④ ⑤	① ② ③ ④ ⑤	① ② ③ ④ ⑤	① ② ③ ④ ⑤	
	① ② ③ ④ ⑤	① ② ③ ④ ⑤	① ② ③ ④ ⑤	① ② ③ ④ ⑤	① ② ③ ④ ⑤	
	① ② ③ ④ ⑤	① ② ③ ④ ⑤	① ② ③ ④ ⑤	① ② ③ ④ ⑤	① ② ③ ④ ⑤	

🔖 표 7-4　학습 목표 활용 프로젝트 산출물에 대한 평가 도구 예시

팀명	제시한 코로나19 시대의 좋은 수업의 특성이 논리적으로 도출되었는가?	제시한 좋은 수업의 특성은 코로나19시대의 특성, 학생들의 특성 등을 충분히 반영한 것인가?	제시한 좋은 수업의 특성은 학교 현장에서 교사가 실천하기에 용이한가?	제시한 좋은 수업의 특성은 학생 활동과 참여를 활성화하고 독려할 수 있는가?	제시한 내용에 사례, 논문, 팀원들의 논의 내용 등이 포함되어 있는가?	합계
	① ② ③ ④ ⑤	① ② ③ ④ ⑤	① ② ③ ④ ⑤	① ② ③ ④ ⑤	① ② ③ ④ ⑤	
	① ② ③ ④ ⑤	① ② ③ ④ ⑤	① ② ③ ④ ⑤	① ② ③ ④ ⑤	① ② ③ ④ ⑤	
	① ② ③ ④ ⑤	① ② ③ ④ ⑤	① ② ③ ④ ⑤	① ② ③ ④ ⑤	① ② ③ ④ ⑤	

프로젝트 산출물이 보고서인 경우 보고서에 포함되어야 할 내용이나 구성
요소들을 중심으로 평가 항목을 결정할 수 있다. 〈표 7-5〉는 보고서에 대한
평가 도구 예시로 교과목과 전공의 특성을 반영하여 항목을 가감하여 활용
할 수 있다.

표 7-5   보고서 평가 도구

내용	전혀 그렇지 않다	그렇지 않다	보통 이다	그렇다	매우 그렇다
신뢰할 만한 참고문헌이 충분히 포함되어 있다(1개 이하: 1점, 2~3개: 2점, 3~5개: 3점, 6~8개: 4점, 9개 이상: 10점).					
주제가 분명하게 드러난다.					
내용에 대한 설명, 세부사항, 적절한 예를 포함하고 있다.					
형식에 맞게 작성되었다(예: APA 스타일, 문법, 철자, 정확한 표현).					

출처: Anderson & Puckett (2003).

학습자들이 여러 팀에서 발표하는 프로젝트 산출물에 대해 자유롭게 평가
의견을 작성하고 이를 토대로 논의가 이루어지길 희망할 때는 〈표 7-6〉과
같은 간략한 형태의 평가 도구를 활용할 수 있다. 학습자들은 산출물에 대해
자신의 평가 의견을 작성하면서 자연스럽게 여러 팀의 결과를 비교 분석할
수 있다.

표 7-6 최종 결과물에 대한 간편 평가 도구

팀명	칭찬하고 싶은 점	개선 및 추가가 필요한 내용	점수(1~5점)

　프로젝트 산출물을 소개하고 발표하는 능력을 평가하는 경우도 있다. 일반적으로 발표 시간이 제한되어 있어, 팀원들 중 1~2명만 발표한다면 발표 능력에 대한 평가는 최소화하는 것이 바람직할 것이다. 그러나 발표는 학습자들을 성장시키는 의미 있는 학습 기회이므로 가능한 많은 학습자들이 발표할 수 있는 기회를 마련하고, 발표 시 동료 학습자와 교수자로부터 피드백을 받아 자신의 부족한 부분을 교정할 수 있는 기회가 될 수 있도록 해야 할 것이다. 대부분의 학습자들이 발표에 참여하고, 프로젝트의 성격상 발표가 중요하게 평가해야 할 능력이라면 〈표 7-7〉과 같은 평가 도구를 활용하여 학습자의 발표 능력을 평가할 수 있다.

표 7-7   발표(프리젠테이션) 평가 도구

내용	전혀 그렇지 않다	그렇지 않다	보통 이다	그렇다	매우 그렇다
발표에 중요한 내용이 충분히 제시되었다.					
발표 내용이 논리적으로 잘 조직되었다.					
발표 자료가 매력적으로 구성되었다.					
청중이 이해하기 쉽게 발표 내용을 제시하였다.					
발표 내용이 학습에 도움이 되었다.					
발표의 전체적 질(수준)					

• 발표에서 가장 잘된 부분은 무엇입니까?

• 발표를 향상시키기 위해 제안은 무엇입니까?

• 기타 의견:

2) 팀 활동에 대한 평가 도구

프로젝트기반학습에서는 지식, 기술, 태도에 대한 목표 달성뿐만 아니라 프로젝트 수행 과정에 얼마나 성실하게 참여하고 기여했는가도 중요하다. 프로젝트기반학습의 과정을 얼마나 상세하게 구분하느냐에 따라 평가 항목 수가 조정될 수 있다. 팀 활동 평가 도구 I은 팀 활동의 일반적인 특성을 토대로 한 간소화된 평가 도구이고, 팀 활동 평가 도구 II와 III은 프로젝트기반학습 과정에서 개개인이 수행해야 하는 활동을 토대로 한 평가 도구이다. 학습자들은 팀 활동 평가 도구를 이용하여 팀원들의 참여 및 기여 정도를 평가한다. 교수자 역시 학습자 개개인의 팀 활동 정도를 평가하지만, 팀 활동에 대해서는 학습자들의 평가 의견을 존중하는 것이 바람직하다(최정임, 장경원, 2015).

🪑 표 7-8　**팀 활동 평가 도구 I**

• 평가일:　　년　　　월　　　일
• 이름: _____

각 개인의 각각의 준거에 따라 해당 점수를 기입하세요.
매우 우수함=5, 우수함=4, 보통임=3, 부족함=2, 매우 부족함=1

내용	팀원 이름			
분담한 과업을 수행하였다.				
모든 모임에 참석하였다.				
그룹 활동 시 긍정적이고 적극적인 태도를 보였다.				
문제해결을 위한 의견 제시 및 자료 투입(input)에 많은 공헌을 하였다.				
팀원으로서 효과적으로 활동하였다.				

출처: Anderson & Puckett (2003).

🪑 표 7-9　**팀 활동 평가 도구 II**

• 평가일:　　년　　　월　　　일
• 이름: _____

각 개인의 각각의 준거에 따라 해당 점수를 기입하세요.
매우 우수함=5, 우수함=4, 보통임=3, 부족함=2, 매우 부족함=1

내용	팀원 이름			
팀 활동에 참여하였다.				
프로젝트 최종 해결안을 성공적으로 개발하는 데 공헌하였다.				
다른 사람의 의견을 경청하였다.				
질문을 제기하고 다른 사람의 질문에 대답하였다.				
과제를 지속적으로 수행하였다.				
양질의 정보를 찾아 제공하였다.				
다른 팀원들과 협력하였다.				
긍정적인 의견을 제시하였다.				
리더십을 발휘하였다.				
다른 팀원을 칭찬하고 격려하였다.				
점수 합계				

출처: Lambros (2004).

표 7-10 팀 활동 평가 도구 Ⅲ

• 평가일:　　　년　　　월　　　일
• 이름: _____

각 개인의 각각의 준거에 따라 해당 점수를 기입하세요.
매우 우수함=5, 우수함=4, 보통임=3, 부족함=2, 매우 부족함=1

내용	팀원 이름				
프로젝트 선정 단계에서 프로젝트 주제를 명확하게 파악하는 데 도움이 되는 의견을 제시하였다.					
학습과제를 효과적으로 도출하였다.					
새로운 개념들을 찾아내었다.					
새로운 정보를 적용하였다.					
팀원들에게 조사·학습한 내용을 효과적으로 제시하였다.					
팀의 의견이 모아지는 데 공헌하였다.					
팀의 논의 과정에 효과적으로 참여하였다.					
적절한 자료원을 확인, 제시하고 공유하였다.					
팀 지식이 성장하는 데 공헌하였다.					
결정적이며 논리적인 능력을 보였다.					
적절하게 리더십을 발휘하였다.					
유용한 피드백으로 다른 팀원들을 격려하였다.					
적절하게 자신의 강점과 약점들을 다루었다.					
점수 합계					

출처: 최정임, 장경원(2015).

　　일반적으로 프로젝트기반학습을 위한 학습 공간은 교실만으로 충분하지 않다. 학습자들은 프로젝트 수행을 위해 수업시간 이외에도 온라인 학습 공간을 이용하여 자료를 공유하고 논의한다. 온라인 공간에서 이루어지는 논의 역시 교실과 동일하게 학습자들의 과제 수행 과정을 드러내기 때문에 온라인 공간에서의 토의 활동에 대한 평가가 이루어지기도 한다. 온라인 공간이 갖는 특성을 고려하여 〈표 7-11〉과 같은 평가 준거를 제시하면 학습자들은 이를 이용하여 온라인 공간에서 어떻게 논의하고 활동할 것인지 참고할 수 있으며, 서로의 활동을 체계적으로 평가할 수 있다. 온라인 토의 활동뿐만 아니라 다른 활동이나 내용 역시 이러한 형식으로 평가 준거를 제시하면 학습자들이 해당 활동과 학습을 하는 데 참고할 수 있다.

표 7-11 온라인 논의 활동에 대한 평가 준거

가능 점수	내용
9~10점	• 중요 개념들을 충분히 잘 이해하고 있다. • 시기적절한 방식으로 팀에 공헌하였다. • 할당된 과제의 최소한 혹은 그 이상을 수행하였다. • 글을 분명하고 논리적으로 작성하였다.
7~8점	• 중요한 개념들을 대체로 정확히 이해하고 있다. • 시기적절한 방식으로 팀에 공헌하였다. • 할당된 과제의 최소한을 수행하였다. • 글을 대체로 분명하고 논리적으로 작성하였다.
5~6점	• 중요 개념들에 대해 제한적으로 이해하고 있다. • 불규칙하게 팀에 공헌하였다. • 할당된 과제를 건성으로 수행하였다. • 글을 성의 없이 산만하게 작성하였다.
1~4점	• 거의 참여하지 않았다. • 성의 없이 엉뚱한 글을 작성하였다.

출처: Anderson & Puckett (2003).

3) 역량 평가를 위한 검사 도구

프로젝트기반학습은 학습자들에게 역량 개발 기회를 제공한다. 프로젝트기반학습으로 인한 학습자들의 역량 변화를 확인할 때는 주요 역량을 검사하는 전문 도구를 활용하는 것이 적절하다. 학습자들의 역량 변화 정도를 확인하기 원한다면 프로젝트기반학습을 시작하기 전과 후에 주요 역량을 진단하고 그 결과를 비교할 수 있다. 프로젝트기반학습과 관련된 주요 역량은 문제해결능력, 자기주도학습능력, 창의성, 윤리성, 협업능력, 의사소통능력, 책임감, 시간관리 능력 등이다(Wurdinger, 2016). 〈표 7-12〉는 역량과 함께 프로젝트기반학습에서 자주 평가하는 학업적 자기효능감 검사 도구이다(김아영, 박인영, 2001). 이러한 검사 도구를 활용할 때는 반드시 타당성 있는 도구인지 확인해야 한다.

표 7-12   학업적 자기효능감 검사 도구

진단 문항	전혀 그렇지 않다		↔		매우 그렇다
1. 나는 복잡하고 어려운 문제에 도전하는 것이 재미있다.	1	2	3	4	5
2. 나는 가능하다면 어려운 과목은 피해 가고 싶다.	1	2	3	4	5
3. 나는 깊이 생각해야 하는 문제보다는 쉽게 풀 수 있는 문제를 더 좋아한다.	1	2	3	4	5
4. 비록 실패하더라도 다른 친구들이 풀지 못한 문제에 도전하는 것이 즐겁다.	1	2	3	4	5
5. 시간이 많이 들더라도 깊이 생각하게 만드는 과목이 더 재미있다.	1	2	3	4	5
6. 만약 여러 과목 중 몇 과목만을 선택할 수 있다면, 쉬운 과목만을 선택할 것이다.	1	2	3	4	5
7. 학교 공부는 무조건 쉬울수록 좋다.	1	2	3	4	5
8. 쉬운 문제보다는 조금 틀리더라도 어려운 문제를 푸는 것이 더 좋다.	1	2	3	4	5
9. 나는 쉬운 문제를 여러 개 푸는 것보다 어려운 문제 하나를 푸는 것을 더 좋아한다.	1	2	3	4	5
10. 나는 쉬운 과목보다는 어려운 과목을 좋아한다.	1	2	3	4	5
11. 나는 수업시간에 새로 배운 것들을 이미 알고 있는 것과 쉽게 연결시킬 수 있다.	1	2	3	4	5
12. 나는 보통 공부를 시작하기 전에 계획을 세우고, 거기에 맞추어 공부한다.	1	2	3	4	5
13. 나는 수업시간 중에 중요한 내용을 잘 기록할 수 있다.	1	2	3	4	5

14. 나는 내가 싫어하는 수업시간에도 주의집중을 잘할 수 있다.	1	2	3	4	5
15. 나는 복잡하고 어려운 내용을 기억하기 쉽게 바꿀 수 있다.	1	2	3	4	5
16. 나는 수업시간에 배운 내용을 잘 기억할 수 있다.	1	2	3	4	5
17. 나는 어떻게 공부하는 것이 효과적인 방법인지를 잘 안다.	1	2	3	4	5
18. 나는 정해진 시간 안에 주어진 과제를 잘 마칠 수 있다.	1	2	3	4	5
19. 나는 수업시간에 배운 내용 중 내가 무엇을 알고 무엇을 모르는지 정확히 판단할 수 있다.	1	2	3	4	5
20. 나는 수업시간에 배운 내용 중 중요한 것이 무엇인지를 잘 파악할 수 있다.	1	2	3	4	5
21. 선생님과 친구들 앞에서 발표하는 것은 내게 너무 큰 스트레스를 준다.	1	2	3	4	5
22. 시험을 치루기 전에는 시험을 망칠 것 같은 생각이 든다.	1	2	3	4	5
23. 수업시간 중에 선생님이 문제를 풀라고 시킬까 봐 불안하다.	1	2	3	4	5
24. 토론을 할 때, 혹시 창피를 당할까 봐 내 의견을 제대로 발표하지 못한다.	1	2	3	4	5
25. 수업시간에 발표를 할 때, 실수할 것 같아 불안하다.	1	2	3	4	5
26. 선생님이 모두에게 질문을 할 때, 답을 알아도 대답하지 못한다.	1	2	3	4	5
27. 시험이 다가오면 불안해서 잠을 이룰 수 없다.	1	2	3	4	5
28. 나는 시험 때만 되면 우울해진다.	1	2	3	4	5

출처: 김아영, 박인영(2001).

4) 개인 학습자에 대한 평가 도구

개인 학습자에 대한 평가는 성찰일지, 과제 수행을 위한 학습 활동, 개인의 학습 및 성찰 기록을 종합한 포트폴리오를 통해 이루어진다. 성찰일지는 학습자들이 프로젝트 수행 과정과 결과를 통해 학습하고 느낀 점을 기록하는 것이다. 성찰일지는 학습자들의 학습을 지원하는 도구이자 동시에 교수자가 학습자의 학습 여부를 확인하는 평가 자료이기도 하다. 〈표 7-13〉은 성찰일지에 대한 평가 도구로, 이외에 교수자가 성찰일지에 추가한 항목이 있다면 해당 내용을 평가 항목에 추가해야 한다.

표 7-13 성찰일지 평가 도구

내용	전혀 그렇지 않다	↔		매우 그렇다
문제를 통해 학습해야 할 주요 개념, 원리 및 절차에 대해 정확하게 이해하고 있다.				
주요 학습 내용과 관련하여 자신의 생각이나 느낀 점을 잘 진술하였다.				
학습 과정에서의 자신의 경험이 잘 드러나도록 진술하였다.				
학습 내용에 자신의 현재 및 미래의 일을 잘 연결 지어 진술하였다.				
그룹 활동의 기여 정도는 학습자들이 서로에게 부여한 점수를 반영하였다.				

프로젝트 수행을 위한 학습 활동에 대한 평가는 주로 교수자의 관찰을 통해 이루어진다. 주요 평가 대상은 학습자의 토의 활동 참여, 의사소통능력, 과제 수행능력, 정보수집 및 활용능력, 온라인 공간 참여이다. 〈표 7-14〉는 개인 학습자의 프로젝트 수행을 위한 학습 활동에 대한 관찰 평가 도구이다.

표 7-14 개인 학습자의 학습 활동에 대한 관찰 평가 도구

구분	내용	전혀 그렇지 않다	↔		매우 그렇다
토의 활동 참여	토의 활동의 적극성				
	진행에 도움이 되는 발언/태도				
의사소통능력	명료하게 자신의 의견과 생각 표현				
	타인의 발언에 대한 공감과 경청				
과제 수행능력	과제에 대한 다각적 분석				
	과제 수행을 위해 필요한 가설/해결안을 논리적으로 도출				
	과제 수행을 위한 창의적 사고				

정보수집 및 활용능력	다양한 정보의 수집과 활용				
	학습 결과의 충실한 제공 및 시간 준수				
온라인 공간 참여	온라인상에서의 활발한 상호작용				

포트폴리오는 학습자들이 프로젝트를 수행하는 과정에서 조사하고 학습한 내용을 정리한 것으로, 이를 통해 학습자의 학습 과정과 결과를 전체적으로 파악할 수 있다. 포트폴리오는 내용과 함께 제시되는 형식도 중요하므로 〈표 7-15〉와 같이 내용의 조직도, 양, 성찰, 깊이 등을 모두 고려할 수 있는 평가 준거를 마련하는 것이 바람직하다. 최근에는 온라인 공간에서 개인 블로그나 홈페이지 등을 활용하여 포트폴리오를 구성하기도 하는데, 이때 시각적·내용적으로 얼마나 잘 조직되어 있는지 평가해야 한다.

표 7-15 포트폴리오 평가 준거

가능 점수	내용
9~10점	• 내용 조직이 매우 우수 • 사려 깊은 성찰 • 학습 결과물의 양 충분, 매력적 제시 • 모든 영역을 충분히 포함함 • 매우 많은 노력을 기울임
7~8점	• 내용 조직이 우수 • 적정 수준의 성찰 • 학습 결과물의 양 보통, 비교적 매력적 제시 • 대체로 모든 영역을 포함 • 대체로 노력함
5~6점	• 내용 조직화 부족 • 제한된 성찰 • 학습 결과물의 양 부족, 창의성 결여된 제시 • 모든 영역을 포함하지 않음 • 노력 부족
1~4점	• 어떤 최소 요구 조건에도 부합하지 않음

출처: Anderson & Puckett (2003).

3. 프로젝트기반학습 수업 진단 및 평가 도구

프로젝트기반학습은 전통적인 수업과 다른 교수자의 역할, 학습자의 역할, 교수 · 학습의 진행을 요구한다. 따라서 프로젝트기반학습이 적용된 수업을 진단하고 평가하기 위해서는 프로젝트기반학습의 특성을 반영하여 프로젝트와 운영 전략 설계 등 교수자의 수업 준비, 학습자의 학습 활동을 지원하고 조력하는 수업 운영, 그리고 허용적이고 편안한 학습 환경 조성 및 수업에 대한 성찰을 수행하는 교수자의 태도를 진단하고 평가하는 것이 필요하다. 〈표 7-16〉은 프로젝트기반학습으로 운영한 수업을 진단하고 평가하는 도구이다(장경원, 2020).

표 7-16   프로젝트기반학습 수업 진단 및 평가 도구

상위 영역	하위 영역	No.	진단 문항	전혀 그렇지 않다	그렇지 않다	보통 이다	그렇다	매우 그렇다
I. 수업 준비	1.1. 프로 젝트 설계	1	PBL에서 다루는 프로젝트 과제는 교과목의 학습 목표와 관련된 개념, 원리, 절차 등을 다룰 수 있도록 개발되었다.					
		2	PBL에서 다루는 프로젝트 과제는 실제적이다.					
		3	PBL에서 다루는 과제를 해결하기 위해 다양한 탐색 방법과 해결안이 존재한다.					
		4	PBL에서 다루는 과제는 학습자들의 수준이나 경험과 밀접하게 관련되어 있다.					
		5	PBL에서 다루는 과제는 협동, 논쟁, 토론이 필요할 만큼 복잡하다.					
	1.2. 수업 계획 수립	6	수업 운영 계획에 학습자들에게 PBL을 안내하는 오리엔테이션이 포함되어 있다.					
		7	학습자들이 PBL의 모든 단계를 거칠 수 있도록 수업 운영 계획을 수립하였다.					

		8	PBL의 기본 특성(프로젝트 제시, 협력학습, 개별 학습, 조력자로서의 교수자 역할 등)을 반영하여 수업 운영 계획을 수립하였다.					
		9	PBL의 특성에 부합하도록 학습 과정과 결과에 대한 동료 평가, 팀 간 평가, 교수자 평가 계획을 수립하였다.					
		10	PBL 과정 운영에 필요한 학습 환경(LMS, 강의실)과 학습 도구(활동지, 동영상 등)을 준비하였다.					
II. 수업 운영	2.1. PBL 안내	11	PBL의 특성, 진행 과정, 평가 방법 등에 대해 안내하고 연습 기회를 제공하였다.					
		12	교수자와 학습자의 역할 및 팀 활동에 대해 충분히 안내하였다.					
		13	PBL 진행 과정에 대한 문의가 있을 때 친절하게 안내하였다.					
	2.2. PBL 단계 운영	14	팀 활동이 원활하게 이루어질 수 있도록 팀을 편성하고 팀 빌딩 기회를 제공하였다.					
		15	프로젝트 이해 및 선정으로부터 학습이 시작될 수 있도록 PBL 시작 단계에서 과제를 제시하였다.					
		16	PBL이 원활하게 이루어지는 데 필요한 활동지, 토의 도구, 온라인 공간 등을 제공하였다.					
		17	과제의 성격에 부합한 문제해결안(결과물) 발표 기회 및 시간을 제공하였다.					
		18	PBL 과정과 결과에 대해 다면평가가 이루어질 수 있도록 동료 평가, 팀 간 평가, 교수자 평가 등을 실시하였다.					
		19	학생들이 과제해결 과정과 결과에 대해 성찰할 수 있는 기회를 제공하였다.					
		20	과제해결이 종료된 후 문제에서 다루어야 하는 주요 내용에 대해 요약 정리하였다.					
	2.3. 학습 촉진	21	학생들이 과제해결 과정을 충분히 거칠 수 있도록 학습 과정을 모니터링하고 필요한 경우 수행해야 하는 과정이나 활동을 안내하였다.					

	22	학생들이 활발히 참여할 수 있도록 참여를 독려하였다.					
	23	학생들이 깊이 있게 이해할 수 있도록 상위수준의 질문을 제시하여 사고 및 학습을 촉진하였다.					
	24	학생들 간에 활발한 논의가 이루어질 수 있도록 질문을 제시하여 토의 활동을 촉진하였다.					
	25	학생들 간에 대인관계 문제가 발생하지 않도록 노력하였고, 문제 발생 시 조정을 유도하였다.					
2.4. 학습 평가	26	학생 개개인의 참여 및 학습 진척 정도를 파악하기 위한 평가 도구(또는 체크리스트)를 준비하고 활용하였다.					
	27	PBL 결과물에 대해 피드백을 제공하였다.					
3.1. 학습 문화 조성	28	학습자들이 학습자 중심 활동에 적극적인 자세로 참여할 수 있도록 편안한 분위기를 조성하였다.					
	29	학생들이 PBL 과정에서 주도적으로 학습할 수 있도록 지지하고 격려하였다.					
Ⅲ. 교수자 태도	30	학생들이 스스로 문제를 해결할 수 있다고 믿고 기다려 주었다.					
3.2. 수업 성찰	31	학생들이 수업을 통해 어떻게 성장하고 변화하는지 관심을 갖고 PBL을 운영하였다.					
	32	수업 평가 및 성찰을 바탕으로 PBL 계획, 운영, 평가 단계에서 이루어진 교수자 활동을 점검하고 개선사항을 도출하였다.					
	33	수업 개선을 위한 계획을 수립하였다.					

출처: 장경원(2020).

프로젝트기반학습 수업에 대한 진단 및 평가 결과는 영역별로 평균 점수를 계산하여 [그림 7-3]의 진단 및 평가 결과 다이어그램에 시각적으로 표시한다. 다이어그램에 표시된 각 영역의 점수 정도를 비교하여 다음 수업에서 무엇을 개선할 것인지 도출할 수 있다. [그림 7-4]는 프로젝트기반학습에 대해 진단 및 평가 결과를 제시한 사례이다. 이 사례의 경우 해당 수업의 교수자는 모든 영역이 우수하지만 상대적으로 프로젝트기반학습에 대한 안내, 단계 운영, 그리고 학습 촉진 영역에서 개선이 필요함을 알 수 있다.

영역	프로젝트 과제 설계	수업 계획 수립	프로젝트 기반학습 안내	프로젝트 기반학습 단계 운영	학습 촉진	학습평가	학습문화 조성	수업 성찰
	1~5번	6~10번	11~13번	14~20번	21~25번	26~27번	28~30번	31~33번
평 균								

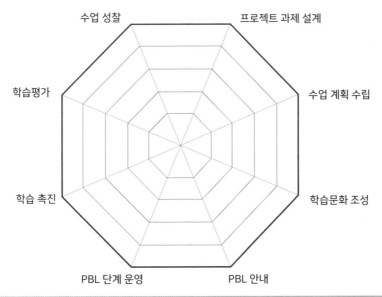

✎ 그림 7-3 프로젝트기반학습 진단 및 평가 결과 다이어그램

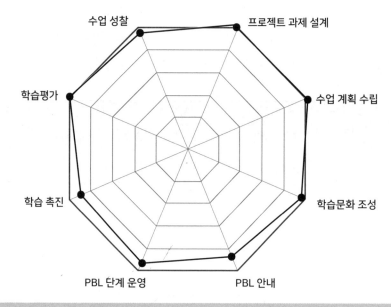

✎ 그림 7-4 **프로젝트기반학습 진단 및 평가 결과 다이어그램 작성 예시**

제3부

프로젝트기반학습 운영하기

제8장

프로젝트기반학습 운영

프로젝트기반학습 운영은 학습자들이 적극적으로 참여하고 의미 있는 학습 활동을 할 수 있도록 지원하는 것이다. 프로젝트기반학습에서 교수자는 학습자들에게 프로젝트기반학습을 소개하고, 긍정적이고 허용적인 수업 분위기를 조성한다. 학습자들이 프로젝트를 수행할 때 필요하다고 판단되는 역량 개발 기회도 제공한다. 학습자들이 프로젝트기반학습에 참여할 준비가 되면 프로젝트를 제시하고 학습자들의 과제해결 과정을 모니터링하고 조력하고 평가한다. 이 장에서는 프로젝트기반학습 운영의 주요 내용과 전략을 안내한다.

1. 프로젝트기반학습 운영 전략

프로젝트기반학습 운영은 '프로젝트'와 '학습'의 두 관점으로 나누어 생각해 볼 수 있다. '프로젝트' 수행 관점에서의 운영 전략은 학습자들이 무사히 프로젝트의 최종 결과물을 도출할 수 있도록 수업을 운영하는 것에 초점이 맞추어진다. '학습' 관점에서의 운영 전략은 학습자들이 프로젝트 수행 과정에서 학습해야 할 지식, 기술, 태도를 충분히 학습하고 개발할 수 있도록 수업을 운영하는 것에 초점이 맞추어진다. 종종 프로젝트기반학습 운영 전략이 '프로젝트'에만 맞추어진 경우가 있다. 그 결과, 프로젝트기반학습의 학습 효과가 높지 않아 교수자들이 다시 전통적인 교수 · 학습 방법으로 돌아가는 경우가 생긴다. 성공적인 프로젝트기반학습이 되기 위해서는 '프로젝트'와 '학습'을 모두 고려하여 균형 있는 운영 전략을 수립하는 것이 필요하다. 각각의 관점에서 강조하는 운영 전략의 특성을 살펴보면 다음과 같다.

1) 프로젝트 수행 관점에서의 운영 전략

🖋 그림 8-1 '프로젝트' 수행 관점에서의 프로젝트기반학습 운영 전략

프로젝트 수행 관점에서의 운영 전략이란 학습자들이 프로젝트를 성공적으로 완성할 수 있도록 지원하고 운영하는 것이다. 이를 위해 교수자는 먼저 학습자들에게 프로젝트기반학습의 특성, 진행 절차, 학습자와 교수자의 역

할에 대해 안내한다. 특히 진행 절차와 학습자의 역할을 안내하여 학습자들이 체계적으로 프로젝트를 수행할 수 있도록 한다. 프로젝트기반학습을 안내한 후 프로젝트에 대한 배경 설명 제공, 동기부여를 위한 활동 등의 도입 활동을 한 후 프로젝트를 제시한다. 이러한 기본 준비 활동 후 프로젝트기반학습의 실행이 시작된다.

실행 단계의 첫 번째 활동은 프로젝트 선정 및 계획 수립이다. 이 단계에서 학습자들은 자신들이 수행할 프로젝트를 이해, 정의, 선정하고 스스로 학습 계획을 수립한다. 교수자는 이러한 활동이 원활하게 이루어질 수 있도록 팀별 활동을 모니터링하고 지원한다. 두 번째 활동은 프로젝트 수행을 위해 필요한 자원의 탐색 및 분석이다. 이 단계에서 학습자들은 프로젝트 수행을 위해 필요한 지식을 습득하고 역량을 개발하고, 이를 토대로 결과물을 만들고 수정하고 보완한다. 즉, 학습자들은 필요한 자원이 무엇인지 도출하고, 이를 수집하여 학습하고 분석한다. 그리고 학습 내용을 적용하여 프로젝트 결과물을 개발한다. 교수자는 이러한 활동이 원활하게 이루어질 수 있도록 역시 모니터링하고 지원한다. 또한 과제 수행에 도움이 되는 프로토콜, 도구, 기법 등을 안내하고 학습자들이 이를 바르게 활용할 수 있도록 지도한다. 세 번째 활동은 과제해결이다. 이 단계에서 학습자들은 최종 결과물을 완성하여 이를 발표, 실천, 평가하고 프로젝트 수행 과정과 결과에 대해 성찰한다. 교수자는 학습자들의 최종 결과물 발표 내용에 대해 피드백을 제공하고 평가한다.

2) 학습 관점에서의 운영 전략

학습 관점에서의 운영 전략이란 학습자들이 프로젝트를 수행하는 과정에서 의미 있는 학습이 이루어질 수 있도록 지원하고 운영하는 것이다. 프로젝트기반학습을 비판하는 사람들은 대부분 학습자가 프로젝트 결과물 완성에 신경 쓰느라 학습이 충분히 이루어지지 않는다고 이야기한다. 실제로 여러

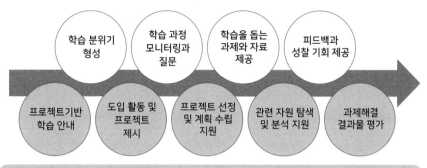

✎ 그림 8-2　학습 관점에서의 프로젝트기반학습 운영 전략

수업에서 이러한 모습을 볼 수 있다. 학습자들은 프로젝트 결과물을 완성하기 위해 읽고 쓰고 토의하는 대신, 자르고 붙이고 편집하는 데 많은 시간을 사용한다. 또한 다른 사람들이 이미 작성한 논문이나 결과물을 보고 따라 한다. 그래서 많은 시간을 들여 보기 좋은 결과물을 완성하고 발표하지만 정작 그 프로젝트를 통해 배워야 하는 중요한 개념과 원리, 그러한 개념이나 원리들 간의 관계에 대해서는 충분히 이해하지 못한 채 프로젝트기반학습이 종료된다. 왜 이러한 현상이 나타나는 것일까? 대부분 '프로젝트' 완성만 강조했기 때문이다. 교수자가 학습자들의 '학습'을 중요하게 생각하여 학습 동기를 부여하고, 학습 여부를 확인하고, 학습을 돕는 다양한 활동과 지원을 한다면 학습자들은 충분히 학습 목표에 도달할 수 있을 것이다. 의미 있는 학습이 이루어질 수 있는 프로젝트기반학습이 진행되기 위해서 교수자들이 추가적으로 수행해야 하는 구체적인 활동과 지원은 학습 분위기 형성, 학습 과정에 대한 모니터링과 질문, 학습을 돕는 과제와 자료 제공, 피드백과 성찰 기회 제공이다.

첫째, 학습 분위기 형성이다. 프로젝트기반학습에서는 학습자들이 자유롭고 편안하게 자신의 의견을 제시하고 질문할 수 있어야 한다. 평가에 대한 두려움이나 경쟁심리로 인해 의기소침해지고 자료나 의견 공유에 소극적인 모습을 보이면 프로젝트기반학습이 이루어질 수 없다. 교수자는 다양한 아이스 브레이킹 활동, 학생들에게 먼저 다가가는 자세와 친절한 말투로 학습 분위기를 밝고 긍정적으로 조성해야 한다.

둘째, 학습 과정에 대한 모니터링과 질문이다. 학습자들이 팀 또는 개인별로 학습한 과정과 결과에 대해 지속적으로 모니터링해야 한다. 중요한 개념을 명확하게 알고 있는지, 개념들 간의 관계를 이해하고 있는지 관찰하고 질문해야 한다.

셋째, 학습을 돕는 과제와 자료 제공이다. 학습 과정에 대한 모니터링을 통해 학습자들의 학습이 충분하지 않다고 판단되면 학습을 돕기 위해 추가 과제나 참고 자료를 제시한다. 또는 학습자들이 해당 개념이나 원리를 이해할 수 있도록 설명할 수도 있다. 프로젝트기반학습에서는 학습자들이 스스로 학습하는 것이 중요하다. 그러나 스스로 학습하려고 노력하지만 부족한 경우 교수자가 도움을 제공하여 필요한 내용을 학습할 수 있도록 해야 한다.

넷째, 피드백과 성찰 기회 제공이다. 학습자들의 학습 내용과 프로젝트 결과물에 대해 피드백을 제시하여 학습자들이 자신들의 학습 내용을 수정 보완할 수 있도록 한다. 또한 프로젝트를 수행하는 과정에서 자신들이 배운 것과 느낀 것 등을 정리할 수 있는 성찰 기회를 제공하여 학습자들 스스로 학습한 것을 정리하고 확인할 수 있도록 해야 한다.

3) 프로젝트기반학습 실행 과정 시뮬레이션하기

프로젝트기반학습을 운영하기 전, 먼저 프로젝트기반학습의 단계, 각 단계의 역할, 그리고 각 단계에서 교수자가 무엇을 해야 하고, 학습자들이 과제해결을 위해 스스로에게 제시해야 하는 질문이 무엇인지 생각해 보는 것이 필요하다. 〈표 8-1〉은 프로젝트기반학습 운영 단계와 교수자의 역할을 요약한 것이다. 구체적인 내용은 2절 '프로젝트기반학습 운영하기'에서 제시하였다.

표 8-1   프로젝트기반학습 운영하기 요약

프로젝트기반학습 단계	교수자의 역할
프로젝트기반학습 안내하기	• 프로젝트기반학습의 정의, 활용 이유, 절차를 안내한다.
학습 분위기 형성하기	• 아이스 브레이킹 활동을 한다. • 프로젝트기반학습을 위한 학습문화를 형성한다.
팀 편성 및 팀 빌딩하기	• 팀을 편성하고 팀 빌딩을 위한 활동을 한다.
학습역량 개발하기	• 학습 방법 등 프로젝트 수행에 필요한 학습역량 개발 활동을 한다.
도입 활동 및 프로젝트 제시하기	• 도입 활동을 진행하고 과제(문제, 탐구 질문)를 제시한다.
프로젝트 이해/선정 및 계획 수립하기	• 학습자들이 프로젝트를 이해/선정하고 과제 수행을 위해 학습과제를 도출하고 계획하도록 지원한다.
관련 자료 탐색 및 분석하기	• 학습자들이 학습 자료를 찾고 활용하는 것을 지원한다. • (필요시) 중요 내용과 개념을 설명한다. • 스캐폴딩과 안내를 제공한다. • 학습한 것을 적용 · 반영하도록 지원한다. • 새로운 지식과 질문을 생성할 수 있도록 질문하거나 추가적인 기회를 제공한다. • 피드백을 제공하고 모니터링한다.
과제해결하기 (발표, 평가, 종합 · 정리, 성찰)	• 학습자들이 최종 결과물을 발표할 수 있도록 한다. • 학습자들이 자기(팀)와 다른 팀의 활동을 평가할 수 있도록 돕는다. • 프로젝트에서 다룬 주요 내용을 요약 정리한다. • 학습 및 프로젝트 과정에 대한 학습자들의 성찰을 지원한다.

2. 프로젝트기반학습 운영하기

1) 프로젝트기반학습 안내하기

프로젝트기반학습은 교수자와 학습자의 역할, 진행 절차, 평가 방법 등에서 전통적인 강의식 수업과 차이가 있다. 따라서 프로젝트기반학습이 이루어지는 수업에서는 학습자들에게 프로젝트기반학습에 대해 안내하는 것이 필요하다. 프로젝트기반학습 안내 시 알려 주어야 하는 주요 내용은 다음과 같다.

- 프로젝트기반학습의 개념과 특성
- 프로젝트기반학습 절차
- 프로젝트기반학습에서 학습자와 교수자의 역할
- 프로젝트기반학습의 효과
- 평가 방법 및 기준

프로젝트기반학습에 대해 안내할 내용은 제1장에 소개된 내용들로, 학습자들에게는 간략하게만 소개한다. 또한 가능하다면 교수자가 해당 내용을 일방적으로 설명하기보다는 학습자들에게 질문하거나 유튜브에서 찾을 수 있는 실제 수업 사례를 보여 주는 것도 좋은 방법이다. 예를 들어, "여러분! 프로젝트기반학습으로 운영된 수업에 참여한 경험이 있나요? 어떤 프로젝트였나요? 프로젝트기반학습 경험에서 무엇이 좋았나요? 아쉬운 점은 무엇인가요?" 등과 같이 학습자들에게 자신의 프로젝트기반학습 경험을 묻는 질문은 교수자가 학습자를 이해하고 수업에 대한 학습자의 요구를 파악할 수 있는 기회이다. 또한 학습자들은 자신들의 경험을 떠올리고 이야기하면서 자연스럽게 프로젝트기반학습에 대한 자신감을 가질 수 있다. 프로젝트기반학습의 개념, 특성, 절차를 안내한 후에는 "우리 수업은 지금 설명한 프로 젝트기반학습으로 진행할 거예요. 여러분은 어떤 역할을 해야 할까요?" "이 런 방식의 수업에서는 어떤 학습 효과를 기대할 수 있을까요?" "내가 여러분 에게 어떤 도움을 제공하면 좋을까요?"와 같이 질문하고 학습자들의 답변을 정리하여 해당 내용에 대해 안내하는 것을 추천한다.

Teaching Tips | 프로젝트기반학습 안내하기

1. 프로젝트기반학습의 개념과 주요 특성

1) 프로젝트기반학습의 개념

학습자들이 과제를 수행하기 위해 자료를 수집·분석하고, 해야 할 일을 조직화하고 수행하며, 동료들과 협력하고 공유하는 과정에서 학습이 이루어지는 교수·학습 방법이다.

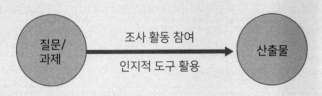

2) 프로젝트기반학습의 주요 특성

- 다양한 활동 과정에서 학습이 이루어진다.
- 실제적이고 간학문성을 지닌 과제를 다룬다.
- 협동과 협업을 하면서 프로젝트를 수행한다.
- 프로젝트기반학습에서 교수자는 조력자의 역할을 한다.

2. 프로젝트기반학습의 절차

프로젝트기반학습은 프로젝트 선정 및 계획 수립, 관련 자원 탐색 및 분석, 과제해결 의 단계로 진행된다.

- 프로젝트 선정 및 계획 수립: 교수자가 과제나 질문을 제시하면 학습자들이 자신

들이 수행할 과제가 무엇인지 이해하거나 선택한다. 프로젝트를 확인하고 선정한 후에는 팀원들과 함께 논의하여 프로젝트에 대한 답을 제시하기 위한 자료수집 및 학습 계획을 수립한다.

- 관련 자원 탐색 및 분석 단계: 학습자들이 과제해결을 위해 필요한 자료를 수집하고 읽고 이해하고 분석한다. 또한 필요한 경우 사람을 만나고, 특정 장소를 방문하며, 실험하고, 어떤 처치를 가한 후 결과를 살피는 등 다양한 활동을 하며, 과제해결을 위한 구체적인 아이디어를 창출하기 위해 모든 노력을 기울인다.
- 과제해결 단계: 학습자들은 다양한 자료를 탐색하고 분석하고 종합하면서 과제에 대한 최종 산출물을 만들어 간다. 학습자들은 최종 산출물을 위한 초안을 작성하거나 프로토타입을 제작하고 적절성과 타당성을 검토하고 보완하는 활동을 수행한다. 최종 결과물 발표 후에는 과제해결 과정에 대해 성찰한다.

3. 프로젝트기반학습에서 학습자와 교수자의 역할

1) 학습자의 역할

- 과제해결자/문제해결자: 학습자는 주인의식을 갖고 제시된 과제를 이해하고 선정하고 학습하고 논의하고 선택하고 적용한다. 학습자가 과제해결자/문제해결자의 역할을 한다는 것은 과제해결을 위해 학습자가 선택하고 의사결정하며 자신들의 결과물에 책임을 진다는 의미이다.
- 협력학습자: 학습자는 복잡하고 어려운 과제를 해결하기 위해 팀 구성원들과 함께 과제를 분석하고 논의하고 학습 계획을 수립한다. 그리고 학습 계획에 따라 각자 조사, 학습, 연구한 내용을 다시 공유하고 분석하여 최종 결과물을 개발하는 데 적용한다.
- 자기주도적 학습자: 학습자는 과제해결을 위해 팀원들과 역할을 나누어 자료를 수집하고 학습한 후 학습 내용을 공유한다. 학습자는 자신이 맡은 부분에 대해서만큼은 자기주도적으로 학습 자료를 검색하고 필요한 자원을 선택·적용하며, 학습 결과를 스스로 평가한다.
- 평가자: 자신 및 다른 학습자들의 학습 과정과 결과를 평가한다.

2) 교수자의 역할

- 교수 설계자: 프로젝트기반학습을 어떻게 운영할 것인지 계획한다.
- 학습 촉진자: 학습자들의 학습 활동을 지원하여 학습이 이루어질 수 있도록 돕는다.

- 평가자: 학습자들의 학습 과정과 결과에 대해 평가하고 피드백을 제공한다.

4. 프로젝트기반학습의 효과

- 지식 측면에서 프로젝트기반학습에서 다룬 지식과 기술에 대한 이해 정도가 증가한다.
- 문제해결능력, 비판적 사고력 등이 개발된다.
- 프로젝트(과제)와 관련된 특수 능력이 개발된다.
- 협업능력, 의사소통능력, 자기효능감, 시간관리 능력 등이 개발된다.
- 호기심, 흥미, 도전정신 등이 길러진다.

2) 학습 분위기 형성하기

프로젝트기반학습은 학습자들의 적극적인 참여가 중요하기 때문에 이를 가능하게 하는 수업 분위기, 즉 학습문화를 조성하는 것이 필요하다. 물론 프로젝트기반학습을 위한 학습문화를 몇 가지 활동으로 단시간에 조성할 수 있는 것은 아니다. 그러나 교수자의 노력과 시도는 중요하다. 아이스 브레이킹 활동, 교수자의 긍정적인 질문과 태도, 경청과 칭찬 등을 통해 최소한의 편안한 분위기를 형성할 수 있다. 편안하고 허용적으로 조성된 분위기가 학습문화로 정착할 수 있도록 교수자는 수업 중 학습자들에게 보이는 태도, 질문 등에 주의를 기울여야 할 것이다.

학기 초에 진행할 아이스 브레이킹 활동으로 가장 일반적인 방법은 자기소개이다. 프로젝트기반학습이 이루어지는 시기가 학기 초가 아니라 중반이라 할지라도 가능하면 학기 초에는 학습자들이 서로를 알고 친해질 수 있도록 자신을 소개할 수 있는 시간을 갖는 것이 좋다. 수업시간 중 자신의 이름, 학과, 좋아하는 것, 하고 싶은 것, 추천하고 싶은 책, 영화 등을 미리 메모한 후 자기소개의 시간을 갖도록 하자. 수업에 참여하는 학생수가 많다면 교실에서는 팀을 중심으로 서로를 소개하고 온라인 공간에서 자기소개 활동을 활성화할 수 있다. 자기소개를 위해 자신을 소개한 내용을 온라인 학습 공간인 LMS에 게시하고, 학습자들이 서로 다른 사람의 소개 내용을 읽고 답글을 작성할 수 있도록 안내한다. 이때 교수자 역시 자신을 소개하고 시간을 내어 학생들이 작성한 자기소개 내용을 읽고 간단하게라도 답글을 작성하는 것이 바람직하다.

3) 팀 편성 및 팀 빌딩하기

프로젝트기반학습에서는 일반적으로 4~6명으로 팀을 구성한다. 일반적으로 팀 활동에 적절한 학습자 수는 4명이라고 알려져 있다. 4명의 학생으로 구성된 팀의 경우 팀원들 간의 상호작용이나 각각의 구성원이 갖는 책임감, 역할 분담이 가장 적절히 이루어질 수 있기 때문이다(Johnson & Johnson, 1979). 그러나 학생 수가 많은 수업의 경우 팀 수가 많아지면 교수자가 팀을 운영하는 데 어려움이 있을 수 있으므로 팀 구성원 수를 늘려야 한다. 일반적으로 30명 내외의 중형 수업의 경우 수업 운영의 효율성을 위해 팀을 5~6개 내외로 구성하는 것이 바람직하므로, 4~6명으로 한 팀을 구성하는 것이 적절하다. 그러나 대형 수업의 경우 4~6명으로 팀을 구성하면 팀 수가 많아져 팀 활동을 관리하고 팀의 결과물을 공유할 때 어려움이 있으므로 교수자가 관리 가능한 팀 수를 고려해야 한다. 팀 수와 팀 구성원 수 중 무엇을 더 중요하게 고려할 것인가? 어려운 결정이다. 그러나 교수자가 결정하는 수밖에 없다. 학습자의 특성, 프로젝트 과제의 난이도, 프로젝트 수행 기간 등을 고려한 현명한 결정이 필요하다.

팀을 구성할 때는 다양성과 효과성을 고려한다. 물론 쉬운 일은 아니다. 그러나 임의로 팀을 구성하거나 학습자들이 스스로 친한 사람들끼리 팀을 구성하도록 하는 것은 적절하지 않다. 물론 교수자 입장에서 편하게 팀을 구성하는 것이지만 팀별 능력이나 수준에 차이가 생겨 팀 효과성을 기대하기 어렵고, 적극적으로 팀을 구성할 수 없는 학습자는 팀 구성 과정에서 마음의 상처를 입을 수 있다. 또한 친한 친구들과 팀을 구성할 경우 친근한 분위기에서 팀 활동이 이루어질 수 있지만 서로 다른 의견이나 자극을 받는 경험이 부족하여 지적 발달이나 정서적 훈련이 일어나기 어렵다. 따라서 학습자들에게 팀 구성의 자율성을 주기보다는 팀 효과성을 고려하여 교수자가 직접 팀을 구성하는 것이 적절하다. 그렇다면 팀은 어떻게 구성할 것인가? 팀 구성 시 참고가 될 수 있는 두 연구를 소개한다.

첫 번째 연구는 장경원과 성지훈(2012)의 연구로, 프로젝트기반학습에 참여한 학습자들의 의견을 제시한 것이다. 연구에 따르면 학습자들은 프로젝트 과제를 성공적으로 마무리하는 데 팀원들의 성실성, 성격, 리더십이 중요하다고 하였다([그림 8-3] 참조). 성실성에 해당하는 것은 주어진 역할을 충실히 수행하는 것과 과제해결을 위한 팀 활동에 적극적으로 참여하는 것이다. 성격에 해당하는 것은 다른 사람을 잘 배려하는 것과 자신의 의견을 적극적으로 제시하는 것이다. 리더십에 해당하는 것은 그룹의 분위기를 즐겁게 만드는 것과 회의를 잘 진행하는 것이다. 이 세 요인에 비해 상대적으로 구성원들의 성적이나 실력, 자신과의 친분 정도, 학과, 연령, 성별은 팀 활동의 성공에 크게 영향을 주지 않는다는 것이다.

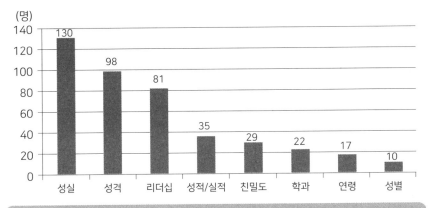

🖋 그림 8-3 팀 활동에 기여한 구성원들의 특성

출처: 장경원, 성지훈(2012).

이러한 내용을 반영하여 팀 편성을 위한 학습자들의 특성을 파악하기 위해 〈표 8-2〉와 같은 조사표를 구성할 수 있다. 6개의 질문은 학습자들이 스스로 팀 구성원으로서의 성실성, 성격, 리더십에 대해 답변하도록 한 것이다. 이 외에 프로젝트를 수행하는 데 필요한 어학 능력, 프로그래밍 능력, 신체 능력 등이 있다면 이 역시 조사표에 포함한다. 학기 초에 교수자가 팀 편성을 위해 '팀 편성을 위한 조사'를 실시하면, 학습자들은 일반적으로 ①, ②, ③번 질문에 대해서는 '매우 그렇다'나 '그렇다'에 답변하는 경향이 있다. 그러나 ④, ⑤, ⑥번 질문에 대해서는 비교적 솔직하게 답변한다. ④, ⑤, ⑥번 질문을 다시 한번 살펴보자. 세 질문은 학습자들의 적극성, 사회성, 리더십을 묻는 질문이다. 세 질문 중 1개라도 '매우 그렇다'나 '그렇다'로 답변한 학습자는 팀 활동 시 팀을 즐겁고 적극적인 분위기로 이끌 가능성이 높다. 따라서 우선 세 질문에 긍정적으로 답변한 학습자를 한 팀에 1명 이상 배정한 후 다른 능력이나 특성을 고려하여 학습자들이 고르게 분포할 수 있도록 팀을 구성하는 것을 추천한다.

표 8-2   팀 편성을 위한 조사표

이름:		연락처:	
학과:	학년:	나이:	성별:
지난 학기 성적(평점):	자료 검색 능력*: 하( ) 중( ) 상( )		

질문**	전혀 그렇지 않다	그렇지 않다	보통 이다	그렇다	매우 그렇다
① 나는 주어진 역할을 충실히 수행한다.					
② 나는 과제를 위한 모임에 적극적으로 참여한다.					
③ 나는 다른 사람을 잘 배려해 준다.					
④ 나는 내 의견을 적극적으로 표현한다.					
⑤ 나는 소집단의 분위기를 즐겁게 할 수 있다.					
⑥ 나는 소집단 활동 시, 회의를 잘 진행할 수 있다.					

* 자료 검색 능력은 실력의 예시 항목으로, 수업 활동의 특성을 반영하여 발표력, 컴퓨터 활용능력, 프로그래밍 능력, 외국어 능력 등으로 대체 혹은 추가할 수 있다.
** 질문 가운데 ①, ②는 성실도, ③, ④는 성격, ⑤, ⑥은 리더십을 묻는 질문이다.

　두 번째 연구는 Belbin(2010)의 연구로, 다양한 형태로 팀을 구성하여 팀의 성과를 비교한 결과, 성과를 창출하는 성공적인 팀이 되기 위해서는 팀 역할의 균형이 필요하다는 것이다. 즉, 팀원의 수와는 관계없이 〈표 8-3〉에 제시된 9가지의 팀 역할이 어느 정도 갖추어져 있느냐에 따라 팀의 성과가 달라진다. Belbin이 제시한 팀 역할은 전문가, 완결자, 실행자, 창조자, 분위기 조성자, 자원 탐색가, 지휘/조절자, 추천자, 그리고 냉철 판단자이다. 팀 내에서 9개의 역할이 균형 있게 이루어질 때 개인보다 팀이 강점을 가질 수 있다.

🔖 표 8-3　팀 역할의 균형을 위한 9가지 팀 역할

역할	특성
전문가 (specialist)	1가지 일에 전념하고 솔선하며 헌신적임, 전문분야의 지식과 기능을 잘 제공함
완결자 (completer)	근면 성실하고 매우 열심이어서 실수나 빠진 것을 찾아내고 제시간에 일을 이룩해 냄
실행자 (implementer)	엄격하고 신뢰성이 있으며 보수적이고 능률적임. 아이디어를 실행에 잘 옮김
창조자 (plant)	창조적이고 상상력이 풍부하며 전통이나 인습에 얽매이지 않아 어려운 문제를 잘 해결함
분위기 조성자 (team worker)	협력적이고 온화하며 남을 잘 이해하는 등 외교적임. 경청하고 마찰을 하며 조직을 평온하게 함
자원 탐색가 (resource investigator)	외향적이고 열정적이며 말하기를 좋아하며 기회를 발굴/탐색하고 친교를 잘함
지휘/조절자 (coordinator)	성숙하고 자신감에 넘치는 훌륭한 지도자로서, 목표를 명확히 하고 의사결정을 증진하며 위임을 잘함
추천자 (shaper)	도전적이고 활기에 넘치며 곤경 속에서 번성함. 장애를 극복하는 추진력과 용기를 지님
냉철판단자 (monitor evaluator)	냉정하고 전략적이며 총명하며, 모든 안을 살피고 정확히 판단함

Belbin에 따르면, 성공적인 팀이란 팀을 이끄는 팀장이 지휘/조절자 (coordinator)의 요건을 갖추고 있고, 창조자(plant)를 포함하고 있으며, 팀원들의 지능 분포가 폭넓고, 팀 역할이 고르게 분포되어 있으며, 팀원들이 능력에 맞는 팀 역할을 맡은 경우라고 하였다.

이러한 내용을 반영하기 위해서는 팀을 편성하기 전 학습자들을 대상으로 팀 역할을 검사한 후 이를 토대로 팀을 구성하는 것이 바람직하다. 학습자들에게 9가지 팀 역할을 소개한 후 자신에게 가장 잘 맞는 팀 역할이 무엇인지 선택하도록 하여 그 결과를 토대로 팀을 구성해 볼 수 있다. 조금 더 체계적으로 팀 역할을 파악하려면 학습자들에게 온라인 사이트에서 제공하는 '팀 역할 검사'에 참여하도록 한 후 그 결과를 토대로 팀을 편성할 수도 있다.[1]

팀 편성 후에는 팀원들이 협력하고 팀에 소속감을 가질 수 있도록 팀 빌딩의 기회를 제공한다. 가장 쉬운 방법 중 하나는 팀명과 팀 규칙을 정하는 것이다. 학습자들은 서로 자신을 소개한 후 자신들의 팀에 어울리는 이름을 정하고, 함께 지켜야 하는 규칙을 수립한다. 팀 규칙은 가능한 구체적으로 정하는 것이 바람직하다. 예를 들어, '칭찬하기'보다는 '팀 회의 시 팀원 1명 이상 칭찬하기' '적극적으로 참여하기'보다는 '회의 시 반드시 1개 이상 의견 제시하기'와 같이 실천이 용이하도록 구체적으로 수립한다. 보통 3~5개 정도의 팀 규칙을 정하고, 팀을 운영하는 과정에서 필요하다고 판단할 경우 규칙을 수정·보완할 수 있다. Larmer, Mergendoller와 Boss(2015)는 팀 빌딩을 돕는 활동으로 다음과 같은 활동을 제안하였다. 서로의 강점을 이야기하고 협업을 잘하기 위한 방법을 논의하는 과정에서 학습자들은 팀에 필요한 팀 규칙이 무엇인지 명확하게 인지할 것이다.

- 팀 활동에 기여할 수 있는 각자의 강점을 서로 이야기하기
- '협업을 잘한다'의 의미에 대해 논의하기

---

1) 무료로 참여할 수 있는 팀 역할 검사 사이트 중 하나는 http://www.123test.com/team-roles-test/ 이다. 여기서는 9가지 팀 역할에 대한 비중을 그래프와 함께 제시한다.

- 팀 계약서를 작성하여 각자의 책임을 명시하기
- 팀 내 역할 부여하기
- 연락처를 교환하고 서로 연락할 방법 결정하기

4) 학습역량 개발하기

프로젝트의 내용과 난이도에 따라 차이가 있지만 프로젝트기반학습에서는 학습자들이 자료를 탐색하고 정리하고 논의해야 한다. 이미 프로젝트기반학습 경험이 있는 학습자들에게는 익숙한 활동이지만 경험이 없는 학습자들에게는 스스로 자료를 찾고 학습하고 정리하는 일이 쉽지 않을 수 있다. 또한 학습자들이 탐색해야 할 자료가 전문적이어서 자료 접근 및 선택 등에 도움이 필요한 경우도 있다. 학습자들이 자신감을 갖고 프로젝트기반학습에 참여할 수 있도록 다음과 같은 학습 기술 및 역량을 키울 수 있는 기회를 제공하자. 학습자들에게 제공하는 역량 개발 기회는 노트 필기 등 '학습 방법'에 대한 안내, 특정 프로그램, 프로그래밍 언어 등에 대한 실습, 지식 습득을 위한 책, 자료, 전문가 소개 등 다양하다. 역량 개발 기회는 프로젝트의 성격에 따라 프로젝트 시작 전이나 진행 중에 제공한다.

- 정보를 검색하고 정보의 출처를 평가하는 방법 안내하기
- 회의록(연구노트) 작성 방법과 노트 필기 방법 안내하기
- 프로그램, 플랫폼 등 프로젝트 수행에 필요한 테크놀로지 활용 연습하기
- 프로그래밍 언어 등 프로젝트 수행에 필요한 사전 기술 실습하기
- 책 및 기타 읽기 자료, 영상 자료 제공하기
- 프로젝트와 관련된 독서 모임이나 토의 기회 제공하기
- 프로젝트와 관련된 현장 및 지역사회 관계자/전문가, 멘토와 연결하기

5) 도입 활동 및 프로젝트 제시하기

프로젝트기반학습 안내, 팀 편성, 그리고 필요한 학습역량 개발 등이 완료되면 본격적으로 프로젝트기반학습을 시작한다. 교수자는 프로젝트기반학습을 위해 학습자들에게 미리 준비한 프로젝트를 제시한다. 이때 프로젝트의 성격에 따라 차이가 있지만 간단한 도입 활동이 함께 이루어지는 것이 필요하다. 도입 활동은 프로젝트에 대한 배경 설명 제공, 동기부여를 위한 활동으로 프로젝트 선정 배경에 대한 설명, 특강(초청 강사의 강의), 신문기사 소개, 뉴스, 영화 등 관련 동영상 시청, 전체 토의, 실제 또는 가상의 편지나 과제 의뢰서, 모의실험, 게임, 현장학습, 노래, 시, 예술작품 등 다양한 방법으로 이루어질 수 있다.

예를 들어, 토론 프로젝트를 운영한 행정학과 수업에서는 학생들과 함께 현재 정책 중 함께 토론해야 할 논제를 선정하였다. 학생들은 토론이 필요하다고 판단된 이슈를 토론 논제로 제안하였고, 모두가 제안한 논제들을 정리하고 투표하여 수업 중 토론할 프로젝트 주제를 선정하였다(이병량, 장경원, 2015). 학습자들이 모두 참여하여 토론 논제를 결정하는 전체 토의는 프로젝트를 시작하는 도입 활동으로 더할 나위 없이 훌륭하다. 학습자들이 도입 활동을 통해 프로젝트 주제를 이해하고, 주인의식을 갖게 되었기 때문이다. 기계와 공동번역하기 프로젝트를 운영한 영문학과 수업에서는 학생들에게 프로젝트를 제시하기 전 인공지능 전문가를 초청하여 특강 기회를 제공하였다. 학생들은 전문가의 강의를 통해 영문학을 전공한 자신들이 이제 인공지능과 협업하여 번역해야 한다는 필요성을 인지하고 프로젝트에 더욱 몰입하였다.

도입 활동과 함께 학습자들에게 프로젝트를 제시한다. 프로젝트는 교수자가 설계한 대로 탐구 질문을 포함한 주제, 시나리오, 과제 의뢰 등 다양한 형식과 다양한 방식으로 제시한다. 종종 프로젝트가 학교 밖 지역사회나 산업체와 연계된 경우에는 해당 과제 의뢰자나 이해관계자의 요구를 영상이나 문서로 정리하여 제시하는 것도 필요하다.

6) 프로젝트 이해/선정 및 계획 수립하기

교수자가 프로젝트를 제시하면 학습자들은 교수자가 제시한 프로젝트가 무엇인지 이해하거나 수행할 프로젝트를 선정한다. 교과목에 따라 프로젝트가 제시되는 방식은 다양하다. 하나의 질문이나 문제로 제시하는 경우, 큰 주제나 질문을 제시하여 학습자들이 소주제를 선택하거나 선정하는 경우, 여러 개의 질문이나 주제 중 1가지를 선택하는 경우, 학습자들이 해결해야 할 과제가 질문이나 문제 상황으로 제시되면 학습자들은 팀원들과 함께 과제를 이해하기 위해 논의한다. "우리가 해야 하는 과제는 무엇인가? 이 과제를 수행하기 위해 무엇을 알아야 하는가? 과제를 명확하게 이해하기 위해 먼저 만나야 하는 사람은 누구인가? 또는 읽어 봐야 하는 자료는 무엇인가?" 사회자 또는 팀원 전체가 서로에게 이러한 질문을 하면서 프로젝트가 무엇인지 정확하게 이해한다.

프로젝트를 선택 가능하도록 복수의 과제로 제시하면 학습자들은 자신들의 관심이나 흥미, 난이도 등을 고려하여 과제를 선택한다. 특정 과제를 희망하는 학습자가 많을 경우에는 우선 학습자들이 스스로 상의하여 과제를 선택할 수 있도록 하는 것이 바람직하다. 과제 선택에 의해 팀이 구성되는 경우도 있다. 이런 경우에는 프로젝트 제시 및 선정 이후에 팀 편성과 팀 빌딩이 이루어질 수 있도록 운영한다. 학습자들이 프로젝트를 선정한 후에는 역시 팀원들이 상의하여 과제를 이해하기 위해 논의한다.

이 단계에서 교수자는 팀을 순회하면서 학습자들의 과제 이해 여부, 과제 범위의 적절성 여부를 확인하고 과제 수행을 위해 필요한 학습 및 자료수집 계획을 모니터링하고 지원한다. 교수자의 모니터링은 주로 관찰과 질문이고, 필요할 경우 주요 개념이나 원리 등에 대해 설명하기도 한다. 교수자가 제시하는 대표 질문은 다음과 같다.

- 지금 이 과제에서 해결해야 하는 것은 무엇인가요?
- 과제해결을 위해 여러분은 어떤 역할을 해야 하나요?
- 과제해결을 위해 우리가 다루어야 할 또 다른 측면이 있다면 무엇일까요?
- 가장 관심이 가는 분야나 주제는 무엇인가요?
- 여러분에게 필요한 자료를 수집하기 위해 무엇을 해야 하나요?
- 왜 그것을 해야 하나요?

프로젝트 과제를 수행하기 위해 학습자들은 함께 자료를 찾아보고 상의할 것이다. 그러나 종종 논의가 진전되지 않고 같은 이야기만 반복하거나 어떤 자료를 먼저 봐야 할지 결정하는 못하는 등 어려움에 직면하게 된다. 이럴 때 학습자들의 대화를 듣고 있던 교수자가 "여러분에게 필요한 자료를 수집하기 위해 무엇을 하면 좋을까요?" "지금 이 과제의 현재 상황이 갖고 있는 특성은 무엇인가요?"라고 질문하는 것이다. 물론 먼저 학습자들끼리 답을 찾을 수 있도록 충분히 기다려 준 후에 질문하는 것이 필요하다. 교수자의 질문은 학습자들에게 길을 안내하고 새로운 아이디어나 의견을 제시할 수 있는 실마리가 될 것이다.

개인 또는 팀별로 프로젝트를 결정하면 자신들이 수행할 프로젝트에 대한 개요서를 작성하도록 한다. 프로젝트 개요서를 위한 정해진 양식은 없지만 〈표 8-4〉와 같이 팀명, 팀원, 프로젝트명, 프로젝트 선정 배경, 주요 연구 질문, 기대효과(성과), 활용할 자료들, 프로젝트 수행 계획(진행 절차), 최종 결과물 등으로 구성할 수 있다. 초등학생이나 중·고등학생들인 경우 기대효과는 작성하기 어려울 수 있으므로 해당 항목은 포함하지 않는 것이 좋다.

표 8-4 프로젝트 개요서(프로젝트 설명서)

팀명	
팀원	
프로젝트명	
프로젝트 선정 배경	
주요 연구 질문	
기대효과 (성과) 정량적	
정성적	
활용할 자료들	
프로젝트 수행 계획 (진행 절차)	
최종 결과물	

　학습자들이 프로젝트 개요서 내용을 발표하면 이에 대해 질문하거나 피드백을 제공한다. 이 과정을 통해 학습자들이 수행할 프로젝트의 범위, 최종 결과물의 형태 등이 명확해질 것이다. 종종 수정된 프로젝트 개요서에서도 프로젝트의 주제나 범위가 적절하지 않아 피드백과 수정이 반복되는 경우가 있다. 그러나 이러한 과정이 귀찮다고 그냥 지나치면 결국 더 많은 시간이 소요된다. 이 단계를 몇 번 반복하더라도 프로젝트를 명확하게 선정하는 것이 중요하다.

7) 관련 자료탐색 및 분석하기

　프로젝트가 명확하게 결정되면 학습자들은 본격적으로 필요한 자료를 수집하고 분석한다. 이 단계는 학습자들이 프로젝트 수행에 필요한 지식, 이해, 기술, 역량을 키우는 단계라 할 수 있다. 학습자들은 자신들이 조사와 학습, 연습을 통해 습득한 지식, 기술, 역량을 토대로 프로젝트 결과물을 구성할 것이다. 그러나 최종 결과물이 완성되기 위해서는 추가적인 자료수집과 분석, 이의 적용이 반복적으로 진행된다. 교수자는 학습자들이 프로젝트 수행에 필요한 지식과 기술을 충분히 습득할 수 있도록 지원한다. Larmer, Mergendoller와 Boss(2015)는 프로젝트기반학습이 단순히 '학습자들을 자유롭게 풀어놓는 교육'이 아니라는 것을 강조하였다. 교수자가 학습자들의 프로젝트 수행을 지원하는 방법은 다음과 같다.

첫째, 프로젝트를 수행하기 위해 실험, 실습, 현장조사와 인터뷰 등의 학습 활동이 필요한 경우 이를 지원한다. 자료수집, 가설 검증 등을 위해 실험을 하는 경우 실험 관련 안전교육, 실험 전 사전학습 안내 또는 사전학습 여부 확인, 실험 결과 정리 및 해석 등과 관련하여 교수자는 필요한 도움을 제공한다. 프로그래밍 등 실습이 필요한 경우에는 먼저 기본적인 로직이나 라이브러리에 대한 안내를 제공하고 교수자와 함께 쉬운 연습과제를 수행해 본다. 그 이후 학습자들이 직접 프로그래밍하거나 필요한 라이브러리를 찾는 등의 활동이 이루어진다. 현장조사나 인터뷰가 이루어져야 하는 경우 수업 중 조사와 인터뷰 전 학습해야 할 내용 도출 및 학습 여부 확인, 인터뷰 질문지 개발 등이 이루어지는 것이 필요하다. 이러한 활동이 충분히 이루어졌을 때 앞서 강조했던 '학습을 위한 프로젝트'가 될 수 있다.

둘째, 학습자들이 다양한 자료를 검토하고 충분히 논의할 수 있도록 지원한다. 학습자들은 다양한 자료를 찾고 읽어야 한다. 그리고 해당 내용을 충분히 이해하려고 노력하고 논의해야 한다. 학습자들은 종종 자료를 충분히 검토하지 않는데, 그 이유는 다양하다. 시간이 부족하고, 읽어야 할 내용이 많고, 다른 학습자가 상처받을까 봐 정리해 온 내용을 비판할 수 없고, 다른 학습자가 똑똑하니까 그 친구의 의견을 따르는 것이 맞다고 생각하고, 무엇보다 귀찮기 때문이다. 그러나 이러한 이유로 여러 명의 구성원이 나누어 학습한 자료를 비교하고, 분석하고, 종합하지 않고 나열하거나 1~2명의 의견만 반영하여 정리한다면 의미 있는 결과물을 도출할 수 없다. 학습자들이 프로젝트기반학습에 참여하는 것은 프로젝트 결과물을 산출하기 위해서가 아니라 학습을 하기 위해서라는 것을 잊어서는 안 된다. 교수자의 역할은 학습자들이 학습할 수 있도록 돕는 것인데, 가장 좋은 방법론은 질문이다. 교수자가 제시하는 대표 질문은 다음과 같다. 학습자들은 이러한 질문에 답하면서 다양한 자료를 종합하고 새로운 관점에서 자료를 해석하고 서로의 의견을 논의하게 될 것이다.

- 이러한 현상이 발생하는 원인은 무엇일까요?
- 그렇게 한다면 어떤 결과가 발생할까요?
- 두 사람이 조사한 내용은 어떤 공통점이 있나요?
- 만일 ~한다면 어떻게 될까요?

셋째, 효율적·효과적으로 과제를 수행할 수 있도록 필요한 학습 전략과 도구를 추천하고 지원한다. 자료수집과 정리, 논의를 효과적으로 돕는 다양한 학습 전략과 도구들이 존재한다. 학습자들이 이러한 전략과 도구를 알고 적절하게 활용하는 경우도 있지만 그렇지 않은 경우가 더 많다. 질문하는 방법과 질문형식, 인터뷰 양식, 실험보고서 작성양식, 아이디어 도출 및 정리 방법, 인터뷰 및 관찰 결과를 시각적으로 표현하는 공감 지도, 보고서 작성 및 자료수집 계획 시 활용하는 블랭크 차트, 문제의 원인·결과를 분석하는 로직트리 등이다. 이 외에도 매우 다양한 전략과 도구들이 존재한다. 교

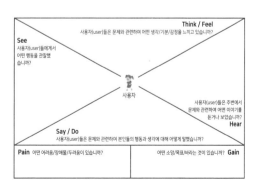

✏ 그림 8-4 과제 수행을 돕는 도구 예시

수자는 학습자들에게 제시한 프로젝트와 관련하여 활용하면 좋은 전략과 도구를 선택하여 이를 활용할 수 있도록 지원해야 한다. 물론 이를 위해 사전에 학습자들에게 필요한 전략과 도구가 무엇인지 검토하고 확인하며 교수자가 먼저 활용해 보는 노력이 필요하다. 몇 가지 유용한 학습 전략과 도구를 제10장에서 안내하였다.

넷째, 학습자들의 학습을 위해 필요한 경우 교수자가 직접 설명하는 강의를 하거나 과제를 제시한다. 여러 팀의 학습 활동을 관찰하다 보면 학습자들이 공통적으로 어려움을 겪는 것을 목격할 수 있다. 학습자 특성을 분석하여 프로젝트를 설계했음에도 불구하고 이러한 일은 종종 발생한다. 처음에는 한두 팀을 대상으로 간단하게 해당 개념에 대해 설명할 것이다. 그러나 전체 학생을 대상으로 설명이 필요하다고 판단되면 팀 활동을 잠시 멈추고 강의 시간을 갖는 것이 필요하다. "여러분, 잠깐 팀 활동을 멈추고 앞을 봐 주세요. ○○○에 대해 설명하려고 하는데, 어떤가요?" 모든 학생들이 환영할 것이다.

강의보다 다른 자료를 제시하는 것이 효과적이라도 판단된다면 동영상, 논문, 그림 등의 자료를 제공할 수도 있다. 교수자가 제시한 자료를 충분히 읽고 이해하는 게 필요하다고 판단한 경우 해당 자료를 읽고 요약하는 과제를 함께 제시한다. 이때 학습자들에게 이 자료가 프로젝트 과제를 수행하는 데 도움이 될 것이라고 안내한다.

다섯째, 프로젝트 최종 결과물이 완성되는 과정을 지속적으로 검토하고 피드백한다. 학습자들이 자료를 수집해서 분석하고 그 결과를 적용, 정리하여 프로젝트 최종 결과물을 완성하는 과정은 반복적이지만 조금씩 전진한다. 최종 결과물을 완성하는 데 있어서 학습자들의 노력과 협력이 가장 중요하지만 교수자의 피드백 역시 중요한 역할을 한다. 물론 앞서 강조한 교수자의 활동들, 즉 학습 활동 안내, 자료 검토와 논의 지원, 학습 전략과 도구 추천, 강의와 추가 자료 제공 역시 피드백의 일환이라고 볼 수 있지만 최종 결과물을 완성하는 과정에서 직접적으로 제공하는 피드백의 역할은 매우 중요하다. 교수자가 피드백을 제공하는 방법 역시 질문이다. 교수자의 질문과 피드백 또는 다른 팀에서 제시하는 질문과 피드백은 학습자들에게 자신들의 최종 결과물을 객관적으로 검토하고 수정 보완할 수 있는 기회를 제공할 것이다.

- 실험을 통해 수집한 자료는 이 결과물에 어떤 영향을 주었나요?
- 만약 ~라는 조건이 주어진다면 현재 도출된 결론(해결안)에는 어떤 영향이 있을까요?
- (보고서의 경우) 독자가 내용을 쉽게 이해할 수 있도록 자료를 체계화해서 하나의 그림으로 표현한다면 어떻게 표현할 수 있나요?

8) 과제해결하기(발표, 평가, 종합 · 정리, 성찰)

프로젝트의 마지막 단계는 최종 결과물을 완성하고 이를 발표하는 것이다. 우선 교수자는 학습자들의 수고와 노력에 대해 아낌없이 칭찬하고 격려한다. 그리고 발표 방법, 상호평가 방법 등을 안내한다. 프로젝트가 무엇이냐에 따라 최종 결과물은 보고서, 영상, 건축물, 연극, 사진 등 매우 다양한 형태일 것이다. 따라서 최종 결과물 발표 역시 다양한 방식으로 이루어진다. 어떠한 방법과 형식으로 이루어지든 각 팀을 대표하는 한 사람이 발표하기보다는 가능한 팀 구성원이 모두 발표에 참여할 수 있도록 운영하는 것이 바람직하다. 발표할 분량을 나누어 발표하거나 발표 자료를 교실 벽에 게시하거나 노트북으로 볼 수 있게 한 후 박람회 형식으로 운영하여 발표자와 청중의 역할로 번갈아 모두 발표에 참여할 수 있다. 함께 자료를 수집하고 연구했지만 보고서는 각자 작성하여 개별적인 보고서나 프레젠테이션으로 발표할 수도 있다.

프로젝트 최종 결과물의 발표가 끝나면 전체 학습자와 교수자 모두 평가자로 참여하여 평가 의견을 제시하고 평가 점수도 부여한다. 평가가 원활하게 이루어질 수 있도록 교수자는 미리 평가 준거를 제시하고 학습자들은 준거에 따라 객관적으로 평가한다. 상호평가를 하면서 학습자들은 다시 한번 종합적으로 사고하는 학습의 기회를 갖게 된다.

발표와 평가가 끝나면 교수자는 해당 프로젝트를 통해 학습해야 하는 주요한 개념, 원리, 절차 등을 종합·정리한다. 대부분 학습자가 발표하는 데 많은 시간이 소요되기 때문에 교수자가 종합·정리하는 시간을 할애하지 않는 경우가 있다. 그러나 시간이 부족하다면 다음 차시나 다음 주 또는 온라인 콘텐츠로 업로드하여 제공하더라도 마지막 정리는 매우 중요하다. 교수자의 종합·정리를 통해 학습자들은 잘못 이해한 것을 바로잡고, 누락된 개념을 추가하여 이해하고, 프로젝트에서 다룬 많은 개념과 원리들의 관계를 전체적으로 정리하고 학습할 수 있기 때문이다.

발표, 평가, 종합·정리가 끝났다면 이제 마지막으로 학습자들이 학습 과정과 결과에 대해 성찰하는 시간을 갖는다. 성찰은 교실에서 팀원들이 서로 배우고 느낀 점을 나누며 진행할 수도 있고 개별적으로 성찰일지를 작성하여 정리할 수도 있다. 교수자는 성찰을 위해 다음과 같은 질문들을 직접 제시하거나 성찰일지에 작성하여 제공한다.

- 과제로부터 무엇을 배웠나요?
- 과제로부터 배운 것을 언제 어떻게 활용할 것인가요?
- 팀 활동을 통해 느낀 것은 무엇인가요?

3. 교수자의 질문

프로젝트기반학습에서 학습과 프로젝트 수행을 위해 학습자의 고민과 논의가 필요하다고 판단될 때 교수자는 학습자들에게 질문을 제시해야 한다. 교수자의 질문은 학습자들의 프로젝트 수행을 지원하는 도구이면서 학습을 돕는 도구이기도 하다. 학습자들은 교수자가 제시하는 질문에 대답하는 과정에서 프로젝트 수행에 필요한 답을 찾고, 의미 있는 학습을 한다. 〈표 8-5〉는 앞서 소개한 질문들을 포함하여 프로젝트기반학습 단계별, 상황별로 교수자가 제시할 수 있는 질문 예시이다. 이 외에도 학습자의 '프로젝트'와 '학습'을 지원하는 다양한 질문을 제시해 보자.

표 8-5　프로젝트기반학습 단계별 교수자 질문 예시

단계	상황	질문
프로젝트 선정 및 계획 수립	과제에 대한 이해를 촉진시키고자 할 때	• 지금 이 과제에서 해결해야 하는 것은 무엇인가요? • 이 과제의 현재 상황이 갖고 있는 특성은 무엇인가요? • 과제해결을 위해 여러분은 어떤 역할을 해야 하나요? • 과제해결을 위해 우리가 다루어야 할 또 다른 측면이 있다면 무엇인가요?
	과제의 범위를 조정하고 파악할 때	• 여러분이 성취할(성취하고 싶은) 일은 무엇인가요? • 가장 관심이 가는 분야는 무엇인가요? • 우리가 할 수 있는 일은 무엇인가요? • 가장 중요하다고 생각하는 요인은 무엇인가요? • 우리가 살펴볼 수 있는 또 다른 측면은 무엇인가요?
	계획 및 목표를 설정할 때	• 그것을 달성하는 최선의 방법은 무엇인가요? • 우리가 정말 공부(조사, 실험)해야 하는 것은 무엇인가요? • 그것을 얻기 위한 다른 방법이 있다면 무엇인가요? • 다음에는 무엇을 해야 할까요? • 왜 그것을 해야 하나요? (왜 그것이 중요하나요?) • 여러분이 계획한 일들 중 먼저 해야 할 것과 그다음에 해야 할 것은 무엇인가요? • 계획대로 진행될 경우, ~의 미래는 어떤 모습이 될까요? • 권한이 있다면 무엇을 바꾸고 싶나요? • 그 내용을 학습하는 게 과제해결을 위해 어떤 도움이 되나요?

관련 자원 탐색 및 분석	탐색이나 분석을 촉진할 때	• 이러한 현상이 발생하는 원인이 무엇인가요? • ~라고 말했는데, 그 이유가 뭐라고 생각하나요? • 이것은 결국 어떤 영향을 미칠까요? • 그렇게 한다면 어떤 결과가 발생할까요? • 그들이 (진정) 원하는 것이 무엇이라고 생각하나요? • ~을 위해 우리가 살펴보아야 할 사항들은 무엇인가요? • 그 대안의 장단점은 무엇인가요? • 그것을 실행한다면 어떤 장애 요인(어려움)을 예상할 수 있을까요? • 그 장애 요인을 어떻게 극복할 수 있을까요? • 그러한 결론이 기초로 하는 가정은 무엇인가요? • 그 가정이 옳다는 것을 어떻게 검증할 수 있나요? • 어떤 결론을 이끌어 낼 수 있을까요? • 그 사실은 무엇을 시사(의미)하나요?
	학습을 유도할 때	• 우리가 알아야 할 것이 무엇인가요? • 그것을 뒷받침할 수 있는 이론적 근거는 무엇인가요? • 그것을 확인하기 위해 무엇을 학습해야 할까요?
	새로운 시각을 촉진할 때	• 왜 그렇게 생각하나요? • 그 문제를 다른 관점에서 볼 수 있나요? • 만일 ~한다면 어떻게 될까요? • 그것을 다른 방식으로도 할 수 있을까요? • 우리가 생각할 수 있는 다른 대안은 무엇인가요?
	타당성을 검증할 때	• 그러한 해결안이 타당하다는 것을 어떻게 검증할 수 있나요? • ~의 결과가 시사하는 것은 무엇인가요? • 만약 ~을 할 수 없다면 무엇을 해야 할까요? • ~의 근거를 어디에서 찾을 수 있나요? ~의 근거는 무엇인가요? • 만약 ~의 조건이 주어진다면 현재 해결안은 어떻게 될까요?
과제해결	과제 마무리 이후의 성찰	• 과제를 수행하면서 무엇을 배웠나요? • (그러한 경험을 통해) 우리가 배울 점은 무엇인가요? • 어떤 성과를 얻었다고 생각하나요? • 그 대안이 어떤 점에서 실질적으로 도움이 될 것이라고 생각하나요?

- 이 과제에 당신은 어떻게 기여했나요?
- 이 과제를 다시 한다면 바꾸고 싶은 점은 무엇인가요?
- 과제 목표를 충분히 달성했다고 생각하나요? (예/아니요) 어떤 점에서 그런가요?
- 그 문제를 해결하기 위해(결과물을 얻기 위해) 살펴본 점은 무엇인가요?
- 과제 수행 과정이나 결과물에서 잘했던 것이 무엇인가요?
- 문제해결안(최종 결과물)의 질적 측면에 대해 어떻게 생각하나요?
- 과제로부터 배운 것은 무엇인가요? (가장 가치 있는 학습은 무엇인가요?)
- 팀에 대해 무엇을 배웠나요?
- 과제를 통해 배운 학습을 어디에 적용할 수 있을까요?
- 내가 질문해야 하는데, 하지 않은 질문이 있나요? 무엇인가요?

출처: 장경원, 고수일(2014) 재구성.

제9장

온라인 프로젝트기반학습

온라인 프로젝트기반학습은 온라인 공간에서 이루어지는 프로젝트기반학습이다. 온라인 프로젝트기반학습은 교실에서 이루어지는 프로젝트기반학습과 크게 다르지는 않다. 그러나 온라인 공간에서 무엇을 어떻게 할 것인지 먼저 계획하고 준비하는 것이 필요하다. 여기서는 온라인 공간에서 이루어지는 프로젝트기반학습의 주요 특성과 구체적인 설계와 운영 전략을 안내한다.

1. 온라인 학습 환경의 특성

온라인 공간은 학습자들에게 다양한 학습 환경을 제공한다. 온라인 공간에서 학습자들은 신문기사, 논문, 보고서 등 다양한 양질의 자료를 쉽게 탐색하고 수집할 수 있다. 또한 텍스트 형태의 자료뿐만 아니라 이미지, 그래픽, 오디오와 비디오 등 멀티미디어 자료도 손쉽게 활용할 수 있다. 온라인 공간은 또한 다양한 상호작용 기회를 제공한다. 신문기사, 논문, 오디오와 비디오 등의 자료에 대해서 자신의 생각이나 질문을 작성하는 자료와의 상호작용이 이루어질 수 있고, 다른 사람들과의 상호작용도 다양하게 이루어질 수 있다. [그림 9-1]은 수업에서 활용하는 온라인 학습 환경을 상호작용의 동시성과 매체의 특성을 기준으로 구분한 것이다.

온라인 학습 환경에서 이루어지는 상호작용은 4개의 영역으로 나누어 정리할 수 있다. 첫째, 영상(화상)을 이용한 동시적 상호작용이다. 이 경우는 주로 Google Meet, Zoom 등의 화상회의 시스템을 이용한다. 코로나19의 영향으로 전 세계의 많은 수업이 화상회의 시스템을 통해 이루어졌고, Gather Town, Zepeto 등의 메타버스 플랫폼도 활용하였다. 이러한 화상회의 플랫

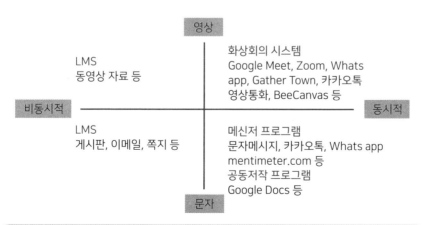

🖋 그림 9-1 상호작용 방법을 기준으로 구분한 온라인 학습 환경

폼과 메타버스 플랫폼에는 소그룹 회의실, 채팅, 보드판 등의 기능이 있어서 교수자의 강의뿐만 아니라 팀별 토의, 발표 등 다양한 상호작용이 이루어질 수 있다. 영상을 이용한 동시적 상호작용 플랫폼은 충분하지는 않지만 교수자와 학습자가 직접 실시간으로 대화 및 다양한 활동이 가능하기 때문에 최근 가장 많이 활용되고 있는 온라인 학습 공간이 되었다.

둘째, 문자(텍스트)를 이용한 동시적 상호작용이다. 이 경우는 주로 휴대폰의 문자 메시지, 카카오톡, Whats app 등의 메신저 프로그램과 Google Docs와 같은 공동저작 프로그램을 이용한다. 물론 텍스트뿐만 아니라 영상, 그림, 그리고 다른 프로그램으로 작성한 문서도 쉽게 주고받으며 상호작용할 수 있다. 문자를 이용한 동시적 상호작용 시스템은 교수자와 학습자 모두 손쉽게 활용하지만 온라인 수업의 기본 학습 공간이나 상호작용 방법보다는 보조적인 상호작용 방법 또는 수업 외 시간에 편리하게 상호작용하는 방법으로 활용할 수 있다.

셋째, 문자(텍스트)를 이용한 비동시적 상호작용이다. 이 경우는 수업에서 사용하는 LMS(Learning Management System)의 게시판과 쪽지, 그리고 이메일을 이용하며, 텍스트뿐만 아니라 영상, 그림, 수집한 자료와 문서 등 다양한 문서를 쉽게 주고받거나 LMS상에 저장하여 공유할 수 있다. 문자를 이용한 비동시적 상호작용은 주로 수업의 공지사항, 자료, 과제 등을 안내하고 학습자들이 학습한 자료를 공유할 때 주로 활용되고 있다. 교수자의 입장에서는 수업 운영을 위해 실시간으로 안내하는 것뿐만 아니라 학습자들이 다시 확인할 수 있도록 해야 하므로 LMS에 수업 운영과 관련된 정보를 제시하고 학습자들의 문의 사항에 답변하는 것이 중요하다.

넷째, 영상을 이용한 비동시적 상호작용이다. 이 경우는 주로 LMS 등을 이용하여 교수자의 강의, 회의 녹화 영상, 인터뷰나 의견 등을 녹화한 영상 등을 공유하고, 이에 대해 의견을 주고받는다. 영상을 이용한 비동시적 상호작용은 문자를 이용한 비동시적 상호작용과 거의 동일한 목적과 방식으로 이루어진다.

상호작용 방법이 다양하므로 온라인 수업을 설계하고 계획할 때는 언제 어떠한 방식의 상호작용이 필요한지 검토하고 필요한 플랫폼이나 시스템을 선택 및 활용하는 것이 필요하다.

🔲 Teaching Tips | 메타버스의 주요 특성

최근에는 메타버스와 인공지능의 발달로 온라인 학습 환경이 더욱 다양하고 풍성해졌다. 여기서는 메타버스에 대해서만 소개한다.

메타버스는 1992년 Neal Stephenson의 소설 『스노우 크래쉬(Snow Crash)』에서 처음 언급되었다(주석진 외, 2014). 메타버스는 현실세계를 나타내는 유니버스(Universe)에 '더 높은, 초월한'이라는 의미를 가지는 메타(Meta)가 결합된 말로, 현실을 초월한 세계를 나타낸다고 할 수 있다. 2006년 5월 캘리포니아에서는 제1회 메타버스 로드맵 회의(Metaverse Roadmap Summit)가 열렸는데, 이 회의에서 논의된 내용을 1년간 수정 보완하여 『메타버스 로드맵(Metaverse Roadmap)』이라는 책으로 발표되었다. 메타버스 로드맵에서는 메타버스를 '가상적으로 확장된 물리적 현실과 물리적으로 영구화된 가상공간의 융합'으로 정의하였다.

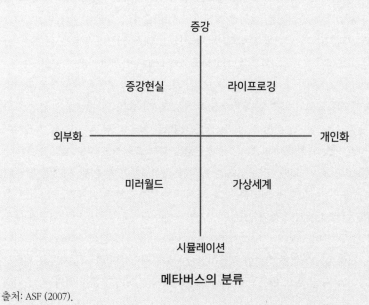

메타버스의 분류

출처: ASF (2007).

메타버스 로드맵에서는 메타버스의 범위에 속하는 다양한 기술 혹은 서비스를 구분하기 위하여 증강(Augmentation)과 시뮬레이션(Simulation), 그리고 외부화(External)와 개인화(Intimate)의 2가지 축을 사용하였다. 두 축에 사용된 개념인 증강은 기존의 실세계에 새로운 기능을 추가하는 기술을 의미하고, 시뮬레이션은 사용자 간 상호작용이나 사용자가 원하는 정보를 새로운 세계의 개념으로 제공하는 기술이다. 개인화는 개인의 상태나 행동 등 각 개인의 내부적인 부분에 집중하는 것을 의미하며, 외부화는 사용자 주변의 세계에 집중하여 이에 대한 정보를 제공하는 것을 의미한다고 할 수 있다. 이 두 축을 이용하여 정의된 4개의 메타버스 구성요소가 가상세계, 미러월드, 증강현실, 라이프로깅이다.

가상세계(Virtual World)는 그 안에 자신을 대신하는 아바타가 존재하고 이 아바타를 통해서 다른 아바타들과 서로 상호작용할 수 있다. 가상세계에는 실세계처럼 자연과 각종 조형물이 존재하며 구현하고자 하는 세상을 사용자들이 직접 건설할 수 있다. 최근 메타버스로 알려진 대부분의 플랫폼은 가상세계를 구현한 것으로 볼 수 있다. Zepeto, Gather Town 등의 플랫폼은 가상세계에 아바타와 상호작용이 가능한 환경을 구현하고 그 안에서 다양한 방법으로 소통할 수 있도록 하고 있다.

증강현실(Augmented Reality)은 '우리의 일상적인 세계인식 위에 네트워크화된 정보를 부가하는 인터페이스와 위치인식 시스템의 사용을 통해서 실제 현실세계를 확장시키는 기술'이다. 증강현실은 실제 영상에 인위적인 컴퓨터 그래픽 영상을 삽입하여 실세계 영상과 가상의 영상을 혼합함으로써 현실에 대한 인간의 감각을 확장시키는 기술로서, 헤드마운트 디스플레이(Head Mounted Displays: HMDs)와 착용형 컴퓨터(Wearable Computer)가 그 예라고 할 수 있다. 최근에는 스마트폰용 증강현실 애플리케이션들이 사용되면서 매우 친숙한 기술이 되었다. 학습에서의 증강현실 활용은 사용자가 관찰하고 있는 장면에 대한 추가적인 정보를 제공함으로써 이해를 촉진시킬 뿐만 아니라 학습 과정에서 발생하는 상호작용을 통해 교육적 이해를 높일 수 있다.

미러월드(Mirror World)는 '정보적으로 확장된 가상세계이며, 실제 세계의 반영'이다. 가상세계와 미러월드의 차이점은 그 세계가 새롭게 창조된 세계인가 아니면 실제 세계를 디지털 세계로 옮겨 놓은 것인가의 차이이다. 대표적인 미러 월드의 애플리케이션은 구글 어스(Google Earth)이다. 구글 어스는 구글의 검색 기능을 위성 이미지, 지도, 지형 및 3D 건물 정보에 적용하여 전 세계 지역 정보를 사용자에게 제공하는 서비스이다. 구글 스트리트 뷰(Google Street View)는 여기서 더 나아가 직접 거리를 걷는 것처럼 주변의 사진을 보여 주는 서비스이다. 차량이 거리를 다니며 특수카

메라로 사방을 찍고 이를 조합함으로써, 마치 자신이 그 위치에 있는 것 같은 생각이 들 정도로 주변을 보여 준다.

　라이프로깅(Lifelogging)은 '사물과 삶에 대한 일상적인 경험과 정보를 캡처하고 저장하고 묘사하는 기술'이다. 디지털 저장장치의 가격이 하락하고 기술이 발전함에 따라 개인이 생활하면서 보고, 듣고, 느끼는 것과 관련된 모든 정보를 저장하는 것이 가능해졌다. 나이키(Nike)의 스포츠밴드는 사용자의 운동 정보를 인터넷으로 연결하여 전 세계의 다른 사용자들과 비교할 뿐 아니라 경쟁도 가능하도록 했다. 최근 많은 운동 관련 스마트 앱들이 동일한 방법을 이용하여, 인터넷상에서 다른 사람들과 연결하고 이를 통해 더 많은 정보를 얻거나 동기를 부여할 수 있는 수단을 제공하고 있다.

출처: 장경원, 박상언(2022).

2. 온라인 프로젝트기반학습의 특성

　온라인 프로젝트기반학습은 온라인 공간에서 이루어지는 프로젝트기반학습이다. 온라인 프로젝트기반학습은 온라인 PBL, 웹기반 프로젝트기반학습, ePBL 등 다양하게 불리는데, 일반적으로 온라인 프로젝트기반학습 또는 온라인 PBL이라고 한다. 온라인 프로젝트기반학습은 특정 웹사이트(시스템)를 중심으로 학습자들에게 과제와 자료를 제시하는 경우부터 각기 다른 공간에 있는 학습자들이 원격으로 상호작용하면서 과제를 수행하도록 하는 경우 등 다양하다. 운영 방법에 따라 차이는 있지만 학습자들은 프로젝트 수행을 위해 텍스트, 시뮬레이션, 비디오, 시범 영상 등 다양한 형태의 자료를 탐색하고, 이해하고, 실험하고, 이를 활용 또는 적용하고, 성찰한다. 또한 온라인 프로젝트기반학습에 참여하는 학습자들은 공유게시판, 화상회의, 이메일, 회의실 등의 상호작용 및 협업 도구를 사용하여 동시적·비동시적으로 협업한다(Chatwattana & Nilsook, 2017; Jensen et al., 2003; Swart, 2015). 따라서 온라인 프로젝트기반학습의 핵심은 학습 활동의 전체 또는 부분이 온라인 공간에서 협업 형태로 이루어지며, 학습자들이 공유 게시판, 화상회의 시스템, 이메일 등을 활용하여 프로젝트기반학습에 참여하는 것을 의미한다 (Chatwattana & Nilsook, 2017).

온라인 프로젝트기반학습은 원격교육 기관과 대면 수업이 중심인 일반적인 교육 기관 모두에서 다양한 이유로 실행된다. 먼저 온라인 수업이 중심인 원격대학, 사이버대학 등의 원격교육 기관에서는 학습자들에게 학습 동기를 부여하고 의미 있는 학습 기회를 제공하기 위해 수업의 전체 또는 일부를 프로젝트기반학습으로 운영한다. 원격교육 환경에서 혼자 학습하는 것은 생각보다 외롭고 힘들며 종종 여러 문제에 직면하게 된다. 이를 해결하기 위한 방법 중 하나는 학습자에게 커뮤니티 형성의 기회를 제공하는 것이다. 온라인 프로젝트기반학습은 학습자들에게 다른 하급자들과 대화하고 함께 고민하고 과제를 해결할 수 있는 기회를 제공하는데, 이 과정에서 자연스럽게 커뮤니티를 형성한다. 그리고 이러한 커뮤니티는 학습자들이 외롭지 않게 학습할 수 있도록 도와줄 수 있다.

초·중·고등학교와 대면 수업 중심의 대학에서도 온라인 프로젝트기반학습을 운영한다. 코로나19 시기에는 대면 수업을 대체하는 비대면 수업의 질적 향상을 위해 온라인 공간에서 프로젝트기반학습이 이루어졌고, 대면 수업이 주로 이루어지는 시기에는 온라인 공간이 제공하는 다양한 기능을 학습 환경으로 활용하도록 온라인 프로젝트기반학습이 이루어지고 있다.

온라인 프로젝트기반학습에서 학습자들의 경험과 학습 효과는 학습자들이 온라인 공간에서 무엇을 하느냐에 달려 있다(Chatwattana & Nilsook, 2017; Swart, 2015). 다시 말하면, 학습자들이 얼마나 진정성을 가지고 프로젝트기반학습에 참여하고, 팀원들과 협업하고, 프로젝트 경험을 자신의 학습으로 어떻게 연결하느냐에 의해 그 효과가 결정된다. 따라서 의미 있는 온라인 프로젝트기반학습이 이루어지기 위해서는 체계적으로 수업을 설계하고 운영하는 것이 필요하다.

3. 온라인 프로젝트기반학습을 위한 설계와 운영 전략

1) 온라인 프로젝트기반학습 설계와 운영 전략

온라인 프로젝트기반학습을 설계하고 운영할 때 중요하게 고려해야 하는 것은 무엇인가? 장경원(2023)은 온라인 프로젝트기반학습 운영 경험을 갖고 있는 초·중·고등학교와 대학교의 교수자들의 경험과 의견을 정리하여 7가지 온라인 프로젝트기반학습 설계와 운영 전략을 제안하였다.

온라인 프로젝트기반학습 설계 및 실행 전략은 A. 온라인 공간 설계(A1~A6), B. 학습 지원 설계(B1~B3), C. 과제 설계(C1~C9), D. 평가 설계와 도구 개발(D1~D3), E. 안내와 지원(E1~E4), F. 수업 운영(F1~F6), G. 퍼실리테이션(G1~G5))의 7개 영역 35개 전략으로 구성된다. 35개의 전략들 중 11개의 전략은 온라인 공간과 직접 관련된 전략으로, A1(학습 및 의사소통 플랫폼 선택 및 활용), A2(상호작용 공간 설계), A3(모니터링과 피드백 공간 설계), A4(자료 저장과 공유 공간 설계), A5(개별 공간과 팀 공간 설계), A6(프로젝트기반학습 운영 공간 설계), B3(온라인 및 테크놀로지 활용 역량 개발 지원), C3(온라인 공간에서 수행 가능한 과제), E1(온라인 공간 활용 안내 및 사전 교육), E2(온라인 학습을 위한

🖊 그림 9-2　온라인 프로젝트기반학습을 위한 설계와 운영 전략

기기 대여 및 오류 해결 지원), F1(온라인 공간 적극 활용)이 여기에 해당한다. 그 외 전략은 학습자 중심 교수 · 학습 방법인 프로젝트기반학습 고유의 특성 및 온라인 공간이기 때문에 보다 주의를 기울여야 하는 전략이다.

(1) 온라인 공간 설계

온라인 프로젝트기반학습 운영을 위해 교수자는 먼저 어떠한 기능과 공간이 필요한지 고려하고 준비해야 한다. 온라인 프로젝트기반학습을 위해서는 학습 및 의사소통이 이루어지는 주요 플랫폼이나 시스템을 선택하는 것이 필요하다. 이를 선택할 때 중요하게 고려해야 하는 것은 프로젝트기반학습 운영, 학습자들의 상호작용, 모니터링과 피드백, 자료저장과 공유, 플랫폼의 선택 및 활용, 상호작용 공간 설계, 모니터링과 피드백 공간 설계, 자료저장과 공유 공간 설계, 그리고 개인 공간과 팀 공간 설계이다. 또한 프로젝트기반학습 운영을 위한 공간 설계도 필요하다.

🔖 표 9-1   온라인 공간 설계 전략

설계 및 실행 요소	설계 및 실행 전략
A-1. 학습 및 의사소통 플랫폼 선택 및 활용	다양한 기능을 활용할 수 있는 플랫폼을 온라인 프로젝트기반학습을 위한 학습 및 의사소통 플랫폼으로 선정한 후 필요한 공간을 설계한다.
A-2. 상호작용 공간 설계	교수자와 학습자, 학습자와 학습자의 상호작용이 이루어질 수 있는 공간을 설계한다.
A-3. 모니터링과 피드백 공간 설계	교수자는 학습자들의 학습 과정과 산출물을, 학습자들은 다른 학습자들의 학습 과정과 산출물을 실시간/비실시간으로 살펴보고 피드백을 제시하기 용이한 공간을 설계한다.
A-4. 자료저장과 공유 공간 설계	모든 자료의 저장, 접근, 공유가 쉽게 이루어지도록 공간을 설계한다.
A-5. 개별 공간과 팀 공간 설계	개별 학습 공간과 팀 활동 공간을 설계한다.
A-6. 프로젝트기반학습 운영 공간 설계	프로젝트기반학습 운영에 필요한 안내, 자료 제공, 자기소개, 과제 제출 등의 공간을 설계한다.

(2) 학습 지원 설계

온라인 프로젝트기반학습 설계 시 교수자는 학습자들을 위한 학습 지원 방법을 고민해야 한다. 학습 지원은 학습자의 수준, 다루어야 하는 프로젝트의 난이도, 온라인 환경의 특성 등에 따라 학습 지원의 필요 여부를 결정할 수 있다. 학습 지원이 필요한 영역은 모두 3가지이다. 첫째, 프로젝트기반학습 수행에 필요한 역량 개발 지원이다. 프로젝트기반학습에 참여하면서 역량이 개발되지만 사전에 요구되는 최소한의 역량이 있다면 이를 개발할 수 있도록 자료 제공, 사전 프로그램 운영 등을 수행하는 것이 필요하다. 둘째, 학습 지원은 프로젝트기반학습을 위한 프로토콜 개발과 유사한 맥락이다. 즉, 학습자들이 프로젝트기반학습을 통해 학습해야 하는 내용을 체계적으로 학습하고 이해하기 위해 필요하다고 판단되는 수준별 학습 자료, 과제, 활동 등을 준비하고 제공 시기와 방법을 계획하는 것이 필요하다. 셋째, 온라인 및 테크놀로지 활용 역량의 개발 지원이다. 즉, 학습자들이 온라인 공간과 프로젝트 수행을 위해 필요한 프로그램을 활용할 수 있도록 사전에 이에 대한 학습, 연습, 역량 개발의 기회를 제공하거나 지원 방법을 계획하는 것이 필요하다.

🏛 표 9-2 **학습 지원 설계 전략**

설계 및 실행 요소	설계 및 실행 전략
B-1. 역량 개발 지원	프로젝트기반학습에 필요한 문제해결, 의사소통, 대인관계, 리더십 등의 역량 개발 기회 및 지원 방법을 계획한다.
B-2. 학습 지원	학습을 지원하는 수준별 학습 자료, 과제, 활동을 준비하고 제공 시기와 방법을 계획한다.
B-3. 온라인 및 테크놀로지 활용 역량의 개발 지원	온라인 공간과 프로그램 활용 등을 위한 테크놀로지 활용 역량의 개발 기회 및 지원 방법을 계획한다.

(3) 프로젝트 과제 설계

온라인 프로젝트기반학습을 운영하기 위해 교수자는 프로젝트 과제를 설계해야 한다. 프로젝트 과제는 학습자 수준, 학습 목표에 부합해야 하고 실제적이고 협업이 필요하며, 학습자들에게 만족감과 성취감을 줄 수 있는 과제여야 한다. 또한 프로젝트 과제 설계 시 과제 수행을 위해 필요한 프로토콜을 함께 개발하는 것이 필요하다. 이러한 특성은 대면 환경에서 이루어지는 프로젝트기반학습과 동일하다. 여기에 덧붙여서 교수자들은 온라인 프로젝트기반학습을 위한 프로젝트 과제의 경우 가능하면 온라인 공간에서 수행 가능한 과제, 개별 과제와 팀 과제, 그리고 체계적/단계적 과제 설계가 필요하다고 강조하였다. 첫째, 온라인 공간에서 수행 가능한 과제를 제시하는 것은 학습자들이 온라인 공간에서 자료수집과 협업할 수 있는 과제를 제시하는 것이 바람직하다는 의미이다. 둘째, 개별 과제와 팀 과제를 제시하는 것은 학습자 개개인의 개별 과제가 팀 과제의 기초 자료가 될 수 있도록 제시한 것이다. 이는 학습자들의 참여와 성취감 향상을 위한 전략이다. 셋째, 체계적/단계적 과제를 제시하는 것은 온라인 공간의 특성상 학습자들의 학습 내용과 경험이 잘 연계되지 않을 수 있으므로 이를 고려하도록 제안한 것이며, 프로토콜(활동지)을 이용하면 이러한 필요를 충족할 수 있다.

표 9-3   프로젝트 과제 설계 전략

설계 및 실행 요소	설계 및 실행 전략
C-1. 학습자 수준 부합 과제	학습자 수준을 고려하여 수행 가능한 과제를 설계한다.
C-2. 학습 목표 부합 과제	학습 목표에서 요구하는 주요 지식, 기술, 태도 등을 성취할 수 있고 목표 역량을 개발할 수 있는 과제를 설계한다.
C-3. 온라인 공간에서 수행 가능한 과제	온라인 공간에서 수행 가능한 과제를 설계한다.
C-4. 실제적 과제	학습자들의 삶 및 실제와 연계된 과제를 설계한다.
C-5. 협업이 필요한 과제	동료와의 협업이 필요한 난이도와 분량의 과제를 설계한다.
C-6. 개별 과제와 팀 과제	연계되어 있는 개별 과제와 팀 과제를 함께 설계한다.
C-7. 만족감과 성취감을 주는 과제	학습자들에게 만족감과 성취감을 주는 과제를 설계한다.
C-8. 체계적/단계적 과제	과제해결에 필요한 수행 절차나 단계를 설계한다.
C-9. 프로토콜(활동지) 개발	과제해결 과정을 지원하는 프로토콜(활동지)을 설계한다.

(4) 평가 설계와 도구 개발

교수자는 프로젝트 과제 설계와 함께 평가를 계획해야 한다. 평가 계획은 평가 대상, 평가 주체, 평가 시기와 방법을 결정하는 것이고, 이때 필요한 평가 도구를 개발하는 것이 필요하다. 프로젝트기반학습에서는 특히 다면평가와 과정평가가 이루어져야 하므로 이에 대한 평가 계획 수립이 중요하며 활용할 평가 도구를 준비한다. 온라인 프로젝트기반학습에서는 학습자들에게 평가 도구를 파일로 제공하고 평가 결과 역시 파일로 받아야 하므로 제공하는 문서 파일의 프로그램, 버전 등을 확인한 후 제공한다(평가 설계와 도구 개발에 대한 자세한 내용은 제7장 참조).

📖 표 9-4　평가 설계와 도구 개발 전략

설계 및 실행 요소	설계 및 실행 전략
D-1. 다면평가 설계	프로젝트기반학습 활동과 결과물에 대해 다면평가가 이루어질 수 있도록 계획한다.
D-2. 과정평가 설계	프로젝트기반학습 활동 과정에 대해 과정평가를 계획한다.
D-3. 평가 도구 개발	다면평가, 과정평가, 결과평가를 위한 평가 도구를 개발한다.

(5) 안내와 지원

온라인 프로젝트기반학습을 운영하기 위한 안내와 지원은 온라인 공간 사용과 관련된 안내와 프로젝트기반학습에 대한 안내로 구성된다. 먼저 교수자는 온라인 공간 활용 방법을 안내하고 필요한 경우 사전 교육을 한다. 또한 온라인 학습에 필요한 기기를 준비하지 못한 학생들이 있는지 확인하여 기기 제공 및 대여 방법 등을 안내하고 도움을 준다. 프로그램에 오류가 있는 경우 오류를 해결할 수 있도록 지원하는 것도 필요하다. 온라인 프로젝트기반학습에서도 프로젝트기반학습에 대한 오리엔테이션과 프로젝트에 대한 안내는 중요하다. 학습자들이 프로젝트기반학습의 정의와 절차, 학습자와 교수자의 역할, 그리고 학습자들이 수행해야 하는 프로젝트의 배경, 진행 과정, 평가 기준 등을 안내한다.

표 9-5   안내와 지원 전략

설계 및 실행 요소	설계 및 실행 전략
E-1. 온라인 공간 활용 안내 및 사전 교육	온라인 공간 접근 및 활용 방법을 학습자들에게 안내하고 필요한 경우 사전 교육을 제공한다.
E-2. 온라인 학습을 위한 기기 대여 및 오류 해결 지원	온라인 학습을 위해 필요한 태블릿 PC, 노트북, 스피커 등의 기기 대여 및 사용 중 오류 해결을 위해 필요한 교내외 정책 및 지원 방법 안내 등 적극 지원한다.
E-3. 프로젝트기반학습 오리엔테이션	프로젝트기반학습 안내를 위한 오리엔테이션을 실시한다.
E-4. 프로젝트(과제) 안내	프로젝트(과제)의 배경, 진행 과정, 평가 기준 등을 안내한다.

(6) 수업 운영

온라인 프로젝트기반학습이 원활하게 이루어지기 위해서는 다음과 같은 수업 운영이 필요하다. 첫째, 온라인 공간을 적극 활용한다. 온라인 프로젝트기반학습이 이루어지는 플랫폼에서 제공하는 기능을 충분히 숙지한 후 수업 운영을 위한 공간을 준비하고 이를 적극적으로 활용한다. 온라인 프로젝트기반학습 운영을 위해 필요한 공간은 공지사항, 자료실, 과제 제출, 질문답변, 개인과 팀의 공간, 자기소개, 휴게실 등이다.

둘째, 프로젝트기반학습을 체계적으로 운영한다. 프로젝트기반학습에서 학습자들은 프로젝트 선정 및 계획 수립, 관련 자원 탐색 및 분석, 과제해결 및 발표의 과정을 거치면서 학습한다. 각각의 단계를 충분히 거칠 때 의미 있는 학습이 이루어지므로 각 단계를 체계적으로 운영하는 것이 필요하다. 각 단계별로 학습자들이 수행해야 하는 활동, 산출물 등을 꼼꼼하게 안내하고 지원해야 한다.

셋째, 자료와 도움을 적시에 제공한다. 프로젝트기반학습에서는 기본적으로 학습자들이 스스로 자료를 수집하고 과제를 해결해야 한다. 그러나 종종 학습자들이 스스로 해결하기 어려운 어려움에 직면할 수 있다. 이때 교수자가 필요한 자료나 도움을 제공하는 것이 필요하다. 이를 위해 꾸준히 학습자들의 프로젝트 수행 과정과 학습 여부를 확인하는 것이 필요하다.

넷째, 다양한 활동과 상호작용 기회를 제공한다. 프로젝트 수행을 위해 다양한 자료와 상호작용이 필요하다. 학습자들이 주도적으로 자료를 수집하고 학습하는 것 이외에 교수자가 다양한 기회를 마련하는 것이 필요하다. 인터뷰, 특강, 토의, 실험, 컨퍼런스 등 다양한 형태의 활동을 운영할 수 있으며, 이러한 활동에서 보다 다양한 학습 자료를 수집하고 활용할 수 있다.

다섯째, 학습 동기 향상을 위한 활동을 운영한다. 프로젝트기반학습은 몇 주에 걸쳐 이루어지기 때문에 학습자들에게 학습에 대한 성취감과 만족감을 자주 충분히 제공하지 못할 수 있다. 성취감과 만족감은 학습 동기 형성을 위해 중요하므로 학습 내용 정리, 발표, 복습, 성찰 등의 활동으로 개개인이 학습에 대한 성취감을 가질 수 있도록 해야 한다.

여섯째, 프로젝트 수행 과정과 결과에 대한 평가 활동을 한다. 프로젝트기반학습에서는 학습자들이 프로젝트를 수행하는 과정과 결과가 모두 평가 대상이다. 따라서 교수자는 학습자들의 팀별 활동, 팀별 중간 산출물, 결과물 등을 모니터링하고 평가해야 한다.

표 9-6   수업 운영 전략

설계 및 실행 요소	설계 및 실행 전략
F-1. 온라인 공간 적극 활용	다양한 온라인 공간을 제공하고 이를 적극적으로 활용한다.
F-2. 프로젝트기반학습 체계적 운영	프로젝트 수행 단계를 체계적으로 운영한다.
F-3. 자료와 도움 제공	적절한 시기에 자료와 도움을 제공한다.
F-4. 다양한 활동과 상호작용 기회 제공	자료수집, 토의, 발표, 상호 피드백 등 다양한 활동과 상호작용 기회를 제공한다.
F-5. 학습 동기 향상 활동 운영	정리, 발표, 복습, 성찰 등 성취감과 만족감을 높일 수 있는 활동을 한다.
F-6. 평가 활동 운영	프로젝트 수행 과정과 결과에 대한 평가 활동을 한다.

(7) 퍼실리테이션

온라인 프로젝트기반학습이 원활하게 이루어지기 위해서는 교수자의 퍼실리테이션이 매우 중요하다. 퍼실리테이션은 수업 분위기 형성, 프로젝트 수행 과정 모니터링, 학습자들의 학습 과정과 결과에 대한 격려, 칭찬, 질문, 피드백 제공, 참여 독려 등 다양하게 이루어져야 한다. 온라인 프로젝트기반학습에서 이러한 활동이 원활하게 이루어지기 위해서는 학습자들의 학습 활동에 대한 지속적인 모니터링이 전제되어야 한다. 실시간으로 이루어지는 팀별 토의 시 모든 팀의 공간에 고르게 방문하여 학습자들의 학습 활동을 격려해야 하며, 팀별 공간에 게시된 회의록, 자료 등도 꼼꼼하게 살펴야 한다. 이때 가능하면 학습자들이 교수자의 방문을 인지할 수 있도록 짧은 댓글 등을 남기는 것이 바람직하다.

표 9-7　퍼실리테이션 전략

설계 및 실행 요소	설계 및 실행 전략
G-1. 허용적이고 자율적인 분위기 형성	허용적이고 자율적인 분위기를 조성한다.
G-2. 프로젝트 과정 모니터링	프로젝트 수행 과정을 모니터링한다.
G-3. 격려, 칭찬, 질문 제시	학습 활동에 대해 격려, 칭찬, 질문한다.
G-4. 피드백 제공 및 공유	학습 과정과 결과에 대해 피드백을 제공하고 공유한다.
G-5. 참여 독려	상호작용과 팀 활동 참여를 독려한다.

2) 온라인 프로젝트기반학습에서 교수자와 학습자의 역할

온라인 프로젝트기반학습에서의 교수자와 학습자의 역할은 대면 공간에서 이루어지는 프로젝트기반학습과 크게 다르지 않다. 그러나 온라인 공간이기 때문에 안내와 상호작용 측면에서 좀 더 주의를 기울이는 것이 필요하다. 교수자와 학습자가 어떤 역할을 해야 하는지 정리하면 다음과 같다.

(1) 교수자의 역할

온라인 프로젝트기반학습에서 교수자는 학습자들이 온라인 프로젝트기반학습 과정, 학습 공간과 도구, 상호작용 방법에 대해 잘 알 수 있도록 충분히 안내하고, 필요한 활동에 대해 연습 기회를 제공하고, 프로젝트기반학습 과정에 잘 참여하고 의미를 찾는 데 도움이 되는 자료를 제공해야 한다. 또한 팀 활동 과정에서는 학습자들의 논의 과정과 결과를 모니터링하고 학습자들이 스스로 학습 내용을 요약, 공유하고 성찰할 수 있도록 해야 한다.

표 9-8 온라인 프로젝트기반학습을 위한 교수자의 역할

구분	내용
안내 제공	• 학습자들이 활용할 학습 공간, 프로그램, 온라인 자료 활용 방법 등에 익숙해질 수 있도록 명확하게 안내하고 교수자와의 연락 방법도 소개한다. • 프로젝트기반학습 전체 기간, 평가 준거 등을 안내한다. • 학습자들이 자신의 학습에 선택권을 갖고 있으며, 다른 사람들과의 협력에 대한 책임을 갖고 있다는 것을 이해시킨다.
연습 기회 제공	• 학습자들이 활용하는 매체에 친숙해질 수 있도록 연습 기회를 제공한다. • 온라인 프로젝트기반학습에서 협력이 의미하는 것을 알게 한다. 즉, 서로 질문하고 자료를 공유하며, 경쟁하기보다는 협력하고, 팀워크의 가치를 배우고, 다양한 관점을 수용하고, 학습의 수단으로서 의견 불일치와 갈등을 경험하게 한다.
자료 제공	• 개인 및 팀 수준의 자신감을 형성할 수 있는 활동을 제공한다. • 학습자들에게 자료를 다양한 방식으로 제공한다. • 따돌림, 잠수 타기, 침묵과 기분, 과잉참여 등 학습 활동에 부정적인 영향을 주는 행동에 대한 토의 기회를 제공한다.
팀 활동에 대한 조력 활동	• 학습자들이 과제에 대해 논의하기 전에 이를 방해하지 않는다. • 학습자들이 스스로 자신들의 팀 규칙을 개발할 수 있도록 돕는다. • 면대면 프로젝트기반학습처럼 질문하고 성찰의 기회를 제공한다. • 교수자의 의견이 팀에 영향을 줄 수 있다는 것을 이해한다. • 온라인 공간에 게시된 학습자들의 토의 내용과 자료들을 읽는다(경청). • 학습자의 이야기를 듣고(읽고) 바로 의견을 제시하지 않는다. 학습자들이 스스로 생각할 수 있는 여유를 준다. • 학습자들 스스로 요약하고 성찰할 수 있도록 안내하고 기회를 준다. • 학습자들이 자료수집에만 집중하지 않도록 내용 요약과 비평을 권한다. • 자료, 강의 등은 필요하다고 판단될 때만 제공한다.

출처: Savin-Baden (2007) 재정리.

(2) 학습자의 역할

온라인 프로젝트기반학습에서도 학습자는 과제해결자, 자기주도학습자, 협력학습자의 역할을 수행해야 하는데, 온라인 공간이므로 특히 협력학습자의 역할을 충실히 수행하기 위해 노력해야 한다. 이를 위해 팀 빌딩과 상호작용이 중요하다. 다음은 온라인 프로젝트기반학습에 참여한 경험이 있는 학습자들의 제안이다.

첫째, 온라인 프로젝트기반학습을 위해 충분한 팀 빌딩이 필요하다. 온라인 프로젝트기반학습에서 학습자들이 대면으로 만날 수 있는 기회가 없다면 팀 빌딩은 더욱 중요하다. 학습자들은 팀원들이 충분히 친해지고 라포를 형성할 수 있도록 노력해야 한다. 또한 팀 활동이 원활히 이루어질 수 있도록 팀 운영에 필요한 팀 규칙을 수립하고 이를 지키는 노력을 기울여야 한다. 또한 팀의 구성원으로서 서로를 배려하고 자신이 맡은 역할을 충실히 수행할 수 있도록 노력해야 한다.

둘째, 온라인 프로젝트기반학습에서는 충분한 상호작용이 필요하다. 온라인 공간에서의 상호작용이므로 서로의 의견과 글을 성의껏 듣고 읽고 반응

표 9-9 온라인 프로젝트기반학습에서 학습자의 역할

구분	내용
팀 빌딩하기	• 팀원들이 충분히 친해지고 라포를 형성하기 • 팀 활동이 원활히 이루어지는 데 필요한 팀 규칙 수립하기 • 서로를 배려하고 존중하기 • 책임감을 갖고 자신이 맡은 역할을 충실히 수행하기
상호작용하기	• LMS, Zoom, 그리고 다양한 SNS 메신저 프로그램을 이용하여 팀원들이 서로의 의견과 글에 대해 반응하기 • 다른 사람이 제시한 글과 자료를 성의껏 읽기 • 서로 질문하기(상대방의 의견을 정확하게 파악하고 시사점을 도출할 수 있도록 한다.) • 최종 결과물을 도출할 때는 수집한 자료의 나열이 아니라 종합, 분석, 창작의 과정을 거치기

해야 한다. 또한 서로 다양한 질문과 의견제시를 해야 하며, 여러 자료와 의견을 나열하는 것에 그치지 않고 분석, 종합하여 결과물을 도출하려는 노력을 기울여야 한다.

제10장

프로젝트기반학습을 돕는 교수·학습 활동들

프로젝트기반학습이 원활하게 이루어지기 위해서는 학습자들이 적극적으로 자신의 의견과 생각을 제시하고, 다른 사람의 이야기를 잘 듣고, 서로서로 질문해야 한다. 또한 프로젝트 중간 산출물을 점검하고 최종 결과물을 발표, 공유할 때도 상호작용이 원활하게 이루어져야 한다. 학습자들에게 다양한 의사소통 전략, 토의 방법 등을 알려 준다면 보다 재미있고 성공적인 프로젝트기반학습이 이루어질 것이다. 이 장에서는 프로젝트기반학습에서 학습자의 참여와 상호작용을 돕는 교수·학습 방법을 안내한다.

1. 팀학습 방법들

프로젝트기반학습은 학습자들의 참여와 상호작용이 중요하다. 학습자들의 참여와 상호작용은 편안하고 허용적인 분위기가 형성되었을 때 보다 활발하게 이루어진다. 프로젝트기반학습을 시작하기 전 아이스 브레이크와 팀 빌딩을 위한 활동을 하면 학습자들이 편안하게 소통하고 참여하는 학습 분위기를 형성하는 데 도움이 된다.

1) 아이스 브레이크

아이스 브레이크(ice-break)란 '마음 열기'이다. 협업과 상호작용이 중요한 프로젝트기반학습에서 학습자들이 마음을 열고 친해지는 것은 중요하다. 아이스 브레이크 방법으로는 간단한 게임하기, 자기소개 등이 있다. 여기서는 게임에 대해 소개하지 않는다. 교수자의 취향에 따라 게임을 선택, 진행하면 좋을 것이다.

자기소개는 가장 간단하면서도 기본적인 아이스 브레이크 방법이다. 한 팀의 팀원으로 협업하기 위해 팀원들이 자신을 소개하고 서로에 대해 알고 관심을 갖는 것은 프로젝트기반학습을 시작하기 전에 해야 하는 가장 중요한 준비이다. 수업에 참여하는 학습자 수에 따라 달라질 수 있지만, 가능하면 교수자와 학습자들이 모두 서로에 대해 잘 알 수 있도록 자신을 소개하는 시간을 갖는 것이 바람직하다. 수업 중 시간을 내기 어렵다면 수업 중 자기소개는 팀 단위로 하고 LMS 등을 활용하여 온라인 공간에서 학습자 전체 소개 활동을 진행한다.

Teaching Tips | **자기소개를 위한 네임텐트 만들기**

포럼이나 세미나에서 흔히 볼 수 있는 발표자 명패를 A4 용지를 사용해서 쉽게 만들 수 있다. 텐트 모양을 하고 있기 때문에 네임텐트(name tent)라 하며, 많은 워크숍에서 활용하고 있다. 네임텐트는 접힌 선대로 다시 펼칠 수 있으므로, 수업이 끝나면 교재 사이에 넣어 보관하여 다음 수업시간에도 다시 사용할 수 있다. 또한 교수자와 학습자가 서로의 이름을 기억하는 데 유용하다.

• 네임텐트 만드는 방법

① A4 용지를 3등분한 후 지지대 역할을 할 수 있도록 한 쪽 끝을 조금 접는다.

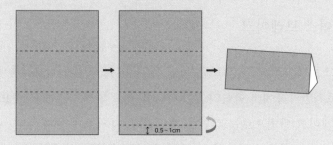

② 접힌 선을 이용하여 그림처럼 삼각형의 텐트 모양을 만든다.

③ 앞면의 중앙에 자신의 이름을 쓰고, 네 귀퉁이에는 자신을 소개할 수 있는 내용(학과, 전공, 사는 곳, 고향, 취미, 특기, 방학에 한 일 중 가장 기억에 남는 것, 추천하고 싶은 책이나 영화, 가장 좋아하는 단어, 나의 꿈, 나의 감정 등)을 쓴다. 교수자 혹은 팀 리더는 네 귀퉁이에 무엇을 쓰게 할지 안내한다.

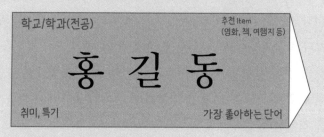

④ 네임텐트가 완성되면 다른 사람이 잘 볼 수 있도록 네임텐트를 책상 위에 올려 놓고, 돌아가며 자기소개를 한다.

출처: 장경원, 고수일(2014).

2) 팀 빌딩

팀 단위로 이루어지는 프로젝트기반학습에서 팀워크는 매우 중요하다. 팀 빌딩이란 팀워크를 다지는 활동이다. 학습자들이 서로 서먹서먹해서 팀 분위기가 활기차지 않고 협력하고자 하는 의지가 생성되지 않는다면 성공적인 프로젝트기반학습을 기대하기 어려울 것이다.

팀워크를 다지는 데 도움이 되는 기본 활동은 팀에 대한 소속감을 형성할 수 있는 팀 이름과 팀 규칙(ground rule) 만들기이다. 이 외에 팀 구호와 율동 만들기 등도 함께 수행할 수 있다.

팀 규칙은 팀에서 지켜야 하는 기본 규칙으로 팀원으로서 어떻게 행동할 것인지에 대해 서로 약속하고 분위기를 만들어 나가는 활동이다. 팀 규칙은 교수자가 정하는 것이 아니라 팀원들이 상의하여 스스로 정하는 것이 좋다. 사람은 타인에 의해 요구되는 규칙보다는 자발적으로 제안하고 정한 규칙을 지키려는 성향이 있기 때문이다. 자발적으로 정한 팀 규칙은 집단의 활동을 촉진할 수 있으며, 일부 학습자들이 무임승차하는 것을 방지하는 효과가 있다. 팀 규칙을 정하는 것은 서로를 격려하면서 활발한 참여를 도모하기 위한 장치다.

팀 규칙이 의미 있는 효과를 내기 위해서는 내용이 구체적이어야 한다. '적극적으로 참여하기'나 '항상 즐거운 마음으로 하기'처럼 포괄적이거나 추상적인 표현보다는 '모임에 올 때는 생각을 미리 메모한 후 토의에 임하기' '토의 중 최소한 한 번 이상 다른 사람 칭찬해 주기' 식으로 구체적인 것이 바람직하다. 교수자는 팀 규칙의 예시를 보여 주면서 가능하면 구체적인 규칙을 만들도록 지도한다.

교수자는 각 팀별로 이루어지는 팀 빌딩 활동에 참여하면서 학습자가 개방적이고 편안함을 느낄 수 있도록 해야 한다. 시간이 허락한다면, 팀별로 결정된 팀 이름, 팀 규칙 등을 다른 팀 앞에서 발표할 수 있는 기회를 주는 것도 팀워크 형성에 매우 효과적이다. 수업을 위한 온라인 커뮤니티를 마련

234

한다면 팀 빌딩 결과를 온라인 공간에 게시하도록 한다.

팀 빌딩을 위한 팀명, 팀 규칙을 정하는 활동은 자연스럽게 의견을 제시하는 연습의 기회가 되기도 한다. 특정 주제에 대한 의견을 제시하기 전 팀명, 팀 규칙 등을 정하는 과정에서 부담없이 의견을 제시해 볼 수 있다.

3) 명목집단법

명목집단법(Nominal Group Technique: NGT)은 집단 구성원으로부터 아이디어나 정보를 모으는 구조화된 절차로, 집단의 모든 구성원이 다른 구성원의 영향을 받지 않고 자신의 아이디어를 표현할 수 있는 방법이다. 명목집단법을 활용함으로써 개개인은 집단 속에 있지만 개별적으로 일하는 것이다(Bartunek & Murninghan, 1984). 전체 학습자들을 대상으로 하는 강의식 수업이나 팀 활동 모두에서 학습자들이 각자 자신의 생각이나 의견을 제시할 수 있도록 할 수 있다. 명목집단법은 집단에서 토의를 하기 전에 토의에 참가한 참가자 개개인이 다른 사람과 이야기하지 않고 (침묵 속에서) 토의 주제에 대한 자신의 생각을 노트나 분임 토의 양식 또는 카드 등에 정리할 수 있도록 일정한 시간을 부여하는 방법이다. 이 방법을 명목집단법이라 부르는 이유

✎ 그림 10-1 명목집단법 후 의견을 붙이고 다른 사람의 의견을 읽어 보는 모습

는 다른 사람과 이야기하지 않고 각자 작업하는 동안은, 명목상으로는 집단이지만 실제로는 개인적으로 작업하고 있기 때문이다.

1975년 명목집단법이 처음 제안되었을 때는 3×5cm 정도의 크기로 종이를 잘라 사용했지만, 현재는 포스트잇을 활용한다. 명목집단법을 이용하면 우선 모든 사람들이 균등한 발언 기회를 가질 수 있고, 지위로 인한 합의 압력이나 경쟁적 분위기를 감소시킬 수 있다. 또한 참여자들이 모두 의견을 제시하기 때문에 제시된 다양한 아이디어를 토대로 활발한 논의와 추가적인 아이디어 촉진이 이루어질 수 있으며, 필요한 경우 해당 의견들을 이용하여 중요한 패턴이나 키워드를 도출하고 우선순위도 결정할 수 있다. 학습자들이 더 많은 아이디어를 생성할 수 있도록 촉진할 수 있고, 다음과 같은 효과가 있다. 명목집단법을 활용하여 참여자들에게 질문하고 의견을 수렴하는 절차는 다음과 같다(최정임, 장경원, 2015).

① 사회자(교수자)가 질문이나 토의 주제를 명확하게 안내한다. 이를 위해 질문이나 주제를 구두로만 제시하지 않고 유인물이나 자료로 작성하여 제시한다.

② 참여자(학습자)들은 주제에 대한 자신의 의견이나 아이디어를 각자 포스트잇에 적는다. 이때 아이디어를 생각해서 적을 수 있도록 3~5분 정도의 시간이 주어지며, 이 시간에는 서로 상의하거나 떠들지 않는다. 아이디어를 작성할 때는 가독성과 이동성을 높일 수 있도록 다음의 사항을 따른다.

- 포스트잇 1장에는 1가지의 개념, 단어, 아이디어만 적는다.
- 모두가 볼 수 있도록 네임펜, 컬러펜 등을 사용하여 굵은 글씨로 적는다.
- 모두가 잘 읽을 수 있도록 인쇄체로 크게 적는다.
- 팀별, 주제별로 색깔을 구분할 필요가 있을 때는 색깔을 구분하여 적는다.

◆ 그림 10-2 바람직한 작성 예시와 바람직하지 않은 작성 예시

③ 각각의 의견이 적힌 포스트잇을 직접 벽이나 큰 종이에 붙인다. 이때 특정 의견이 누구의 것인지 밝히지 않는다.

④ 비슷한 내용끼리는 합치면서 내용별로 분류한다. 팀 리더는 나열된 아이디어 중 뜻을 이해하기 어려운 것은 제안자의 설명을 들어 명료하게 조정한다. 기록된 모든 의견을 공유하며 논의한다.

⑤ 여러 의견 중 몇 개를 선택하거나 우선순위를 결정해야 하는 경우에는 투표하거나, 아이디어를 평가하여 적절한 아이디어를 선택한다.

Teaching Tips ｜ **명목집단법을 활용하여 학습자들의 전체 의견 정리하기**

토의에 참여한 학습자들의 전체 의견을 정리할 때 명목집단법을 활용할 수 있다. 예를 들어, '왕따 없는 학급 만들기'라는 주제로 전체 학생들의 의견을 수렴하여 정리할 경우 다음에 제시된 사례처럼 운영할 수 있다.

샛별초등학교 6학년 1반은 모두 36명으로, 6명이 한 모둠으로 구성되어 모두 6모둠이다. 36명의 의견을 한꺼번에 정리하려면 시간이 많이 소요되므로 각자 의견을 제시한 후 팀별로 의견을 한번 정리하고, 전체 의견을 정리하는 방식으로 명목집단법을 활용하였다.

선생님: 여러분, 우리가 오늘 함께할 주제는 '왕따 없는 학급'입니다. 왕따 없는 학급을 만들기 위해 많은 이야기를 할 거예요. 우선 저와 여러분의 이야기가 효과적으로 이루어질 수 있도록 중요한 키워드를 정해 보도록 합시다. 우리 스스로 '왕따 없는 학급'의 중요 특성을 정해 볼게요.

학생들: 네.

선생님: 그럼 여러분에게 질문할게요. 왕따 없는 학급은 어떤 모습인가요? 또 왕따 없는 학급은 어떤 특성을 가지고 있나요? 여러분이 생각하기에 왕따 없는 학급의 특성이나 모습을 각자 가지고 있는 포스트잇에 자유롭게 적어 보겠습니다. 각자 3가지를 적어 주세요. 그리고 작성할 때는 1장에 1개의 아이디어를 적는 겁니다.

선생님: (어떤 것을 적을지 생각해 본 후 네임펜을 이용하여 포스트잇 1장에 1개의 아이디어를 적는 방식으로 모두 3개의 아이디어를 적는다.)

선생님: (학생들이 자신의 생각을 작성하는 동안 학생들 사이로 이동하며, 질문을 이해 못했거나 자신의 생각을 적지 못하는 학생들이 있는지 살펴본다. 그런 학생이 있을 때는 찾아가서 질문과 작성 방법을 다시 안내한다.)

선생님: 다들 작성한 것 같습니다. 이제 우리 반 전체의 의견을 모아서 정리할 텐데요. 우리 인원이 많으니, 우선 모둠별로 의견을 정리해 보겠습니다. 자~ 각자 작성한 포스트잇을 모둠별로 책상 위에 모아 보세요.

학생들: (모둠별로 자신들이 작성한 포스트잇을 가운데에 모아 놓는다.)

선생님: 6명이니까 모두 18개의 포스트잇이 모였지요? 100% 똑같이 쓰인 것은 겹쳐 놓아도 좋아요.

학생들: (동일한 내용이 적힌 포스트잇을 겹쳐 놓는다.)

선생님: 겹쳐지지 않은 포스트잇을 보면서 서로 적힌 내용이 어떤 의미인지 질문해 주세요. 질문과 답변이 끝나면 책상 위에 있는 스티커를 이용해서 보다 좋은 내용이라 생각되는 것에 투표하겠습니다. 스티커를 각자 5개씩 붙여 주세요.

학생들: (포스트잇에 작성된 내용을 읽어 본 후 서로서로 질문하고 답변한다. 그리고 좋은 의견이라 생각되는 것에 투표한다.)

선생님: 투표가 끝났나요? 네, 잘했어요. 그럼 이제, 모둠별로 표를 많이 받은 포스트잇을 5개씩 선생님에게 제출해 주세요.

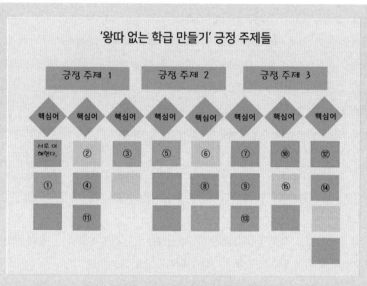

'왕따 없는 학급 만들기' 긍정 주제들

명목집단법으로 작성한 의견 정리하기

학생들: 네. (답변 후 표를 많이 받은 것을 5개씩 골라 선생님에게 제출한다.)

학생들: 선생님, 동점표를 받는 것은 어떻게 해야 하나요?

선생님: 동점표 받는 것만 재투표를 해도 좋고, 4개 혹은 6개를 제출해도 좋습니다.

학생들: 네.

선생님: (모둠별로 제출한 포스트잇을 모두 걷는다.)

선생님: (미리 칠판에 큰 종이를 붙여 놓는다.) 자, 이제 여러분이 제출한 의견을 정리해 보겠습니다. 비슷한 내용끼리 분류해 보면 여러분이 중요하게 생각하는 것이 무엇인지 보다 명확하게 알 수 있을 거예요.

학생들: 네.

선생님: (학생들이 제출한 포스트잇들을 보여 주며) 이 포스트잇들을 정리할 거예요. 유사한 내용은 아래쪽으로 붙이고, 다른 내용은 옆쪽에 붙일게요. 그러면 자연스럽게 정리가 되겠죠?

학생들: 네.

선생님: 첫 번째 의견은 '서로 이해한다'입니다. 처음 나온 의견이니 먼저 여기에 붙일게요. (긍정 주제를 도출하여 붙일 수 있는 공간을 고려하여 첫 번째 핵심어 아래 위치에 붙인다.)

선생님: 이번 내용은 ①입니다. 이건 어디에 붙일까요?

학생들: '서로 이해한다' 아래에요.

선생님: 네, 그게 좋겠어요. 그럼 ②는요?

학생들: 다른 내용이니까 옆에다 붙이는 게 좋겠어요.

선생님: 네, 그렇군요. (이러한 방식으로 학생들이 제출한 포스트잇을 유사한 내용끼리 분류한다.)

선생님: 여러분들이 작성한 내용을 다 정리했습니다. 이번에는 우리가 분류한 내용들의 핵심어(키워드)를 정해 볼게요. 먼저, 왼쪽 첫 번째 줄의 내용을 대표할 수 있는 키워드는 무엇일까요?

학생들: ○○○라고 하면 좋겠어요.

선생님: 네, 좋은 의견이에요. (학생의 의견에 따라 포스트잇에 키워드를 써서 붙인다.)

(중략: 학생들의 의견을 수렴하여 필요한 키워드들을 도출한다. 이때 분류된 내용들 중 합치거나 나눌 필요가 있는 경우에는 추가 작업을 한다.)

선생님: 여러분들이 제출한 의견을 분류하고, 각각의 키워드를 모두 정했습니다. 그런데 우리의 대화 방향을 정해 줄 긍정 주제로 사용하기에는 너무 많네요. 3~4개 정도로 줄이면 좋겠어요. 키워드들을 중심으로 다시 유사한 것끼리 모일 수 있도록 자리를 바꾸면 좋겠어요. 무엇과 무엇을 바꿀까요?

학생들: 다섯 번째 있는 내용이 첫 번째 다음으로 오면 좋겠어요.

선생님: 네, 좋은 의견이에요. (학생의 의견에 따라 키워드 및 해당 내용이 적힌 포스트잇의 위치를 옮겨 정리한다.)

(중략: 학생들의 의견을 수렴하여 키워드들의 위치를 재정리한다.)

선생님: 모두 잘했어요. 그럼 이제 키워드들을 2~3개씩 합쳐서 긍정 주제를 선정해 보도록 해요. 먼저 어떤 키워드들을 합쳐 볼까요?

학생들: 처음 3가지를 합쳐서 '긍정 주제 1'이라고 하면 좋을 것 같아요.

선생님: 네, 좋은 의견이에요. (학생의 의견에 따라 긍정 주제를 써서 붙인다.)

학생들: 네 번째와 다섯 번째 키워드를 합쳐서 '긍정 주제 2'라고 하면 좋을 것 같아요.

선생님: 네, 그렇군요. (학생의 의견에 따라 긍정 주제를 써서 붙인다.)

> **학생들:** 여섯 번째부터 여덟 번째의 키워드는 '긍정 주제 3'으로 하면 좋을 것 같아요.
> **선생님:** 네, 좋아요. (학생의 의견에 따라 긍정 주제를 써서 붙인다.)
> **선생님:** 자, 이제 완성되었네요. 모두 수고하셨어요.
> **학생들:** (뿌듯한 표정으로 자신들의 의견이 정리된 것을 바라본다.)

출처: 장경원 외(2018).

4) 의사결정방법

여러 대안이나 아이디어들 중 적절한 것을 선택하기 위해서는 이들을 평가하거나 분석해야 한다. 의사결정을 할 때는 멀티보팅, 의사결정 그리드, PMI, 평가행렬법 등을 사용한다(장경원, 고수일, 2014).

(1) 멀티보팅

멀티보팅(multi voting)은 말 그대로 여러 개의 의견들에 대해 투표를 통해 의사결정을 하는 방식이다. 이때 한 사람이 투표할 수 있는 개수가 여러 개이기 때문에 멀티보팅이라 한다. 멀티보팅을 할 때는 손을 들어 의사를 표시할 수도 있고 그림과 같이 포스트잇과 스티커를 이용할 수도 있다. 한 사람에게 주어지는 적정 투표 수는 상황에 따라 달라질 수 있지만, 일반적으로 '(전체 아이디어 수/2)-1개' 또는 '전체 아이디어 수/3개'를 적정 투표 수로 추

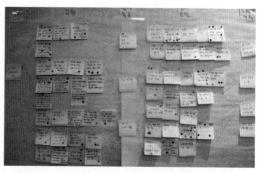

✎ 그림 10-3 멀티보팅을 위한 스티커와 멀티보팅 결과 사례

천한다. 그러나 의견 수가 많을 경우에는 사회자가 적절한 투표 수를 정해 주는 것이 필요하다. 예를 들어, 50개의 의견이 있다면 한 사람이 17개씩 투표하는 것이 아니라 각자 5개씩만 투표하도록 제안한다.

(2) 의사결정 그리드

팀원들이 의사결정을 해야 하는 상황은 많다. 여러 의견 중 1개를 선택해야 할 때 명목집단법을 활용할 수도 있지만, 의사결정 기준을 정하고 그에 따라 논의하여 결정하는 것이 바람직하다. 의사결정 그리드(decision grid)는 팀원들이 의사결정을 해야 할 때 자기 팀의 의사결정 기준을 정한 후 이를 토대로 논의하여 최종 의견을 정하는 것으로, '빈도 × 강도' '중요도 × 긴급도' '기대효과 × 실행 용이성' 등의 기준을 마련한 후 이를 두 축으로 하여 〈표 10-1〉에 삽입된 그림에 위치를 표기하여 의사결정에 활용한다.

표 10-1　의사결정 그리드 활용하여 의사결정하기

① 의사결정 기준을 정한다. 의사결정 기준은 명목집단법을 활용하거나 논의를 통해 정한다.
② 의사결정 그리드의 X축과 Y축에 결정된 두 기준을 기입한다.

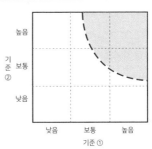

③ 팀 구성원들이 제출한 아이디어들 또는 선택해야 하는 아이디어들 각각에 대해 충분히 논의한 후 의사결정 그리드 위의 해당 위치에 붙인다.
④ 두 기준에 대해 가장 높은 점수를 받은 의견 또는 아이디어를 선택한다. 이때 모든 의견 또는 아이디어들이 점선 밖에 위치하면 어느 것도 선택하지 않고, 다른 아이디어를 도출하도록 한다.

(3) PMI

PMI란 좋은 점, 나쁜 점, 흥미로운 점을 찾아서 발상의 줄기를 만들어 가는 기법이다. PMI는 plus(좋은 점, 좋아하는 이유, 긍정적 측면), minus(나쁜 점, 싫어하는 이유, 부정적 측면), 그리고 interesting(흥미로운 점)의 머리글자의 조합으로, 어떤 아이디어나 제안에 대해 다양한 측면(긍정적, 부정적, 흥미로운 측면)에서 고려한 후 의사결정을 하게 하는 것이다.

PMI를 활용하여 아이디어를 평가하면 제안된 아이디어에 대해 좋거나 나쁘다는 평가 이외에 지나치기 쉬운 아이디어의 흥미로운 부분까지 생각해 볼 수 있는 장점이 있다. 흥미로운 점(I)에서 찾아낸 재미있는 부분으로 또다시 새로운 아이디어를 도출할 수 있기 때문이다. PMI 진행 순서는 다음과 같다.

표 10-2 PMI 방법 진행 순서 및 예시

① PMI의 의미를 집단 구성원들에게 설명한다
② 도출된 아이디어를 확인한다.
③ 각각의 아이디어에 대해 좋은 점(P), 나쁜 점(M), 재미있는 점(I)를 각각 적는다.

아이디어: 팀학습 도구를 스마트폰용 어플로 개발한다.	
좋은 점(P)	• 팀학습 시 편리하게 팀학습 도구를 사용할 수 있다. • 의견 공유가 쉽다
나쁜 점(M)	• 화면이 작아 함께 보는 것이 불편하다. • 이미 개발해 놓은 프로그램이 많다.
흥미로운 점(I)	• 팀학습 도구를 편리하게 자주 사용할 수 있도록 하는 재미있는 아이디어이다. • 스마트폰을 학습이나 과제를 위해 자연스럽게 사용하도록 하는 시대의 요구에 맞는 흥미로운 아이디어이다.

※ P를 고려할 때에는 P에만 집중(M, I는 마음에 두지 않음)하여 각각의 항목을 작성할 때 간섭이 일어나지 않도록 한다.

④ 작성된 각 아이디어에 대한 PMI 내용을 논의하거나 멀티보팅하여 아이디어를 선택한다.

(4) 평가행렬법

평가행렬법(evaluation matrix)은 제안된 아이디어들을 미리 정해 놓은 준거에 따라 평가하는 방법이다. 평가행렬법을 활용하여 아이디어들을 평가하기 위해서는 미리 준거를 마련해 놓아야 하는데, 평가 준거는 이미 개발된 것을 활용할 수도 있고, 명목집단법 등의 방법으로 팀원들의 의견을 모아 개발할 수도 있다.

평가 준거가 마련되었다면 평가하려는 아이디어들을 세로축에 나열하고 평가 준거를 가로축에 적어 행렬표를 만든 후, 각 준거를 기초로 도출된 아이디어를 평가한다. 평가행렬법은 모든 아이디어를 체계적으로 평가할 수 있다는 강점이 있지만, 시간과 노력이 많이 필요하다는 단점도 있다. 평가행렬법의 진행 순서는 다음과 같다.

🖌 표 10-3　평가행렬법 진행 순서 및 예시

① 평가행렬표를 준비한다.
② 아이디어나 준거의 순서 없이 아이디어는 왼쪽에, 준거는 윗부분에 나열한다.
③ 행렬표를 완성한다.
 – 평정 척도에 따라 점수를 부여한다.
 – 평정 척도 예: A(10점), B(8점), C(6점), D(4점), E(2점)
④ 결과를 해석한다.
 – 행렬표의 결과는 아이디어의 강점과 약점을 확인할 때 사용한다.
 – 어떤 준거에서는 점수가 낮은데 어떤 준거에서는 높은 점수로 평가되었다면 그 아이디어를 다듬어 발전시킬 방도를 연구하고 궁리해 봐야 한다.

주제: 과제를 미리 시작하여 정해진 시간 전에 완성하는 방법

아이디어　　　　　　　　　　　　　　　　준거	실천 가능성	학습 효과	생활 환경	총점
과제를 수행하는 데 어느 정도의 시간이 소요될 것인지 미리 예상해 본다.				
과제에 대해 상의할 수 있는 학습팀을 만든다.				
매일매일 'Things to do'를 작성하여 체크한다.				
과제해결시간을 확보한다.				
과제를 수행하기 위해 무엇을 공부할지 로직트리를 작성하여 결정한다.				

2. 질문 생성 전략

프로젝트기반학습에서 학습자들이 수행하는 중요한 활동 중 하나는 질문이다. 학습자들은 과제를 파악하고, 서로의 의견과 지식을 확인하고, 필요한 자료를 수집하고 최종 해결안을 도출하는 모든 과정에서 서로서로 질문한다. 또한 다른 팀의 프로젝트 결과물에 대해서도 질문하고 답변해야 한다. 그런데 학습자들은 질문을 두려워하고 어려워한다. 학습자들이 자신감을 갖고 질문할 수 있도록 우선 질문하는 방법을 안내하는 것이 필요하다.

학습자들이 쉽게 질문을 생성할 수 있도록 질문의 틀을 사용할 수 있다. 질문의 틀이란 질문 만드는 것을 도와주는 질문 양식(패턴)이다. 학습자들이 사용할 수 있는 질문 양식은 다음과 같다(김난예, 2015).

① ~란 무엇인가?
② ~의 특징은 무엇인가?
③ ~은 왜 중요한가?
④ ~이 ~으로 된 이유는 무엇인가?
⑤ ~은 어떤 과정으로 되는가?
⑥ ~과 ~의 비슷한 점은 무엇인가?
⑦ ~과 ~의 다른 점은 무엇인가?
⑧ ~은 ~에 어떤 영향을 주는가?
⑨ ~이 생기는 원인은 무엇인가?
⑩ ~에 대해 종합적으로 설명하면 무엇인가?

질문 양식을 활용하면 누구라도 쉽게 질문을 생성할 수 있다. 예를 들어, 난민 프로젝트에 참여하는 학습자들은 질문 양식을 활용하여 팀원들이 서로서로 질문할 수 있다. 질문에 어려움을 겪는 학습자라 할지라도 질문 양식을 이용하여 "난민은 어떤 사람들이지?(난민이란 무엇인가?)" "난민의 특징은 무엇인가?" "난민에 대해 논의하는 것은 왜 중요한가?" "난민과 이주민의 비슷한 점은 무엇인가?" "난민과 이주민의 다른 점은 무엇인가?"와 같이 쉽게 질문을 생성할 수 있을 것이다. 학습자들이 질문 양식을 쉽게 활용할 수 있도록 카드로 만들어서 배포할 수도 있다.

🗣️ Teaching Tips ┃ 가난뱅이 이야기에 대한 30개의 질문들

『탈무드의 지혜』에 소개된 짧은 이야기 중 하나인 〈가난뱅이 이야기〉를 읽고 다음과 같은 질문을 할 수 있다.

> **〈가난뱅이 이야기〉**
>
> 옛날에는 가난뱅이였던 벼락부자가 있었다. 랍비 힐렐은 그에게 말 한 마리와 마부를 주었다. 어느날 갑자기 마부가 사라졌다. 그러자 벼락부자는 사흘 동안 마부처럼 직접 말을 끌고 걸어갔다.

1. 가난뱅이는 무슨 뜻인가?
2. 벼락부자의 '벼락'은 무슨 뜻인가?
3. '옛날에는'이란 무슨 뜻인가?
4. 왜 '옛날에'라고 하지 않고 '옛날에는'이라고 표현했는가?
5. 왜 가난한 사람이라고 하지 않고 '가난뱅이'라고 표현했는가?
6. 가난뱅이라면 어떤 느낌이 드는가?
7. 이 문장 전체를 읽고 어떤 느낌이 드는가?
8. 왜 그냥 부자가 아니고 벼락부자라고 표현했는가?
9. 벼락부자는 어떤 방법으로 될 수 있는가?
10. 가난뱅이였던 사람이 갑자기 벼락부자가 됐다면 어떤 느낌일까?
11. 갑자기 부자가 되면 어떤 문제가 생길까?
12. 그 문제를 해결하기 위해서는 어떻게 해야 할까?
13. 가난뱅이는 어떻게 생계를 유지하는가?
14. 당신이 지금 벼락부자가 된다면 어떤 말을 제일 먼저 하고 싶은가?
15. 당신은 평소 부자에 대해 어떻게 생각하는가?

16. 가난한 사람이 갑자기 벼락부자가 됐다는 소식을 들으면 당신은 어떤 느낌일까?

17. 당신은 벼락부자인 친구에게 어떤 조언을 해 주고 싶은가?

18. 만약 당신이 벼락부자가 된다면 어떤 유혹이 가장 먼저 닥쳐 올까?

19. 그 유혹을 벗어나려면 어떻게 해야 할까?

20. 가난뱅이였다가 벼락부자가 됐을 때 가장 좋은 점과 힘든 점은 무엇인가?

21. 가난뱅이와 부자의 생활을 비교해 본다면?

22. 가난뱅이가 벼락부자가 되면 가장 어색한 것은 무엇일까?

23. 가난뱅이가 벼락부자의 생활과 사고방식에 적응하기 위해서는 어떻게 해야 할까?

24. 벼락부자가 됐다가 타락하거나 재산을 탕진하지 않으려면 어떻게 해야 할까?

25. 노력으로 얻지 않은 재물에 대한 당신의 생각은 어떠한가?

26. 노력으로 얻지 않은 재물이 위험한 이유는 무엇일까?

27. 당신이나 부모가 현재 갖고 있는 재물은 정당하게 노력해서 얻은 것인가?

28. 정당하지 못한 방법으로 벼락부자가 되는 것에 대해 당신은 어떻게 생각하는가?

29. 당신은 어떻게 부자가 되고 싶은가?

30. 빈부와 행복은 어떤 관계가 있을까?

출처: 전성수(2012).

질문 유형을 안내하는 것도 질문을 생성하는 데 도움을 준다. 전성수(2012)는 Marvin Tokayer의 『탈무드의 지혜』에 나오는 〈가난뱅이 이야기〉에 대해 30개의 질문을 만들었다(Teaching Tips 참조). 그리고 이 질문을 9개 유형으로 구분하였다. 9개 질문 유형은 단어의 뜻, 문장표현, 느낌, 문장을 통한 유추, 비교, 상대방의 의견, 상대방에게 적용, 가정, 그리고 결론적이고 종합적인 질문이다. 학습자들은 종종 단어나 문장의 뜻을 묻는 것은 부끄러운 질문이라고 생각하는데, 전혀 그렇지 않다. 프로젝트기반학습에서 과제를 파악하고 팀원들이 조사·학습한 자료를 공유할 때 내용을 그대로 수용하지 말고, 모르는 단어와 문장의 의미가 무엇인지 질문하고 내용을 자신과 어떤 상황에 적용해 보는 등 적극적으로 질문하는 것이 필요하다.

표 10-4　9가지 질문 유형

구분	예시 질문
단어의 뜻 질문	'가난뱅이, 벼락부자, 옛날에는'이란 무슨 뜻인가?
문장표현 질문	왜 그냥 부자가 아니고 벼락부자라고 표현했는가?
느낌을 묻는 질문	가난뱅이라면 어떤 느낌이 드는가? 문장 전체는 어떤 느낌일까?
문장을 통해 유추할 수 있는 질문	벼락부자가 되는 방법은 무엇인가? 갑자기 부자가 되면 어떤 문제가 생길까?
비교 질문	벼락부자가 됐을 때 가장 좋은 점과 힘든 점은? 가난뱅이와 부자의 생활을 비교해 본다면?
상대방의 의견을 묻는 질문	평소 부자에 대해 어떻게 생각하는가? 벼락부자가 된다면 가장 먼저 하고 싶은 일은?
상대방에게 적용할 수 있는 질문	당신은 어떻게 부자가 되고 싶은가?
가정 질문	만약 당신이 벼락부자가 된다면 어떤 유혹이 가장 먼저 닥쳐 올까? 그 유혹을 벗어나려면 어떻게 해야 할까?
결론적이고 종합적인 질문	빈부와 행복은 어떤 관계가 있을까?

　좋은 질문은 학습자들의 참여를 촉진하고 학습을 심화시킨다. 좋은 질문은 다음과 같은 효과를 가져올 수 있다. 첫째, 질문은 참여를 촉진시킨다. 질문은 다른 학습자들의 말을 수동적으로 받아들이는 것에서 벗어나 학습자들이 문제에 대한 답을 찾기 위해 적극적으로 참여하는 것을 유도한다. 둘째, 질문은 생리적으로 뇌를 활성화하고 학습을 촉진한다. 예를 들면, '질문은 학습 효과를 높인다'는 문장보다는 '질문은 어떻게 학습 효과를 높일까?'와 같은 질문은 해답을 스스로 끄집어내려는 과정을 통해 우리의 뇌를 더 자극시킨다. 셋째, 질문은 관점을 변화시키거나 다양한 관점을 갖게 한다. 예를 들면, '어떻게 내가 우리 학교에서 최고의 교수자가 될 수 있을까?'라는 질문을 '어떻게 내가 우리 학생들을 위해 최고가 될 수 있을까?'로 바꾸면 답에 필요한 가정이 '경쟁'의 개념에서 '가치 있는 공헌'의 개념으로 바뀌게 된다. 넷째,

질문은 아직 존재하지 않는 아이디어와 통찰력을 갖게 한다. 예를 들면, '최고 인력을 잃지 않으려면 어떻게 해야 할까?'보다는 '내가 조직에서 정말 일하고 싶을 때는 언제인가? 그 이유는 무엇인가?'와 같은 질문이 창의적인 대안을 찾는 열린 분위기를 만든다(장경원, 고수일, 2014; Brown & Isaacs, 2005).

3. 갤러리 워크, 월드카페, 광장 기법

프로젝트기반학습이 이루어지는 중간 단계와 마지막 단계에서 프로젝트의 중간 산출물과 최종 결과물에 대해 다른 팀원들의 피드백을 받는 활동이 이루어진다. 중간 또는 최종 결과물을 발표하는 일반적인 방법은 팀을 대표하는 발표자가 교실 앞에 서서 준비한 내용을 발표하는 것이다. 이러한 방식의 발표는 특별한 준비 없이도 진행할 수 있다는 장점이 있지만 학습자들 중 1~2명만 발표에 참여하고 상호작용이 활성화되기 어렵다는 한계를 갖는다. 프로젝트기반학습에 참여한 모든 학습자들이 자신들이 노력하여 준비한 결과물들을 직접 설명하고 적극적으로 상호작용할 수 있는 갤러리 워크, 월드카페, 그리고 광장 기법을 활용해 보자. 각 방법의 주요 특성은 다음과 같고, 해당 방법을 그대로 활용하거나 변형하여 활용할 수 있다.

1) 갤러리 워크

갤러리 워크(gallery walk)는 미술관이나 박물관에서 작품을 감상하는 것처럼 교실을 돌아다니며 각 팀 또는 개인이 도출한 결과물을 살펴보는 활동이다. 갤러리 워크는 프로젝트기반학습의 중간이나 마지막 단계에서 활용할 수 있다. 갤러리 워크에 참여한 학습자는 개인 또는 팀이 공개한 중간 또는 최종 결과물에 대해 도움이 되는 피드백을 제공하는데, 이때 자신의 결과물에 도움이 되는 아이디어를 가져오기도 한다. 이러한 과정에서 주고받은 피

✎ 그림 10-4 갤러리 워크

드백과 아이디어는 모든 개인과 팀이 최종 결과물을 보다 나은 수준으로 개선하는 데 활용한다.

학습자들의 참여도를 높이기 위해 갤러리 워크를 구조화하여 진행할 수 있다. 예를 들어, 6명씩 한 팀으로 구성하여 6개 팀으로 운영하는 수업의 경우 6개 팀이 모두 자신들의 결과물을 벽에 게시한 후 모두 3회에 걸쳐 결과물을 설명하는 방식으로 진행할 수 있다. 즉, 먼저 첫 번째 발표 시간(1 round)에는 각 팀에서 2명이 자신들의 결과물 앞에 서서 15분간 내용을 설명하고 이 팀의 결과물을 보러 온 학습자들과 질의응답하는 시간을 갖는다. 같은 시간 팀의 다른 4명은 다른 팀의 결과물에 대한 발표를 듣고 상호작용하는 것이다. 두 번째 발표 시간(2 round)에는 다른 2명이 발표를 하고, 세 번째 발표 시간(3 round)에는 마지막 2명이 발표를 한다. 이러한 방식으로 갤러리 워크를 운영하면 짧은 시간에 모든 학습자들이 발표자의 역할과 다른 팀의 발표를 적극적으로 살펴보고 상호작용하는 역할을 모두 경험할 수 있다. 또한 갤러리 워크 운영 시 학습자들이 자신의 생각과 의견을 포스트잇에 작성하여 결과물 옆에 붙이는 명목집단법을 함께 활용하면 학습자들의 질문과 피드백 제공 활동이 더욱 활성화될 수 있다. 물론 발표를 몇 회에 걸쳐 운영하느냐에 따라 전체 결과물을 모두 볼 수 없다는 제한점이 있지만, 이후에 온라인 공간에 결과물 파일을 업로드하여 공유하는 등의 방법으로 보완할 수 있다. 프로젝트기반학습에서 팀간 상호작용과 결과물 공유 및 평가를 역동적이고 흥미롭게 진행하고자 할 때 효과적인 방법이 될 수 있다.

2) 월드카페

월드카페(world cafe)는 Brown과 Isaacs(2005)에 의해 제안된 대화 방식이자 조직 변화 분야의 하나의 운동이다. 월드카페는 어떤 질문이나 과제에 대해 최소 12명에서 1,200명의 사람들이 함께 아이디어를 도출, 공유하는 대화 방법으로 4~5명 단위로 팀을 구성하여 대화를 시작하고 구성원들이 서로 교차하여 대화를 이어 나감으로써 많은 사람이 함께 대화하는 것이다(Schieffer, Isaacs & Gyllenpalm, 2004a, 2004b). 월드카페는 소규모의 친밀한 대화들을 그림이나 글로 기록하여 자리를 옮겨 다시 대화하면서 기존의 대화 내용에 새로운 아이디어를 연결하고 교차시키고 새로운 연결망을 만들어 낸다. 월드카페는 이러한 독특성으로 인해 많은 사람이 함께 창의적 사고를 하는 방법론으로 활용되고 있다. 월드카페는 다음과 같은 순서로 진행한다

✎ 그림 10-5 월드카페

(Brown & Isaacs, 2005).

　첫째, 4명이 한 테이블에 앉을 수 있도록 자리를 배치한다. 교실에서 활용할 경우 학습자들이 마주 보면서 대화하고 대화를 기록하기 편하게 1인용 또는 2인용 책상을 붙여 배치한다.

　둘째, 각 테이블마다 1명을 호스트(host)로 선정한다. 호스트는 테이블의 대화 내용을 관리하는 사람으로, 이 테이블을 방문하는 사람들에게 테이블에서 이루어진 대화 내용을 간략하게 소개하는 사람이다. 종종 호스트를 기록하는 사람으로 생각하는데, 대화 내용은 모두 함께 기록하는 것이다.

　셋째, 전체 또는 테이블별로 정해진 주제에 대해 첫 번째 대화의 시간을 갖는다. 대화 시간은 대략 10~20분이며 자신의 생각, 경험, 의견을 자유롭

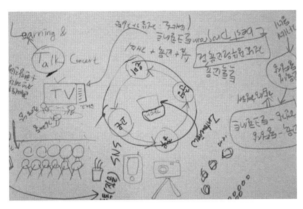

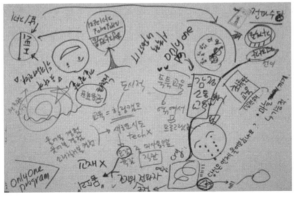

✎ 그림 10-6　월드카페 결과물 예시

게 공유한다. 이야기를 하면서 대화 내용을 테이블 위에 올려진 큰 종이에 그림이나 글로 기록한다.

넷째, 첫 번째 대화의 시간이 끝나면 각 테이블에는 호스트만 남고, 다른 사람들은 모두 자신이 원하는 다른 테이블로 이동한다.

다섯째, 기존의 호스트를 중심으로 새로운 팀이 구성되면, 호스트가 먼저 첫 번째 대화의 시간에 이야기된 내용을 새로운 구성원들에게 간략히 소개하고, 새로운 구성원들은 이에 대한 의견을 제시하면서 두 번째 대화 시간을 갖는다. 이때도 대략 10~20분 정도 대화 시간을 가지며 앞선 팀들이 사용했던 큰 종이 위에 새로운 의견이나 그림을 추가하여 기록한다.

여섯째, 두 번째 대화의 시간이 끝나면 각 테이블에는 다시 호스트만 남고, 다른 사람들은 또다시 다른 테이블로 이동한다.

일곱째, 동일한 방법으로 세 번째, 네 번째 대화의 시간을 갖는다. 이때 시간이 여유롭지 않다면 세 번째 대화의 시간부터는 생략할 수 있다.

여덟째, 계획한 횟수의 대화 시간이 끝나면 모두 처음에 앉았던 자신의 자리로 돌아간다.

아홉째, 호스트는 본래 팀 구성원들에게 그동안 팀원들이 제시했던 의견과 아이디어에 어떤 아이디어 추가되었고, 변화, 발전하였는지 설명한다.

열째, 호스트와 팀 구성원들이 논의하여 팀의 최종 대화 내용을 정리한다.

열한째, 각 테이블의 대화 내용을 공유한다. 대화 내용 공유는 피시보울(fish bowl)이나 의견을 벽에 붙여 전시하는 등 다양한 방식으로 한다.

열둘째, 모든 테이블의 의견을 전체적으로 종합 · 정리한 후 이를 공유한다.

월드카페는 프로젝트 수행을 위해 다양한 아이디어 수집, 중간 결과물에 대한 평가 등을 수행하는 것이 필요할 때 유용하게 활용된다. 학습자들은 월드카페에 참여하면서 다른 팀의 프로젝트에 관심을 갖고 자신의 아이디어를 제시하는 등 진정한 의미의 협업을 경험하게 된다.

3) 광장 기법

 광장 기법(Open Space Technology: OST)은 1980년대 중반에 Harrison Owen에 의해 제안된 방법론으로, 다양한 사람이 모여 자유롭게 대화하는 과정에서 중요한 논제(agenda)를 도출하고, 이에 대해 함께 논의하고 공유하는 회의운영 또는 조직변화 방법론이다. OST는 최소 2시간에서 며칠에 걸쳐 이루어질 수 있으며, 모인 사람들의 열정과 흥미를 토대로 진행된다. 광장 기법은 5명이든 1,000명이든 상관없이 운영될 수 있다(Owen, 2008).

 광장 기법은 4가지 기본 원리와 1가지 규칙을 토대로 운영된다. 4가지 기본 원리는 다음과 같다. 첫째, 누구나 참여할 수 있다. 모임에 참여한 사람 누구도 적임자 또는 그렇지 않은 사람으로 구분하지 않는다. 둘째, 언제든 자유롭게 시작할 수 있다. 형식에 얽매이지 않고 자유롭게 대화한다. 셋째, 대화를 통해 산출된 결과는 모두 유의미한 것이다. 광장 기법을 통해 얻은 결과물이 최선의 것이다. 넷째, 언제든 자유롭게 끝날 수 있다. 시작 시간과 마찬가지로 끝나는 시간이 정해져 있지 않다. 1가지 유일한 규칙은 두 발의 법칙(law of two feet)이다. 모든 사람은 자유롭게 원하는 주제의 대화에 참여하고, 다른 주제로 이동할 수 있다(신좌섭, 2017; Heiko & Marianne, 2008;

✎ **그림 10-7 광장 기법의 시작**

Owen, 2008). 이처럼 여러 주제로 자리를 옮기는 사람을 범블비(bumble bee)라 하는데, 이 사람들은 여러 주제를 연결하는 중요한 역할을 한다. 광장 기법은 다음의 순서로 진행한다.

첫째, 광장 기법은 모두가 함께 만든 하나의 큰 원에서 시작한다. 큰 원의 가운데에는 모인 사람들이 의견을 제시할 때 사용할 수 있도록 종이와 굵은 펜을 놓는다. 교수자(진행자)는 모인 사람들에게 함께 이야기할 큰 주제를 제시한다. 그리고 주제와 관련하여 함께 이야기하고 싶은 논제를 자유롭게

	오전 9~10시	오전 10~11시	오전 11~12시	오후 1~2시	오후 2~3시
주제 1	How to raise corporate awareness?	How to use storytelling to improve relationships?	How to engage politicians?	How to involve the community?	How to balance work & home?
주제 2	How to measure performance the right way?	How to bridge the funding gap?	How to be more creative?	How to get better equipment?	How to reduce employee churn?
주제 3	How to increase perceived value?	How to stimulate our employees?	What leadership style should we adopt?	How to manage conflict situations?	What tools can we use to improve?
주제 4	How should we make decisions?	How to create successful partnerships?	What can we do to feel more motivated?	How to manage issues & risks better?	What is our corporate vision?

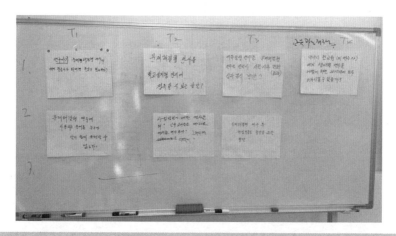

✎ **그림 10-8** 광장 기법 진행을 위해 논제들 배열

제시하도록 독려한다.

둘째, 교수자가 제시한 큰 주제를 듣고 학습자들 중 누구라도 자유롭게 함께 이야기하고 싶은 논제를 제시할 수 있다. 원의 안쪽으로 와서 함께 이야기하고 싶은 논제를 종이 위에 적는다. 학습자들이 제시한 논제들을 몇 번의 세션으로 운영할 것인지, 한번에 몇 개의 논제에 대해 이야기할 것인지를 고려하여 배열한다.

셋째, 학습자들은 하나의 세션 중 참여하고 싶은 곳으로 가서 자유롭게 대화한다. 대화 중 제시된 내용은 큰 종이에 기록하여 벽에 붙인다.

넷째, 한 세션이 끝나면 다음 세션을 운영한다. 계획한 세션이 모두 끝나면 벽에 게시된 논제별로 논의 내용들을 살펴본다. 이때 제시된 의견들 중 몇 가지를 선택해야 하는 경우에는 투표를 하거나, 포스트잇에 의견을 적어 해당 내용에 추가하거나, 주요 내용을 요약하는 등 다양한 활동을 수행한다.

다섯째, 학습자들이 모든 논제에 대한 내용을 살펴본 후에는 OST를 시작할 때처럼 다시 큰 원으로 모인다. 그리고 제시된 내용을 발표하고, 교수자가 요약 정리한다.

광장 기법은 수업의 규모와 상관없이 학습자들이 자유롭게 토의할 수 있

✎ 그림 10-9 동일한 관심을 가진 학습자들끼리 논의

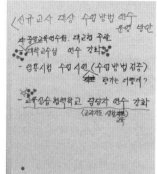

✎ 그림 10-10 논의 내용에 대한 투표 및 투표 결과 사례

는 토의 방법이다. 프로젝트기반학습에서는 학습자들이 자유롭게 자신들의 생각과 지식을 발표하고 논의하는 것이 필요할 때 이 방법을 활용할 수 있다. 또한 프로젝트 과제를 이해하고, 중요한 프로젝트 과제를 도출하고, 프로젝트 과제해결을 위해 필요한 자료를 수집하는 등의 다양한 목적으로 활용할 수 있다.

참고문헌

김난예(2015). 질문생성 전략과 하브루타 신앙공동체 교육. 기독교교육논총, 43, 169-198.

김아영, 박인영(2001). 학업적 자기효능감 척도 개발 및 타당화 연구. 교육학연구, 39, 95-123.

김혜경(2011). 프로젝트중심학습에서 수행역량기반 학습지원체제 설계모형 개발. 서울대학교 대학원 박사학위논문.

신좌섭(2017). 광장의 진화를 기대하며. 경향신문. 2017. 2. 21.

이병량, 장경원(2015). 대학 수업에서 토론 활용 사례 연구: 행정학 수업을 중심으로. 학습자중심교과교육연구, 15(9), 235-266.

임정훈, 임병노, 최성희, 김세리(2004). 초·중등학교에서 교실수업과 웹기반 학습을 연계한 커뮤니티 기반 프로젝트 학습모형 개발 연구. 교육공학연구, 20(3), 103-135.

장경원(2011). 학습자 중심 교육에서 '블랭크 차트'의 활용전략에 대한 연구. 교육방법연구, 23(2), 299-321.

장경원(2013). 대학에서의 액션러닝을 위한 과제 선정 과정 연구. 역량개발학습연구, 8(1), 73-96.

장경원(2015). 대학 수업을 위한 '팀 기반 개별 문제해결학습'에 대한 연구. 학습자중심

교과교육연구, 15, 255-284.

장경원(2019). 초·중등교육에서의 PBL을 위한 문제개발 및 튜터활동 전략. 학습자중심교과교육연구, 19(7), 679-708.

장경원(2020). PBL 수업 자가진단도구 개발. 경기대학교.

장경원(2022). 프로젝트기반학습과 프로젝트 유형 분류체계 개발. 교육방법연구, 34(2), 427-455.

장경원(2023). 온라인 프로젝트기반학습을 위한 설계와 실행 전략 개발: 긍정탐색을 활용하여. 교육방법연구, 35(2), 259-294.

장경원, 경혜영, 이종미, 김희정(2018). AI로 수업하기. 학지사.

장경원, 고수일(2014). 액션러닝으로 수업하기(2판). 학지사.

장경원, 박상언(2022). KGU 수업 모형 개발을 위한 기초 연구. 경기대학교.

장경원, 성지훈(2012). 문제중심학습의 소집단 구성방식에 대한 대학생들의 인식. 학습자중심교과교육연구, 12(4), 231-260.

장경원, 장선영, 김혜정, 김연경(2017). PBL 실천학교의 변화와 성장에 대한 연구. 대구광역시교육청 연구용역보고서.

장선영, 이명규(2012). 웹기반 프로젝트중심학습 환경에서 과제해결능력을 촉진시키는 스캐폴딩 설계모형 개발 연구. 교육공학연구, 28(2), 371-408.

전성수(2012). 부모라면 유대인처럼 하브루타로 교육하라. 예담.

정효숙, 전우천(2002). 프로젝트 학습을 기반으로 하는 ICT활용 수업 모형의 개발 및 적용. 한국정보교육학회논문지, 6(3), 347-360.

주석진, 김중한, 홍준석, 박상언(2014). 지식정보사회의 이해. 경기대학교

최정임, 장경원(2015). PBL로 수업하기. 학지사.

한국교육방송공사(2016). 다큐프라임. PBL을 아시나요? 1, 2부. 21세기 교육 패러다임-세계의 PBL 19부 덴마크-난민 프로젝트(https://www.youtube.com/watch?v=1xrEXoB3_0M).

ASF (2007). *Metaverse Roadmap: Pathways to the 3D Web.* Retrieved from https://metaverseroadmap.org

Anderson, R. S., & Puckett, J. B. (2003). Assessing students' problem-solving assignments. In D. S. Knowlton & D. C. Sharp (Eds.), *Problem-Based Learning in the Information Age: New Directions for Teaching and Learning, No. 95.* Jossey-Bass.

Barron, B. J. S., Schwartz, D. L., Vye, N. J., Moore, A., Petrosino, A., Zech, L.,

Bransford, J. D., & The Cognition and Technology Group at Vanderbilt (1998). Doing with understanding: Lessons from research on problem-and project-based learning. *The Journal of the Learning Sciences, 7*(3), 271-311.

Barrows, H. S. (1994). *Practice-Based Learning: Problem-Based Learning Applied to Medical Education.* Southern Illinois University, School of Medicine.

Barrows, H. S., & Myers, A. C. (1993). *Problem-Based Learning in Secondary Schools.* Unpublished monograph. Problem-Based Learning Institute, Lanphier High School and Southern Illinois University Medical School.

Bartunek, J. M., & Murnighan, J. K. (1984). The nominal group technique: Expanding the basic procedure and underlying assumptions. *Group and Organization Studies, 9,* 417−432.

Baumgartner, E., & Zabin, C. J. (2008). A case study of project-based instruction in the ninth grade: A semester-long study of intertidal biodiversity. *Environmental Education Research, 14*(2), 97-114.

Belbin, R. M. (2010). *Team Roles at Work.* Routledge.

Bell, S. (2010). Project-based learning for the 21st century: Skills for the future. *The Clearing House, 83*(2), 39-43.

Beringer, J. (2007). Application of problem-based learning through research investigation. *Journal of Geography in Higher Education, 31*(3), 445-457.

Blumenfeld, P. C., Soloway, E., Marx, R. W., Krajcik, J. S., Guzdial, M., & Palincsar, A. (1991). Motivating project-based learning: Sustaining the doing, supporting the learning. *Educational Psychologist, 26*(3-4), 369-398.

Boss, S., & Larmer, J. (2018). *Project Based Teaching: How to Create Rigorous and Engaging Learning Experiences.* ASCD.

Brown, J., & Isaacs, D. (2005). *The World Cafe: Shaping Our Futures Through Conversations That Matter.* Berrett-Koehler. 최소영 역(2007). 월드 카페: 7가지 미래형 카페식 대화법. 북플래너.

Chatwattana, P., & Nilsook, P. (2017). A web-based learning system using project-based learning and imagineering. *International Journal of Emerging Technologies in Learning(iJET), 12*(5), 4-22.

Cook, K. (2009). A suggested project-based evolution unit for high school: Teaching content through application. *The American Biology Teacher, 71*(2),

95-98.

Crockett, L., Jukes, I., & Churches, A. (2011). *Literacy is Not Enough: 21st Century Fluencies for the Digital Age.* Corwin Press.

Dilworth, R. L. (2010). Action learning in education. In R. L. Dilworth & Y. Boshyk (Eds.), *Action Learning and Its Applications* (pp. 15-42). Palgrave Macmillan.

Duch, B. J., Groh, S. E., & Allen, D. E. (2001). *The Power of Problem-based Learning: A Practical "How To" for Teaching Undergraduate Courses in Any Discipline.* Stylus Publishing.

Finkelstein, N., Hanson, T., Kevin (Chun-Wei) Huang, Klarin, B., & Huang, M. (2010). *Effects of Problem-Based Economics on High School Economics Instruction.* US Department of Education.

Goodnough, K., & Hung, W. (2009). Enhancing pedagogical content knowledge in elementary science. *Teaching Education, 20*(3), 229-242.

Grant, M. M. (2011). Learning, beliefs, and products: Students' perspectives with project-based learning. *The Interdisciplinary Journal of Problem-Based Learning, 5*(2), 37-69.

Hall, T., & Strangman, N. (2001). Graphic organizers. *National Center on Accessing the General Curriculum*, 1-8.

Harmer, N., & Stokes, A. (2014). *The Benefits and Challenges of Project-Based Learning: A Review of the Literature.* Plymouth University.

Heick, T. (2020). 3types of project-based learning show its range as a learning model. Teach Thought(http://www.teachthought.com/project-based-learning/5-types-of-project-based-learning-symbolize-its-evolutionfiles/news/pbl_research2.pdf).

Heiko, R., & Marianne, K. (2008). *Mapping Dialogue: Essential Tools for Social Change.* Taos Inst Publications.

Heinrich, R., Molenda, M., Russell, J. D., & Smaldino, S. E. (1996). *Instructional Media and Technologies for Learning.* Merrill.

Hernandez-Ramos, P., & De La Paz, S. (2009). Learning history in middle school by designing multimedia in a project-based learning experience. *Journal of Research on Technology in Education, 42*(2), 151-173.

Holen, A. (2000). The PBL group: Self-reflections and feedback for improved learning and growth. *Medical Teacher, 22*(5), 485-488.

Hung, W., & Holen, J. B. (2011). Problem-Based Learning: Preparing preservice teachers for real-world classroom challenges. *ERS Spectrum, 29*(3), 29-48.

Hung, W., Mehl, K., & Holen, J. B. (2013). The relationships between problem design and learning process in problem-based learning environments: Two cases. *The Asia-Pacific Education Researcher, 22*(4), 635-645.

Jensen, L. P., Helbo, J., Knudsen, M., & Rokkjær, O. (2003). Project-organized problem-based learning in distance education. *International Journal of Engineering Education, 19*(5), 696-700.

Johnson, D. W., & Johnson, R. T. (1979). Type of task and student achievement and attitudes in interpersonal cooperation, competition and individualization. *Journal of Social Psychology, 108*, 37-48.

Johnson, D. W., & Johnson, R. T. (1994). Pro-con cooperative group strategy structuring academic controversy within the social studies classroom. In R. J. Stahl (Ed.), *Cooperative Learning in Social Studies: A Handbook for Teachers*. Addison-Wesley Publishing.

Kilpatrick, W. H. (1918). The project method. *Teachers College Record, 19*(4), 319-335.

Knoll, M. (2011). *Dewey, Kilpatrick and progressive Erziehung: Kritische Studien zur Projektpädagogik*. Verlag Julius Klinkhardt. 윤미원 역(2019). 프로젝트 수업을 말하다: 듀이, 킬패트릭 그리고 진보교육. 지식프레임.

Krajcik, J. S., Blumenfeld, P. C., Marx, R. W., & Soloway, E. (1994). A collaborative model for helping middle-grade science teachers learn project-based instruction. *The Elementary School Journal, 94*, 483-497.

Lambros, A. (2004). *Problem-Based Learning in Middle and High School Classrooms: A Teacher's Guide to Implementation*. Corwin Press.

Larmer, J. (2013). Project-Based Learning vs. Problem-Based Learning vs. XBL. Ie PBL Blog. Available at http://www.bie.org/blog/project_based_ learning _vs._ problem_based_learning_vs._xbl

Larmer, J., Mergendoller, J., & Boss, S. (2015). *Setting the Standard for Project-Based Learning*. ASCD.

Ling, D. (2015). *Complete Design Thinking Guide for Successful Professionals*. Emerge Creatives Group.

Liu, M., & Hsiao, Y. (2001). Middle school students as multimedia designers: A project-based learning approach. *Journal of Interactive Learning Research*, *13*(4), 311-337.

Looi, C. K. (1998). Interactive learning environments for promoting inquiry learning. *Journal of Educational Technology Systems*, *27*(1), 3-22.

Looi, C. K., Seow, P., Zhang, B., So, H. J., Chen, W., & Wong, L. H. (2010). Leveraging mobile technology for sustainable seamless learning: A research agenda. *British Journal of Educational Technology*, *41*(2), 154-169.

Maxwell, N. L., Mergendoller, J. R., & Bellisimo, Y. (2005). Problem-based learning and high school macroeconomics: A comparative study of instructional methods. *The Journal of Economic Education*, *36*(4), 315-329.

McDowell, M. (2017). *Rigorous PBL by Design: Three Shifts for Developing Confident and Competent Learners*. Corwin Press.

Mioduser, D., & Betzer, N. (2007). The contribution of project-based-learning to highachievers' acquisition of technological knowledge and skills. *International Journal of Technology & Design in Education*, *18*(1), 59-77.

Moursund, D. (2003). *Project-Based Learning Using Information Technology*. International Society for Technology in Education.

Moylan, W. A. (2008). Learning by project: Developing essential 21st century skills using student team projects. *The International Journal of Learning*, *15*(9), 287-292.

O'Neil, J., & Marsick, V. J. (2007). *Understanding Action Learning*. AMACOM Publishing.

Owen, H. (2008). *Open Space Technology: A User's guide*. Berrett-Koehler Publishers.

Pecore, J. L. (2015). From Kilpatrick's project method to project-based learning. *International Handbook of Progressive Education*, *1*(25), 157-159.

Pu, S. S., Chang, K. W., & Song, M. K. (2010). Strategy of using Blank-chart technique in engineering education. *International Conference on Engineering Education ICEE-2010*, WS11, International Network for Engineering Education & Research.

Ravitz, J. (2010). Beyond changing culture in small high schools: Reform models and changing instruction with project-based learning. *Peabody Journal of Education*, *85*(3), 290-312.

Savin-Baden, M. (2007). *A Practical Guide to Problem-Based Learning Online*. Routledge.

Schieffer, A., Isaacs, D., & Gyllenpalm, B. (2004a). The world cafe: part one. *World Business Academy*, *18*(8), 1-7.

Schieffer, A., Isaacs, D., & Gyllenpalm, B. (2004b). The world cafe: part two. *World Business Academy*, *18*(8), 1-9.

Swart, A. J. (2015). Distance learning engineering students languish under project-based learning, but thrive in case studies and practical workshops. *IEEE Transactions on Education*, *59*(2), 98-104.

Tawfik, A. A., Trueman, R. J., & Lorz, M. M. (2013). Designing a PBL environment using the 3C3R method. *International Journal of Designs for Learning*, *4*(1), 11-24.

Thomas, J. W. (2000). A Review of Research on Project-based Learning. Available at http://173.226.50.98/sites/default/files/news/pbl_research2.pdf

Tretten, R., & Zachariou, P. (1997). *Learning about Project-Based Learning: Assessment of Project-Based Learning in Tinkertech Schools*. The Autodesk Foundation.

Tschannen-Moran, M., Hoy, A. W., & Hoy, W. K. (1998). Teacher efficacy: Its meaning and measure. *Review of Educational Research*, *68*(2), 202-248.

Weiss, R. E. (2003). Designing problems to promote higher order thinking. *New Directions for Teaching and Learning*, 25-31.

Weller, D., & Finkelstein, C. (2011). From adding inquiry to doing science. *Science & Children*, *48*(7), 49-53.

Wirkala, C., & Kuhn, D. (2011). Problem-based learning in K-12 education: Is it effective and how does it achieve its effects? *American Educational Research Journal*, *48*(5), 1157-1186.

Wurdinger, S. D. (2016). *The Power of Project-Based Learning: Helping Students Develop Important Life Skills*. Rowman & Littlefield.

Wurdinger, S., Haar, J., Hugg, R., & Bezon, J. (2007). A qualitative study using project based learning in a mainstream middle school. *Improving Schools*, *10*(2), 150-161.

찾아보기

내용

저자 소개

장경원(Kyungwon Chang)

홍익대학교를 졸업한 후, 서울대학교 대학원에서 교육공학 전공으로 석사학위와 박사학위를 받았다. 경희대학교 교수학습센터 교수를 거쳐 현재 경기대학교 진성애교양대학 교직학부 교수로 재직하고 있다. 문제기반학습(Problem Based Learning), 액션러닝(Action Learning), 프로젝트기반학습(Project Based Learning), 토의와 토론 등 학습자 중심 교수·학습 방법과 긍정탐색(Appreciative Inquiry), 프로젝트디자인 매트릭스(Project Design Matrix), 학교컨설팅 등 학교와 조직의 문제해결 및 조직개발 분야에 대한 연구와 강연 등의 활동을 하고 있다. 최근에는 프로젝트기반학습을 중심으로 문제해결과 학습자 참여를 강조하는 교수·학습 방법들을 체계적으로 정리하고 안내하기 위한 다양한 연구와 활동을 하고 있다.

주요 저서로는 『알고 보면 만만한 PBL 수업』(공저, 학지사, 2019), 『체계적 수업 분석을 통한 수업컨설팅』(2판, 공저, 학지사, 2019), 『토의와 토론으로 수업하기』(공저, 학지사, 2018), 『AI로 수업하기』(공저, 학지사, 2018), 『창의적 리더십이 교육과 세상을 바꾼다』(공저, 학지사, 2017), 『학교컨설팅의 이론과 실제』(공저, 학지사, 2017), 『학습자 참여형 교수·학습방법 이해』(전북대학교출판부, 2017), 『PBL로 수업하기』(2판, 공저, 학지사, 2015), 『액션러닝으로 수업하기』(2판, 공저, 학지사, 2014), 『창의기초설계』(공저, 생능출판사, 2013), 『교육공학의 원리와 적용』(공저, 교육과학사, 2012), 『자기관리와 미래준비』(공저, 경문사, 2011) 등이 있다.

최근 논문으로는 「온라인 프로젝트기반학습 설계와 실행 전략 개발: 긍정탐색을 활용하여」(2023), 「긍정탐색 교수학습모형 개발 연구」(2022), 「디자인씽킹 활용 수업에서의 학습경험 분석: 예비교사들의 경험을 중심으로」(2022), 「프로젝트기반학습과 프로젝트 유형 분류체계 개발」(2022), 「대학 수업에서 오픈 스페이스 기법 활용 사례 연구: '교육실습' 교과목을 중심으로」(2021), 「비대면 원격교육 상황에서의 프로젝트학습 사례 연구: 학습자들의 학습경험을 중심으로」(2020), 「PBL 문제 및 수업운영 계획을 위한 실천지침 개발」(2020) 등이 있다.

프로젝트기반학습으로 수업할까?
Shall We Teach with Project Based Learning?

2023년 9월 5일 1판 1쇄 인쇄
2023년 9월 15일 1판 1쇄 발행

지은이 • 장경원
펴낸이 • 김진환
펴낸곳 • (주) **학지사**

04031 서울특별시 마포구 양화로 15길 20 마인드월드빌딩
대표전화 • 02)330-5114   팩스 • 02)324-2345
등록번호 • 제313-2006-000265호

홈페이지 • http://www.hakjisa.co.kr
인스타그램 • https://www.instagram.com/hakjisabook

ISBN 978-89-997-2978-2 93370

정가 18,000원

■ 출판미디어기업 **학지사**

간호보건의학출판 **학지사메디컬** www.hakjisamd.co.kr
심리검사연구소 **인싸이트** www.inpsyt.co.kr
학술논문서비스 **뉴논문** www.newnonmun.com
교육연수원 **카운피아** www.counpia.com